AF153797

Für meine Mutter
und meine Tochter

Harald-Alexander Korp

AM ENDE IST
NICHT SCHLUSS
MIT LUSTIG

Humor angesichts
von Sterben und Tod

Mit Karikaturen von
Karl-Horst Möhl

INHALT

1. EINLEITUNG

»*Das Leben hört nicht auf, lustig zu sein,*
wenn Menschen sterben.
Ebenso bleibt es ernst,
wenn Menschen lachen.«
George Bernhard Shaw

Arzt und Krankenschwester stehen mit ernstem Gesicht am Bett meiner Mutter, die nur noch flach atmet. Ich befürchte das Schlimmste. Plötzlich schlägt meine Mutter die Augen auf, blickt uns verdutzt an und fragt: »Kann man den Tod auch abbestellen?« Sie schmunzelt und wir können nicht anders, als berührt zu lachen. Im Heim für betreutes Wohnen muss man, was man haben will, bestellen – und wenn man es nicht will, eben abbestellen. Warum also nicht auch den Tod abbestellen? Sie lächelt mich an und gibt Anweisung, ich solle ihr erst mal einen starken Kaffee holen. Ich lache – und sie lacht mit. Sie ist von den (fast) Toten auferstanden. Natürlich war dies nur ein heiterer Moment unter vielen traurigen und schmerzvollen Augenblicken. Eine kleine und doch hilfreiche Insel des Aufatmens im Meer des Leidens. Und deshalb so wertvoll.

Oft fühlte ich mich bei der Pflege meiner Mutter überfordert. Da erfuhr ich, dass Hospize nicht nur Sterbebegleitung anbieten, sondern auch Beratung für die Begleitung zu Hause. So kam ich in das Ricam-Hospiz in Berlin, erfuhr, wie man sich als Angehöriger Hilfe organisieren kann. Die Atmosphäre war so berührend, dass in mir der Wunsch aufkam, als ehrenamtlicher Hospizhelfer und Sterbebegleiter mitzuarbeiten. Die Koordinatorin war skeptisch, schließlich war ich ja mit der Pflege meiner Mutter beschäftigt. Doch ich wollte es wenigstens versuchen, begann die Einarbeitungszeit, absolvierte die Ausbildung und machte eine einschneidende Erfahrung: Die Begleitung »fremder« Menschen am Lebensende half mir, mit dem Sterbeprozess meiner Mutter besser klarzukommen. Schlicht und einfach, weil ich erlebte: Auch andere Menschen sterben, nicht nur die eigenen Eltern. Ich konnte beobachten, wie Pflege gelingt, wie andere Menschen mit dem Sterben leben, wie sie sich freuen und trauern, wie Sterben geschieht – mal leicht, mal schwer, wie alles im Leben. Meine Angst und Trauer waren leichter zu ertragen. Und ich erlebte noch einen Aha-Effekt: Im Hospiz wird ja gelacht – und das sogar ziemlich oft!

Mittlerweile begleite ich als Hospizhelfer Menschen am Lebensende und unterstütze als Humor-Coach Patienten, Angehörige und Pflegemitarbeiter darin, den Humor nicht zu verlieren und ihn als Quelle von Kraft in schwierigen Lebenssituationen zu entdecken und zu bewahren. Dabei wurden im Laufe der Jahre folgende Fragen für mich immer wichtiger: »Worüber können Sie sich freuen? Und worüber lachen Sie gerne?« Für viele überraschende, ja, provokante Fragen in der Nähe des Todes.

Sterben ist natürlich nicht lustig, sondern macht Angst vor dem Abschied, vor Schmerzen, vor körperlichem und geistigem Verfall, verbunden mit Hilflosigkeit, mit Blut, Schleim und Exkrementen. Und diese Angst ist berechtigt. Manche Menschen sterben trotz modernster Palliativtherapie verbittert und mit starken Schmerzen. Ich staune manchmal, wie jemand das aushalten kann. Andere gehen den letzten Weg mit Gelassenheit, ja, sogar heiter und schlafen friedlich ein. In den meisten Fällen ist es eine Kombination von beidem. Leben bis zum Schluss bedeutet, den Wechsel von Freude und Trauer anzunehmen. Wer mit einer schweren Krankheit umgehen muss oder Menschen im Sterben begleitet, wird die Erfahrung machen: Es ist hilfreich, nicht nur die belastenden Umstände zu sehen, sondern die positiven, kraftspendenden Ressourcen zu nutzen. Humor bedeutet mehr und ist etwas anderes, als lustig zu sein. Humor heißt, sich immer wieder an die unterstützende Kraft von Lachen und Freude zu erinnern, sie wertzuschätzen und einzusetzen. Daraus kann auch in schwierigen Momenten eine entspannende Leichtigkeit erwachsen. Humor wirkt dem Zwang nach Perfektion entgegen und hilft, die eigene Hilflosigkeit und das Scheitern besser annehmen zu können. Wissenschaftliche Studien sprechen eine klare Sprache: Eine humorvolle Atmosphäre bei der Begleitung von Menschen am Lebensende ist äußerst hilfreich. Für das Pflegepersonal ist Humor sogar die zweitwichtigste Ressource im Pflegealltag, direkt nach dem Rückhalt im Team. Lachen und Humor können das Sterben nicht verhindern, aber sie können zu psychischer und physischer Entspannung und Stärkung beitragen. Manchmal durchaus mit schwarzem Humor.

Herr Kluge liegt im Krankenhaus. Neben ihm liegt ein Mann, der stöhnt und stöhnt.
Als die Schwester kommt, sagt Herr Kluge zu ihr: »Können Sie den denn nicht ins Sterbezimmer legen?«
Darauf die Schwester: »Was meinen Sie denn, wo Sie hier liegen?«

In einem Hospiz ist jedes Bewohner-Zimmer ein Sterbezimmer. Als ich das von Frau Thomas* betrete, warten sie und ihr Ehemann auf mich. Frau Thomas, Ende siebzig, hat erst am Tag zuvor ihr Zimmer bezogen. Sie liegt jetzt im Bett und er steht hilflos daneben. Da wir uns noch nicht kennen, begrüßen wir uns mit einem freundlichen, aber förmlichen Gruß. Die Mienen der beiden drücken Besorgnis aus: Frau Thomas braucht eine neue Hygienehose. Da ich die Vorlage als ehrenamtlicher Mitarbeiter nicht alleine wechseln kann und auch nicht alleine wechseln darf, verständige ich eine Pflegerin. Vorsichtig drehen wir die Patientin auf die Seite. Eine angespannte, peinliche Situation. Plötzlich schmunzelt die Dame: »Na prima, so kann man sich auch kennenlernen!« Wir lachen alle vier ein befreites und befreiendes Lachen. Die Pflegerin verschließt die Hygienehose und fügt hinzu: »So, Laden dicht!« Von diesem Moment an geht alles freudvoller und leichter.

Ein Beispiel dafür, wie sich der eingangs zitierte Satz von George Bernhard Shaw bewahrheitet. Das Leben hört auch im Sterben nicht auf, lustig zu sein. Und es behält trotzdem seinen Ernst. Dieses kleine Erlebnis macht deutlich, wie in einer schwierigen Situation Komik und Witz entstehen. Das geschieht nicht zufällig. Die Patientin hatte den Mut, das Unangenehme der Situation mit ihrem Sinn für Humor zu durchbrechen. Der Ehemann nahm dies dankbar auf. Die Palliativschwester freute sich darüber und wehrte den Witz nicht ab. Und zuletzt war auch ich froh, lachen zu können und die Erfahrung bestätigt zu bekommen: Humor hilft! Wo auch immer ein Mensch stirbt, ob zu Hause oder in einer Einrichtung, Humor, Lachen und Freude sind Kraftquellen, die uns auf

---

* Die meisten Berichte von Menschen habe ich so wiedergegeben, wie ich sie erlebt habe. In einigen Fällen sind sie aus verschiedenen Situationen zusammen gesetzt. Soweit ich die Einwilligung bekommen habe, nenne ich die Menschen, von denen erzählt wird, bei ihrem richtigen Namen, im anderen Fall sind die Namen erfunden.

spielerische Art und Weise zwei Formen der Unterstützung schenken: Distanz und Nähe, je nach dem, was gerade nötig ist. Sinn für Humor zu entwickeln, bedeutet, mehr Gelassenheit zu haben, um das anzunehmen, was geschieht. Eine angespannte Situation kann sich durch eine humorvolle Bemerkung in eine entspannte Situation verwandeln. Entspannung für was? So seltsam es klingen mag: für das Sterben und für die Begleitung anderer in deren Sterben.

MIT IHRER GANZEN HELFEREI WOLLEN SIE DOCH NUR WIEDER EINEN SINN IN IHR LEBEN BRINGEN ...

Von dieser verwandelnden Kraft des Humors profitieren alle Beteiligten:

- *Menschen in der letzten Lebensphase*, die mit Schmerzen und Ängsten umgehen müssen, entlastet es, wenn sie Situationskomik zulassen. Humor erleichtert die Kommunikation, gemeinsames Lachen mit den Begleitenden tröstet und balanciert die Trauer. Aus der Situation des nahenden eigenen Todes heraus fällt es Sterbenden oftmals leichter, Witze über Krankheit und Sterben zu machen als beispielsweise den ihnen Nahestehenden. Dabei hilft Galgenhumor, Aggressionen abzulachen.
- *Angehörige*, die einen Menschen begleiten und pflegen, erfahren durch das Lachen Entlastung. Oft fällt es ihnen aber be-

sonders schwer, angesichts des Leides auch nur zu lächeln. Es wird als pietätslos empfunden. Schnell entstehen Scham- und Schuldgefühle aus der Angst heraus, den Angehörigen zu verletzen oder als gefühllos zu erscheinen. Auch hier zeigt sich: gemeinsames Lachen verbindet und Aggressionen, die durch Überforderung entstehen, dürfen auf spielerische Weise abgelacht werden. Und was besonders wichtig ist: Humor und Lachen helfen Angehörigen, für sich selbst zu sorgen.

- Für *Profis und Helfer*, wie Pflegekräfte, Ärzte, Therapeuten, Seelsorger, Verwaltungsangestellte, Ehrenamtliche u.a. ermöglicht Humor eine entspanntere Kommunikation. Lachen hilft, Kraft in einem anstrengenden Arbeitsalltag zu schöpfen. Im geschützten Raum des Mitarbeiterzimmers dürfen Witze und Geschichten zum Besten gegeben werden.

Dieses Buch wendet sich also zum einen an Leser, die sich mit ihrer eigenen Endlichkeit auseinandersetzen wollen, vielleicht, weil sie mit der Wahrscheinlichkeit ihres eigenen Todes konfrontiert sind. Zum anderen an diejenigen, die Menschen am Ende des Lebens begleiten. Dabei orientiert sich die Gliederung des Buches an den verschiedenen Phasen, die die allermeisten Menschen durchlaufen, wenn es um eine Krankheit zum Tode geht:

- Die Diagnose einer unheilbaren Krankheit als ein Wendepunkt, der eine nachhaltige Lebensveränderung bewirkt.
- Das Sterben als Prozess des Lebens.
- Der Tod als das große Unbekannte.
- Die Trauer als Zeit, um sich selbst neu zu finden.
- Das Bewusstsein der eigenen Endlichkeit als Ratgeber, das Leben wertzuschätzen.

Diese Schritte bilden einen Zyklus ab, den wir im Leben mehrfach durchlaufen. Zunächst als Angehörige beim Sterben unserer Großeltern, unseren Eltern, Partner und Freunde. Manchmal wird diese Abfolge unterbrochen, wenn Kinder sterben. Irgendwann werden die Gesunden, mitten im Leben Stehenden dann selbst zu Sterbenden. Professionell Pflegende erleben den Zyklus in drei Varianten: als Beschäftigte, als Angehörige, als Sterbende.

Dieses Buch zeigt, wie Lachen und Humor uns dabei helfen, die einzelnen Phasen gelassener zu bewältigen. Dabei soll nichts romantisch verklärt und beschönigt werden. Oft lese ich, Sterben sei im Grunde leicht und kontrollierbar, es gebe eigentlich keinen Grund, davor Angst zu haben. Dies ist nicht meine Erfahrung. Krankheit und Sterben bleiben in vielen Fällen große Herausforderungen, die uns nicht nur an Grenzen führen, sondern uns zwingen – gegen unseren Willen – Grenzen zu überschreiten in Unbekanntes hinein. Dabei kann der Beistand in einem stationären Hospiz und der ambulanten Sterbebegleitung durch Hospizmitarbeiter oft besser sein als in Pflegeeinrichtungen oder bei alleiniger Betreuung zuhause. Mehr und fachgerecht ausgebildete Helfer sorgen hier für die Begleitung. Trotzdem ist auch hier in vielen Momenten wirklich Schluss mit lustig und es gibt nichts mehr zu lachen. Doch dann, ganz plötzlich und unerwartet, ist das Lachen wieder da! Wie wir den Humor entdecken, üben und wie uns der Humor beistehen kann, wird im Folgenden gezeigt. Praktische Übungen regen dazu an, das Beschriebene im Alltag umzusetzen.

Zeichnungen von Karl-Horst Möhl begleiten durch dieses Buch. Er war Redakteur und Karikaturist an der Rhein-Neckar-Zeitung in Heidelberg und litt bereits vier Jahre an Kehlkopfkrebs, als er gemeinsam mit dem Theologen und Hospiz-Bildungsreferenten Heinz Hinse das Karikaturenbuch »Wer bis zuletzt lacht, lacht am Besten« herausbrachte. »Ich möchte Patienten, denen es so geht wie mir, einfach Mut machen und Spaß bereiten«, so Karl-Horst Möhl. Er starb 2009. [1]

Notieren Sie möglichst schnell und ohne lange darüber nachzudenken. Oft kommen spontane Antworten aus dem Unbewussten und helfen, tiefliegende Gefühle sichtbar zu machen.

Warum ich gerne am Leben bleiben will.
Weil ...
1.
2.
3.
4.

Warum ich aber auch nichts gegen das Sterben hätte.
Weil ...
1.
2.
3.
4.

2. AM ANFANG

DIAGNOSE

Arzt zum Patienten: »Sie sind todkrank.«
Der Patient verzweifelt: »Wie lange habe ich noch?«
Arzt: »Zehn!«
Der Patient gerät in Panik:
»Zehn was? Jahre, Wochen, Tage?«
Arzt: »Neun, acht …«

Frau Liebmann, 49, hat seit einigen Wochen leichte Rückenschmerzen. Nichts schlimmes, wahrscheinlich eine Zerrung, die
sie sich beim Yoga zugezogen hat. Der Orthopäde schließt einen
Bandscheibenvorfall aus und verschreibt die üblichen Schmerz-
mittel und Krankengymnastik. Doch die Schmerzen lassen nicht
nach. Sicherheitshalber wird nun ein MRT gemacht. »Ich bin in
die Röntgenpraxis gegangen«, berichtet mir Frau Liebmann, »und
im Grunde bin ich nie wieder nach Hause gekommen.« Denn der
Röntgenarzt schlägt Alarm. In Frau Liebmanns Rücken finden
sich Metastasen, Ursache: Krebs der Bauchspeicheldrüse. Eine
sofortige Operation wird notwendig. So hat sie gerade noch Zeit,

zuhause einen Koffer zu packen, um sich dann ins Krankenhaus einweisen zu lassen. Nun beginnt die Odyssee, von einer Klinik in die nächste, Operation, Bestrahlung, Chemo, dann Reha, wieder Krankenhaus. Frau Liebmann kann sich nicht mehr alleine versorgen. Ihre Eltern lösen die Wohnung der Tochter auf und holen sie zu sich nach Hause, um sie zu pflegen. Doch nach einem halben Jahr geben sie auf, zu groß ist die Anstrengung. Die Palliativärztin empfiehlt, Frau Liebmann in ein Hospiz einzuweisen.

SCHON GEWUSST?

Die Wahrscheinlichkeit, im Lotto sechs Richtige mit Zusatzzahl zu treffen, beträgt etwa 1: 120.000.000. Die Wahrscheinlichkeit, an Krebs zu sterben, beträgt 1:4, daran zu erkranken 1:3. Trotz dieser Zahlen sind nicht wenige der Auffassung, ein Lottogewinn sei realistischer als eine Krebserkrankung. Viele Menschen wollen von der Gefahr einer lebensbedrohlichen Erkrankung nichts wissen, denn es sterben immer die anderen. Die Endlichkeit des Lebens wird nur als vage Bedrohung wahrgenommen. Man spricht nicht darüber. Krebs ist aber keine Seltenheit. Zwar muss er keinesfalls zum Tode führen. Rein statistisch werden 60 % der Krebserkrankungen geheilt. Manche Menschen leben mit einer Krebs-Diagnose noch viele Jahre, ja sogar Jahrzehnte. Andere aber versterben nach wenigen Monaten oder sogar Wochen. Und viele leben nach dem Motto: »Humor trotz(t) Tumor«.

Frau Liebmann wohnt jetzt im Hospiz und die Pflegerin, die für sie zuständig ist, bittet mich, sie zu besuchen. Werde ich nun in das Zimmer stürmen und fragen: »Hallo, Frau Liebmann, und worüber haben Sie heute so gelacht?« Bestimmt nicht. Als Sterbebegleiter hilft mir die Erfahrung und ich weiß, wie wichtig es ist, meine Vorstellungen und Konzepte fallen zu lassen, offen für die Situation zu sein, die mich erwartet. Wenn die Situation sich meiner Kontrolle entzieht (und dies geschieht ständig), versuche ich, mich auf den Atem zu konzentrieren und in den Moment zurückzukehren. Was würde ich selbst als Kranker erwarten und auf was würde ich als Sterbender hoffen? Dass die Menschen, die mich begleiten, mitfühlend sind und darum meine Ängste und Schmerzen verstehen. Doch auch, dass sie darin nicht versinken, sondern sich eine gewisse Distanz bewahren. Und dass sie ihre Grenzen erkennen, eine Pause machen und sich Hilfe holen, wenn sie überfordert sind.

Frau Liebmann liegt auf dem Bett, begrüßt mich freundlich, aber erschöpft. Ihr Zimmer wirkt wohnlich eingerichtet. An der Wand hängen Fotos aus ihrem Leben, dazwischen Kunstpostkarten und das Bild von Tara, einer buddhistischen Gottheit. Darüber würde ich gerne mehr von ihr erfahren, aber Frau Liebmann möchte sich offensichtlich nicht unterhalten. Sie liegt da, schweigt. So vergehen Minuten. Soll ich gehen, soll ich bleiben? Mein Blick fällt auf das Foto eines lachenden Kindes. Ich lächle. Frau Liebmann bemerkt meinen Blick: »Ja, das ist die Enkeltochter von meinem großen Bruder. Sie kann so wunderbar lachen. Das Bild gibt mir Kraft.« Wir schweigen wieder und dann fügt sie hinzu: »Ich will gar nicht zurück in die Zeit vor meiner Diagnose. In den letzten Monaten habe ich so viel Liebe und Zuwendung von meinen Freunden und Eltern erfahren. Habe so viel erlebt als wären es zehn Jahre.« Mit diesen Worten lächelt sie und schließt wieder die Augen. Leise verlasse ich das Zimmer.

ANGST UND HUMOR – DIE GEGENSPIELER

»Der Mensch fürchtet den Tod nur,
weil er noch nicht glücklich genug gewesen ist.«
Karl August Varnhagen

Dr. Steffan Krüger ist eine besondere Persönlichkeit, groß, charismatisch, sprachgewandt. Er hat in einem Medienunternehmen eine hohe Position, ist wegen seines Sachverstandes geschätzt und ein bei den zahlreichen Mitarbeitern beliebter Chef. Mit Anfang sechzig kommt er ins Hospiz, mitten aus dem Alltag gerissen, Diagnose Glioblastom, aggressiver Hirntumor. Seine Ehefrau, selbst an Parkinson erkrankt, kümmert sich liebevoll um ihn, seine Angestellten kommen zu Besuch, die Chefsekretärin reicht ihm Joghurt an, denn bald kann er Arme und Hände nicht mehr bewegen. Je schwerer es ihm fällt, zu sprechen, desto häufiger werden seine Rufe: »Hilfe! Helft mir! Erbarmen. Helft mir doch!« So geht es tagelang, wochenlang. Viele Menschen kümmern sich um ihn. Neben seinen Angehörigen und Freunden die behandelnde Ärztin, das Pflegepersonal, die Musiktherapeutin, der Physiotherapeut, Seelsorger und wir Ehrenamtliche. Doch Herr Krüger ruft um Hilfe, oft laut und aggressiv, dann wieder weinend und wimmernd. Es ist wie ein Reflex, der nicht zu stoppen ist, und für viele Helfer ist das Rufen nur schwer auszuhalten. »Wovor haben Sie Angst, Herr Krüger?«, fragen wir. Und er antwortet: »Vor den schwarzen Männern.« Es ist nicht schwer, hierin ein Bild für die Bedrohung zu erkennen, der Herr Krüger sich gegenüber sieht. In ihm breitet sich die Angst aus. Seine Ehefrau kommt jeden Tag, ist am Rande ihrer Kräfte, fürchtet, das Falsche zu tun, hat Angst vor dem Abschied. Und auch für mich ist es eine große Herausforderung, am Bett von Herrn Krüger zu sitzen. Am Anfang haben wir noch zusammen gescherzt, denn Herr Krüger verfügt über durchaus deftigen Witz. Doch nun ist eine verbale Kommunikation kaum mehr möglich. Was nun zählt, ist die Präsenz, die Berührung. Immer wieder die Frage: Was tut ihm gut? Ist es richtig, seine Hand zu nehmen? Darf ich sie streicheln? Ist dies übergriffig? Wie geht es mir dabei? Fragen helfen, doch kommen widersprüchliche Antworten. Meine Konzepte lösen sich auf. Also es wieder versuchen. Manchmal beruhigt es ihn, wenn ich seine Hand halte. Ein anderes Mal regt es ihn auf, wütend reißt er seine Hand los und beginnt wieder zu schreien: »Helft mir! Erbarmen!« So laut, dass es auf dem Gang und den anderen Zimmern zu hören ist.

Leid auszuhalten ist für alle Beteiligten eine große Herausforderung. Sowohl für die Menschen am Lebensende, als auch für die Begleitenden. Herr Krüger wurde nicht allein gelassen, zahlreiche Helfer bemühten sich um sein Wohlergehen. Aber offensichtlich reichte dies nicht aus, um ihm ein Gefühl von Vertrauen und Geborgenheit zu geben. Waren es körperliche Schmerzen? Soweit möglich, konnten diese mit Hilfe von Morphium und Schmerzpumpe gelindert werden. Aber hinzu kamen bei Herrn Krüger die Erfahrung von Hilflosigkeit, Inkontinenz, Schamgefühl, Orientierungs- und Sprachverlust. In der palliativmedizinischen Begleitung wird in solchen Situationen von »total pain« gesprochen, von einem Schmerz, der zugleich diffus und umfassend ist und der zahlreiche Ursachen haben kann. Neben körperlichen Komponenten umfasst er auch die komplexe Welt der Psyche und Seele. Er kann darum auch aus kindlichen Traumata, Verlusterfahrungen o. Ä. herrühren und ist nicht einfach wegtherapierbar. Leid bringt uns an die Grenzen, denn oft können wir nichts dagegen tun. Wir können nur versuchen, dabeizubleiben, Achtsamkeit und Mitgefühl entwickeln, um es auszuhalten, dass wir in der Angst des Anderen mit unserer eigenen Angst konfrontiert sind.

Der Psychotherapeut Fritz Riemann zeigt, dass Ängste zur menschlichen Existenz gehören. Sie haben eine Schutzfunktion und können motivieren, nach innen zu blicken, Mitgefühl zu entwickeln und sich umeinander zu kümmern. In seinem Buch »Grundformen der Angst« schreibt er, es sei eine Illusion zu glauben, dass wir ein Leben ohne Angst leben könnten, denn die Angst sei eine Spiegelung unseres Wissens um die Sterblichkeit. Angst sei nicht eliminierbar, wir könnten nur versuchen, Gegenkräfte gegen die Angst zu entwickeln. Neben Vertrauen, Hoffnung, Demut, Glaube und Liebe, sind Lachen und Humor solche Gegenkräfte.

Die meisten Menschen haben mehr Angst vor dem Sterben als vor dem Tod und das ist einleuchtend. Der Tod bleibt das große Unbekannte. Den Tod können wir nicht »erleben«. Durch das Sterben aber müssen wir als Lebende hindurch. Und so war der griechische Philosoph Epikur der Meinung, es gäbe gar keinen Grund, sich vor dem Tod zu fürchten, denn dieser sei etwas grundsätzlich anderes als das Leben.

> »Wenn ich bin, ist der Tod nicht. Und wenn er ist, dann bin ich nicht. Also, warum soll ich mir Sorgen machen?«
> EPIKUR

Das Tot-Sein entzieht sich grundsätzlich unserer Erfahrung. Warum also Angst haben? Für manch gläubigen Menschen jedoch birgt auch das Tot-Sein Gefahren, z.B. die Bestrafung durch das himmlische Gericht, Fegefeuer, Hölle. Menschen, die an Wiedergeburt glauben, fürchten sich unter Umständen vor einer Reinkarnation als Tier oder in der Welt der Hungergeister.

Und dann das Sterben: Dieses findet mitten im Leben statt. Und deshalb werden wir hier mit unterschiedlichsten Formen der Angst konfrontiert:

1. Menschen in der letzten Lebensphase haben Angst vor ...
   - Schmerzen und Kontrollverlust,
   - Scham und dem Verlust der Würde,
   - der endgültigen Trennung von geliebten Menschen,
   - Einsamkeit,
   - der Erkenntnis, ein sinnloses Leben geführt zu haben,
   - dem Gefühl, Schaden angerichtet zu haben,
   - der Endgültigkeit des Todes,
   - der Angst,
   - Hölle oder leidvoller Wiedergeburt.

2. Angehörige, die jemand begleiten, haben Angst vor ...
   - dem Verlust eines geliebten Menschen,
   - einem Leben ohne den Sterbenden,
   - Hilflosigkeit und daraus resultierenden Schuldgefühlen, der Situation nicht gerecht zu werden,
   - der Macht der Gefühle,
   - der Möglichkeit, mit Lachen zu verletzen,
   - der Konfrontation mit dem eigenen Sterben.

3. Pflegepersonal hat Angst vor ...
   - Überforderung bis zum Burnout,
   - Fehlern bei der Pflege,
   - den eigenen Gefühlen und der eigenen Betroffenheit,
   - der Konfrontation mit dem eigenen Sterben,
   - Mobbing, Konflikten im Team.

Sich diese Aufzählung anzuschauen, ist nicht angenehm. Denn wer will sich schon wirklich mit seinen Ängsten auseinandersetzen? Doch das ändert nichts daran, dass diese zum Vorschein kommen und wir nicht umhin können, uns ihnen zu stellen. Das bedeutet, sie auszuhalten und anzunehmen. Was kann uns bei der Bewältigung helfen? Darauf hatte der griechische Philosoph Epiktet eine interessante Antwort:

>Nicht die Dinge selbst beunruhigen den Menschen, sondern die Meinungen und Urteile über die Dinge.<
EPIKTET

Epiktet unterscheidet zwischen den Ereignissen und unseren Vorstellungen davon, die er als Meinungen und Urteile bezeichnet. Er war der Auffassung, dass der größte Teil unserer Ängste nicht aus den Dingen selbst entsteht, sondern aus dem, was wir über die Dinge denken. Für ihn ist es deshalb hilfreich, sich das Denken und die daraus resultierenden Gefühle anzuschauen und sich darüber klar zu werden, welche Gedanken uns bewegen. Ein »Ding«, das aus dem Denken entsteht, ist das Selbstbild. Das Bewusstsein formt ein »Ich«, ein »Ego«, das der Vorstellung entspringt und sich von der Welt abgrenzt. Der Mensch ist in der Lage, sich auf Grund seines »Selbst-Bewusstseins« beim Leben und Sterben zu betrachten. Dieses Bewusstsein kann sich als Subjekt und Objekt begreifen und so beim Sterben zusehen. Der Mensch erkennt, dass er verschwindet. Daraus entsteht eine grundlegende Angst vor der Vernichtung. Sterben bedeutet den Untergang des Ichs.

Um sich von Vorstellungen, Meinungen und Urteilen zu lösen, hilft ein Perspektivenwechsel, wie z.B. eine ironische Bemerkung, ein Witz oder Scherz, aber auch Lächeln oder Lachen, die uns überraschende Sichtweisen eröffnen. So entsteht ein neuer, freudvoller Raum für das Verbindende, der entlastet und dabei hilft, sich für einen Moment aus angstbesetztem Denken zu befreien. Wie dies funktioniert, untersuchte der Psychiater Viktor Frankl. Er behandelte schwer traumatisierte Patienten und betonte: »Humor ist der Gegenspieler der Angst.« Diese Feststellung verblüfft zunächst, denn sind nicht Mut, Liebe, Vertrauen das Gegenteil von Angst? Frankl spricht allerdings nicht vom Gegenteil, sondern von einem *Gegenspieler*. Humor hat etwas Spielerisches, etwas, das aus sich selbst heraus Freude bereitet, sozusagen sinn-los ist, ohne direktes Ziel, im Augenblick existiert und damit das Denken in Fluss bringt. Humor spielt mit der Angst, was dazu führt, dass die Angst ihren Schrecken und ihre Macht über uns verliert – wenigstens für einen Moment. Mut, Liebe und Vertrauen können dann neu wachsen. Für Frankl ist Humor die Waffe der Seele im Kampf um Selbsterhaltung. Warum?

> »Nichts lässt den Patienten sich mehr von sich selbst distanzieren als der Humor.«
> VIKTOR FRANKL

Humor ermöglicht Distanz, wir entfliehen dem angstbesetzten Denken und finden mit Lachen oder Lächeln in ein neutrales oder sogar positives Gefühl. Daraus erwächst eine Kraft, Angstgefühle zulassen und betrachten zu können. Trost und Zuversicht sind die Folge.

Frankl entwickelte eine Methode, die er »Paradoxe Intention« nannte. Seine Mutter, sein Vater und seine Frau wurden im KZ ermordet. Frankl selbst war in den Lagern Theresienstadt und Auschwitz. Nach dem Zweiten Weltkrieg arbeitete er in Wien als Psychiater, wo er 1997 starb. Seine Erfahrungen in den Konzentrationslagern verarbeitete er in seinem Buch: »... trotzdem Ja zum Leben sagen.« Darin beschreibt er seine Erlebnisse im Konzentrationslager Auschwitz. Als er mit anderen in die »Duschräume« geleitet wurde, wussten sie, so Frankl, dass sie nichts zu verlieren hatten. Es überkam sie so etwas wie ein grimmiger Sinn von Humor. Als die Duschen angeschaltet wurden, bemühten sie sich, Witze zu reißen, und begannen, über sich selbst und über die anderen zu lachen. Dann erkannten sie, dass aus den Düsen tatsächlich Wasser spritzte, was zu einem erlösten Lachen führte.

Auf dem Hintergrund dieser Erfahrungen entwickelte Frankl Methoden, Patienten zu behandeln. Ein Patient kann lernen, der Angst ins Gesicht zu sehen, ja, ins Gesicht zu lachen, sozusagen heilfroh zu werden. Humor war für Frankl eine Trotzmacht, die gerade angesichts des Todes wirksam werden kann, als eine Waffe, um sich gegen die Angst zu verteidigen. Er riet seinen Patienten, nicht gegen die Symptome anzukämpfen oder zu versuchen, sie zu eliminieren, sondern im Gegenteil: mit aller Macht zu versuchen, genau diese Symptome zu verstärken. Wenn also jemand darunter litt, besonders zu zittern, bzw. Angst davor hatte, er könnte zittern und andere könnten das entdecken, so riet ihm Frankl, er solle sich bewusst bemühen, so stark zu zittern, wie er es nur schaffe. Er solle sogar Weltmeister im Zittern werden. Mit dieser paradoxen Intention ändert sich die Einstellung gegenüber den Symptomen im Sinne einer Relativierung. Unwillkürlich beginnen Patienten dann auch zu lachen.

INVEST IN INPERMANENCE

Patient zum Arzt:
»Ich kann mich nicht zwischen Operation
und Sterben entscheiden.«
Arzt: »Mit ein bisschen Glück
können Sie beides haben.«

Die Vorstellung, zu sterben, weckt nicht selten die Angst, noch nicht glücklich genug gewesen zu sein, vielleicht sogar das eigene Leben verschwendet zu haben. Manche Menschen am Lebensende bereuen, dass sie sich zu häufig nach anderen gerichtet, sich zu sehr auf ihre Arbeit konzentriert und zu wenig Freundschaften gepflegt und Gefühle gelebt haben. Angst vor dem Sterben drückt auch die Angst vor dem ungelebten Leben aus. Trauer um den Verlust eines lieben Menschen ist auch die Trauer um das eigene ungelebte Leben. Aber: Dieses ungelebte Leben wird es immer geben. Das Sterben kommt nicht erst dann, wenn wir mit allem fertig sind. Der Theologe Helmut Gollwitzer stellte im hohen Alter nüchtern fest: »Unser Leben bleibt Fragment.« Darum kann es helfen, sich mitten im Leben damit auseinanderzusetzen, dass das Leben nicht viel mit Vollendung und »alles richtig machen und fertig werden« zu tun hat, aber viel mit dem permanenten Wandel der im Sterben einen Abschluss und eine letzte Verwandlung erfährt. Deshalb schrieb die buddhistische Lehrerin Ayya Khema:

»Ohne den eigenen Tod völlig akzeptiert und sich liebend und hingebungsvoll damit auseinandergesetzt zu haben, ist unser Leben immer mit Angst verbunden.«
AYYA KHEMA

Dazu eine Geschichte aus dem Buddhismus. Der Dalai Lama wurde gefragt, warum die Menschen in Tibet viel glücklicher erscheinen als die Bewohner der westlichen Welt. Besitzen sie doch viel weniger, werden von China politisch unterdrückt und litten bis Mitte des 20. Jahrhunderts unter der brutalen Herrschaft tibetischer Feudalherren und korrupter Mönche. Wie schaffen sie es, sich ihren Optimismus und ihre Freude zu erhalten? Das liege daran, so der Dalai Lama, dass es im Buddhismus eine besondere Einstellung zum Leben gebe. Das buddhistische Denken gehe davon aus, dass unser alltägliches Leben von Wandel und Vergänglichkeit geprägt sei. Nichts habe Bestand, weder das Positive noch das Negative. Da dies eine Grundbedingung des Lebens sei, führe es zwangsläufig zu Leid, sich dagegen aufzulehnen. In der westlichen Gesellschaft, so der Dalai Lama, sei es anders. Hier beobachte man zwar auch, dass die Dinge sich verändern, aber es herrsche der Glaube vor, man könne etwas dagegen tun. Durch moderne Medizin und Geld wachse die Illusion, Beständigkeit und Glück seien machbar. Daraus entstehe Angst vor der Wandlung. Wer auf diese Überzeugung baue, müsse sich von der Vergänglichkeit bedroht fühlen. Denn zeigt sich das Leben von Veränderung bestimmt, so folgen Enttäuschung, Furcht und Panik. Deshalb schlägt der Dalai Lama vor, den Wandel zu akzeptieren und sich über die positiven Seiten zu freuen. Denn Unbeständigkeit bedeutet, dass auch Schmerz und Leid vergehen. Es ist eine Frage der inneren Haltung, ob Ängste stärker werden oder sich besänftigen lassen. Das einzige, auf das man sich verlassen kann, ist die Veränderung. Anders ausgedrückt: »Invest in inpermanence!« – »Investiere in die Vergänglichkeit!«

Dass Humor ein Gegenspieler der Angst ist, zeigt sich auch bei Herrn Krüger. Da er es nicht mehr selbstständig auf den Toilettenstuhl schafft, aber keine Bettpfanne akzeptiert, wird er mit einem Lift vom Bett auf den Toilettenstuhl gehievt. Breite, komfortable Bänder halten eine Art Schaukel, auf der er sanft hinüber schweben soll. Zwei Pflegerinnen, ein Pfleger und zwei Hospizhelfer versuchen ihr Bestes, damit diese Aktion auch Erfolg hat. Für Herrn Krüger eine unangenehme Situation: »Wenn mich so meine Angestellten sehen würden!«, flüstert er deprimiert. Meine Aufgabe ist es, die Knöpfe an der Fernbedienung richtig zu drücken. Schweißtropfen stehen auf meiner Stirn. Nicht auszudenken, wenn ich einen falschen Knopf drücken und der Kran Herrn Krüger in die falsche Richtung katapultieren würde. Herr Krüger scheint meine Anspannung zu bemerken, denn plötzlich zeigt er auf den Apparat in meiner Hand und ruft: »Die kleinen Knöpfe sind für die Angestellten und die großen für die, die etwas arbeiten.« Dabei grinst er. Es dauert einen Moment, aber dann kapiere ich: Das war ironisch gemeint, ein Witz. Er registriert meine Verblüffung, in seinen Augen blitzen Freude und Schalk. Ich lache, er lacht, die anderen auch. Herr Krüger hat uns und auch sich selbst amüsiert und damit nicht nur die Situation entkrampft, sondern auch seine Würde bekräftigt. Und so verbringt er etwa eine Stunde auf dem Toilettenstuhl und dirigiert seinen kleinen Hofstaat, der sich um ihn gebildet hat. Herr Krüger hat für einen Moment seinen Humor wiedergefunden. Auch wenn die Gesamtsituation zweifellos für ihn bitter ist. Es ist der Moment, der zählt.

ÜBUNG:

Notieren Sie möglichst schnell und ohne lange darüber nachzudenken.

Was macht mir Angst bei dem Gedanken an den Tod?
1.
2.
3.
4.
5.

Was macht mir Angst bei dem Gedanken an das Sterben?
1.
2.
3.
4.
5.

3. HUMOR, LACHEN, FREUDE –
DIE KUNST DER VERWANDLUNG

HUMOR IST STRATEGIE

*»Der Himmel hat den Menschen als Gegengewicht
gegen die vielen Mühseligkeiten
des Lebens drei Dinge gegeben:
Die Hoffnung, den Schlaf
und das Lachen.«*
Immanuel Kant

In unserer Auseinandersetzung mit Sterben und Tod und der Begleitung von Menschen am Lebensende, geht es immer wieder darum, mit Verlusten umzugehen. Wir werden aufgefordert loszulassen, und im Grunde lässt sich Sterben als ein fortschreitender Prozess des Loslassens begreifen: Gesundheit, Partner, Eltern, Kinder, Freunde, Besitz, Ideen, Pläne, die Welt, sich selbst, die eigene Identität. Es sind aber genau diese Verlust-Erfahrungen, die uns reifen lassen und uns den Wert des Humors begreifbar machen.

Um dies besser zu verstehen, ist es hilfreich, die Wirkungsweisen von Lachen und Humor genauer zu betrachten. Zwar ist es eine Binsenweisheit, dass Lachen gesund ist und im Alltag albern wir gerne herum, erzählen Witze und freuen uns gerne. Humor muss man nicht lernen, er ist einfach da. Oder vielleicht doch nicht? Was ist eigentlich Komik und warum hilft ein guter Witz, die Welt mit neuen Augen zu sehen? Was ist der Unterschied zwischen Lachen und Humor? Darum soll es in diesem Kapitel gehen.

Bei den Seminaren, die ich zum Thema Humor und Lachen halte, werde ich gerne gefragt: »Was ist überhaupt Humor?« Ich antworte dann: »Keine Ahnung.« Meistens werde ich jetzt ziemlich verblüfft angestarrt, was ich sehr lustig finde. Nein, ehrlich: Im Grunde habe ich keine Ahnung, was eigentlich Humor genau ist. Dies allerdings auf dem Hintergrund ausgiebiger Forschung. Humor ist glücklicherweise ein so vielschichtiges, komplexes Phänomen, dass es Humorforschern nicht langweilig wird. Der Philosoph Henri Bergson fabulierte, Lachen sei wie die Schaumkrone auf einer Meereswoge, und der Theoretiker des Lachens wie ein Kind, das den Schaum mit der Hand abschöpfe und sich wundere, dass gleich darauf nur noch ein paar salzige und bittere Wassertropfen durch seine Finger rinnen. Lachen sei also nicht »begreifbar«. Das hielt Bergson aber nicht davon ab, ein ganzes Buch zu verfassen mit dem Titel: Le rire – Das Lachen.[2]

Ebenso skeptisch äußerte sich der amerikanische Autor E. B. White: Der Humor könne zwar wie ein Frosch seziert werden, aber in beiden Fällen laufe es auf das Gleiche hinaus – der Forschungsgegenstand komme dabei um. Trotzdem interessieren sich die Philosophie und zahlreiche andere Disziplinen seit vielen Jahrhunderten für diesen Frosch und zerlegen ihn nach allen Regeln der Kunst. Daraus hat sich eine eigene Wissenschaft entwickelt, die »Gelotologie« (von griech: gelos = Lachen), die »Lehre vom Lachen und seinen Auswirkungen«. Sind Gelotologen humorvoller als andere Menschen? Ich glaube nicht. Manche leiden vielleicht sogar unter ihrem Job, denn wenn sie sich mal aufregen, heißt es sogleich: »Mensch, du bist doch Humorforscher, nimm es doch mit einem Lachen.« Das kann ganz schön nerven. Allerdings haben die Forschungen der Gelotologen durchaus zu Ergebnissen geführt, die uns interessieren können.

Zunächst: Humor ist nicht gleich Lachen. Humor kann als geistiger Vorgang verstanden werden, etwas umzuwerten, Lachen als die körperliche Reaktion darauf. »Humor« wird von dem lateinischen Wort »umor« abgeleitet, das im Deutschen mit »Feuchtigkeit« übersetzt werden kann. In der antiken Medizin bezeichnete der Plural »umores« die richtige Mischung der Körpersäfte: Gelbe Galle, schwarze Galle, Blut und Schweiß. Wenn diese – so die medizinische Theorie damals – in einem harmonischen Verhältnis zueinander stehen und fließen, dann befindet sich der Mensch in einer heiteren Gemütsverfassung. Humor heißt also, etwas in Fluss zu bringen, dort wo etwas gestaut ist. Mit Humor kann etwas zum Fließen gebracht werden, wenn der Abfluss verstopft ist. Humorvolle Menschen sind so etwas wie Installateure für die Seele. Sie sorgen mit dem Lachen für den Abfluss gestauter Gefühle. Deshalb meinte der Philosoph Immanuel Kant vielleicht auch, dass Lachen die Verdauung fördere. Und zwar nicht nur die aus dem Darm, sondern auch die Verdauung von belastenden Gedanken, die uns auf den Magen schlagen. Darum hilft es auch in Zeiten der Trauer, sich zu amüsieren: Nicht nur das Weinen, auch das Lachen gibt der Trauer ein Ventil. Und auch Lachen und Sterben sind gewissermaßen Freunde, beide bringen unseren Körper zum Fließen. Im Sterben geschieht dies allerdings besonders nachhaltig, Körperflüssigkeiten sind nicht mehr zu halten, Körper und Geist lösen sich auf.

Humor bedeutet die Freude an einem Perspektivenwechsel, aber auch die Entscheidung, diesen durchführen zu wollen. Wie schwer und zugleich wie lohnenswert dies sein kann, erlebe ich immer wieder, wenn ich morgens mein Fahrrad aufschließe. Da es draußen an einem Baum parkt, ist der Sattel regelmäßig mit Vogelkot verziert. Während ich dann, zunächst missgelaunt, mit einem Papiertaschentuch und Spucke die festgebackene braun-weiße Masse abreibe, fällt mir manchmal folgende Geschichte ein:

Zwei Männer gehen zur Arbeit. Plötzlich werden beide von oben von Taubendreck getroffen.
Sagt der eine mit verbissenem Gesicht: »Warum muss immer mir das passieren?«
Darauf lacht der andere: »Sei doch froh, dass Elefanten nicht fliegen können.«

Und wirklich: Es wirkt, die Dinge einmal anders zu sehen. Meistens gelingt mir, obwohl ich diese Episode ja kenne, trotzdem noch ein kleines Lächeln und meine Wut verblasst, ja, wandelt sich sogar in ein bisschen Freude. Es entfaltet sich die zentrale Kraft des Humors: einen verblüffenden Perspektivenwechsel durchzuführen – und dies nicht mit dem moralisierend erhobenen Zeigefinger, sondern auf lustvolle, spielerische Art und Weise. Spannung verwandelt sich in Entspannung. Dem Zuhörer der kleinen Geschichte wird freigestellt, ob er hierin eine Weisheit erkennen will oder nicht. Die Botschaft, die dahinter steckt, lautet: Nimm an, was ist. In diesem Fall wird uns gesagt: Was regst du dich auf, es gibt viel Schlimmeres, von dem du in diesem Moment verschont bleibst. Das Unglück wird auf erheiternde Weise relativiert. Humor hilft so, einen schmerzvollen Umstand, der im Moment nicht zu ändern ist, anzunehmen. Damit tauchen wir in den Moment ein, vergessen für einen Augenblick unser Konzept davon, wie die Welt »eigentlich« zu sein hat.

Sigmund Freud beschreibt Humor deshalb als eine »höchststehende Abwehrleistung« und verdeutlicht, was er meint, mit einer Anekdote.

Ein zum Tod Verurteilter wird an einem Montag zum Schafott geführt.
Er fragt den Henker: »Welchen Tag haben wir denn heute?«
Dieser antwortet: »Montag.«
Darauf sinniert der Mann: »Die Woche fängt ja gut an!«

Wer so über das eigene Schicksal scherzen könne, so Sigmund Freud, erhebe sich über sein Los. Die Geschichte soll sich übrigens wirklich zugetragen haben. 1902 wurde der bayerische Räuber Mathias Kneißl zum Schafott geführt. Er wurde an einem Montag zum Tode verurteilt und hatte den Mut zu diesem Scherz, der ihn in gewisser Weise unsterblich gemacht hat.

Diese Geschichte »funktioniert« dabei auf zweierlei Weise: Zum einen half sie, vielleicht, dem Delinquenten, Distanz zu seiner Angst und so ein wenig Trost zu finden. Galgenhumor im wahrsten Sinne des Wortes, der dazu beitrug, die Situation anzunehmen, wie sie ist. Zum anderen erzielt die Geschichte als Witz eine Wirkung. Der Schrecken des bevorstehenden, endgültigen Endes wird dadurch relativiert, dass der Delinquent angesichts seines Todes an die bevorstehende Woche denkt. Diese Betrachtungsweise erzeugt einen absurden, komischen Widerspruch zwischen der vom Zuhörer wahrgenommenen Schwere der Situation und deren völlig überraschenden Bewertung durch den bald Sterbenden. Und so können wir lachen.

Wie lässt sich Humor also umschreiben? Im Duden heißt es dazu: »Humor ist die Gabe eines Menschen, den Unzulänglichkeiten der Welt und der Menschen sowie den Schwierigkeiten und Missgeschicken des Alltags mit heiterer Gelassenheit zu begegnen und über sie und über sich lachen zu können.« Zugegeben, diese Beschreibung kommt etwas trocken daher, aber vielleicht können Sie das ja mit heiterer Gelassenheit nehmen. Psychologen sprechen in diesem Zusammenhang von einer Coping-Strategie (von engl.: to cope – bewältigen, überwinden), einer Bewältigungsstrategie also. Die Strategie liegt darin, selbst in der misslichsten Situation noch einen Vorteil für sich ausmachen zu können. Dadurch verstärkt sich die Resilienz eines Menschen (von lat.: resilere – abprallen), die angeborene Widerstandsfähigkeit, mit schmerzvollen Veränderungen umzugehen.

Im Grunde drücken alle Humordefinitionen dies ähnlich aus, allerdings auf unterschiedliche Weise. Am bekanntesten ist die des deutschen Schriftstellers Otto Julius Bierbaum: »Humor ist, wenn man trotzdem lacht.« Lachen trotz der Schwierigkeiten und Missgeschicke des Alltages. Oder anders formuliert: »Humor beginnt dort, wo der Spaß aufhört.« Der Kabarettist Werner Finck wusste, wovon er sprach, wurde er doch in der Hitlerdiktatur wegen seines allzu kritischen Witzes verhaftet und angeklagt. Doch bewies er Humor, spielte todesmutig vor Gericht einen Sketch vor und wurde freigesprochen. Humor schafft also Distanz, wenn der Mensch zu eng mit etwas verbunden ist und schafft Nähe, wenn die Distanz zu weit wird. Und dies auf spielerische, erheiternde Art und Weise. Entscheidend ist, dass man dies auch will. Humor ist eine innere Haltung, eine Weise, die Welt zu sehen, für oder gegen die wir uns entscheiden.

Wie lohnenswert es ist, diese Entscheidung zu treffen, untersucht die Psychoimmunologie, die zeigt, dass sich Immunsystem, Nervensystem und Psyche gegenseitig beeinflussen. Positive Gedanken, Humor oder Lachen besiegen keine Krankheiten, aber es ist in zahlreichen Studien belegt, dass sie dazu beitragen, die Lebensqualität zu steigern. Vielleicht werden Sie jetzt sagen:

Na ja, Humor, den hat man oder man hat ihn nicht. Weit gefehlt. Untersuchungen zeigen, dass der Sinn für Humor nicht allein angeborenes Talent, sondern trainierbar ist. Humor und die Freude am Lachen lassen sich wecken. Und umgekehrt: Die Fähigkeit zur Heiterkeit kann abnehmen oder sogar grundsätzlich zum Erliegen kommen.

Der Sinn für Humor wird beeinflusst von:

- der Stimmung, in der wir uns momentan befinden. Manchmal finden wir uns in einer grundlegend heiteren Stimmung, die eine humorvolle Betrachtung der Welt leicht macht. In anderen Momenten herrscht eine düstere Laune vor, die es dem Humor schwer macht. Man hat einfach keine Lust darauf, zu lachen.
- dem Talent. Man kann beobachten, dass manche Zeitgenossen einen ausgeprägteren Sinn für Humor an den Tag legen. Dies hat mit angeborenem Temperament, aber auch mit Erziehung und Sozialisation zu tun. Nach einem vererbbaren Humor-Gen sucht die Gelotologie darum bisher vergeblich.
- der Kompetenz. Der Sinn für Humor kann als eine Art siebter Sinn betrachtet werden, der sich trainieren lässt. Wenn er nicht benutzt wird, kann er sich zurückbilden, ebenso wie bei einem Nachlassen der kognitiven Fähigkeiten z.B. bei Depression, Demenz oder einem Hirntumor. Humorkompetenz lässt sich durch Training steigern.

»Es ist leicht, das Leben schwer zu nehmen. Und schwer, das Leben leicht zu nehmen.«
WILHELM BUSCH

der Weise, die Welt zu sehen. Der Sinn für Humor beruht auf einer Entscheidung, die Welt ernst oder humorvoll sehen zu wollen. Es ist ähnlich, wie bei einem Glas, das zur Hälfte gefüllt ist. Will man das halbleere oder das halbvolle Glas sehen? Dass diese Entscheidung eine lebenslange Herausforderung bleibt, bringt Wilhelm Busch auf den Punkt.

HUMOR IST KOMISCH

»Alles hat drei Seiten. Eine positive, eine negative. Und eine komische.«
Karl Valentin

Der bayerische Humorist und Philosoph Karl Valentin sieht in der Komik etwas, das jenseits des Positiven und Negativen zu finden ist, etwas Drittes, jenseits von Gut und Böse. Der amerikanische Religionssoziologe Peter L. Berger vertritt sogar die These, das Komische sei ein Signal des Göttlichen. So weit muss man nicht gehen, aber es lohnt sich, die Frage zu stellen: Wie entsteht das Komische? Der französische Philosoph Henri Bergson hat dieses Phänomen seziert und stellte fest, dass Komik auf einem Kontrast beruht, also auf einem Widerspruch. Und zwar insbesondere auf dem Widerspruch zwischen der geistigen Kraft, die Bergson »Elan vital« nennt und dem Körper als dem Materiellen. Der Geist ist frei, an nichts gebunden und liebt es, sich in Höhenflügen zu versteigen. Komisch wird es, wenn etwas dazwischenfunkt, beispielsweise der eigene Körper oder ein Gegenstand, wie die Tücke des Objekts uns immer wieder vor Augen führt. Dies ist tragisch und komisch oder auch beides, je nachdem, wie wir dies wahrnehmen und bewerten.

So geschieht es bei Frau Thomas, die es vermag, in einer bedrückenden Situation etwas Komisches zu erkennen und, wie in der Einleitung dieses Buches geschildert, einen witzigen Kommentar zu liefern: »Prima, so kann man sich auch kennenlernen!« Dies geschieht intuitiv, wird aus dem Moment geboren. Frau Thomas erkennt den Widerspruch zwischen der sehr intimen Situation, dass sie Stuhlgang in der Hygienehose hat, und der Tatsache, dass wir uns gerade kennenlernen. Und sie spricht diesen Widerspruch aus, denn wer will sich schon so kennenlernen? Das konventionelle Denken meint vielleicht formvollendete Konversation mit einem höflichen Lächeln. Ganz im Sinne der Theorie von Henri Bergson stellt sich der Körper aber diesem Ansinnen entgegen, fordert seinen Tribut und setzt Flüssigkeiten ab, wann es ihm passt. Frau Thomas formuliert mit einer ironischen Bemerkung das Komische in der Situation. Ironie bedeutet, das Gegenteil von dem zu sagen, wovon man eigentlich überzeugt ist. Anstatt sich unterkriegen zu lassen, löst sie sich von den üblichen Vorstellungen von Sauberkeit und Umgangsformen, verleiht ihrem Geist sozusagen Flügel. Daraus entsteht ein neuer verbindender Raum jenseits der üblichen Standards. Frau Thomas beweist Humor und bringt uns zum Lachen. Hut ab!

Die Begebenheit am Bett von Frau Thomas macht noch auf etwas anderes aufmerksam: Das Befremdliche und das Lustige liegen oft dicht beieinander. Die deutsche Sprache kennt ja diese interessante Doppelbedeutung des Wortes »komisch«. Einerseits wird es verwendet im Sinne von »befremdlich« und andererseits im Sinne von »lustig«.

»Kellner, die Suppe schmeckt komisch!«
»Warum lachen Sie dann nicht?«

Die Geschichte von Frau Thomas zeigt: Der Sinn für Humor umfasst die Fähigkeit, das Befremdliche in etwas Lustiges zu verwandeln. So kann man sagen, das Komische (Lustige) bewahrt uns vor dem Komischen (Beängstigenden).

Aus dem Humortagebuch für Pflegemitarbeiter im Hospiz:
- Herr Martin, Zi. 8, ruft zu mir: »Schwester, ich muss auf's Trocken-Dock, meine Hose ist nass!« Ich antworte: »Alles klar. Blohm und Voss sind sofort zur Stelle!«
- Frau Schwarz von Zimmer 12 klingelt. Ich gehe hin und sie fragt genervt: »Wann kommt denn endlich hier jemand?« Ich: »Na ja, da war doch vorhin jemand bei Ihnen.« »Das war 1945«, antwortet sie. Wir lachen zusammen.
- Herr Keller fällt fast um, ich halte ihn und setze ihn auf den Stuhl. »Warum schwanke ich so?«, fragt er. »Wegen ihrem Schlaganfall.« »Ach so, früher musste ich dazu ein paar Maß trinken, heute habe ich das umsonst.«
- Ich unterhalte mich mit der Patientin aus Zi. 9. Sie erzählt mir von ihrem Beruf. Plötzlich fragt sie: »Und was machen Sie so beruflich?« Bin so verblüfft, dass ich lachen muss.

Eine wunderbare Möglichkeit, diese Kraft des Humors festzuhalten, ist das Anlegen eines Humortagebuches, wie es in zahlreichen Pflegeeinrichtungen praktiziert wird. Hier können Mitarbeiter ihre lustigen Erlebnisse eintragen. Darin zu lesen ist eine Inspiration für Herz, Geist und Seele. Manchmal, wenn ich erschöpft bin, wenn mich Trauer übermannt, dann blättere ich darin und freue mich an der Wärme und Menschlichkeit, die daraus spricht. Denn Situationskomik lässt uns nicht nur lachen, sondern offenbart, was Menschen verbindet, nämlich die Tragik und Komik des Mensch-Seins, egal ob jung, alt, reich, gesund, krank. Situationskomik lebt von einem überraschenden Kontrast, der das gewohnte Denken aushebelt und uns in einen Freiraum von Freude und Verbundenheit katapultiert. Sie offenbart die Anstrengung, mit unserer Endlichkeit umzugehen, sie auszuhalten, ihr und dem Leben Freude abzuringen. Situationskomik erzählt von dem, was dem Menschsein anhaftet: Das Los, zu scheitern, aber auch die Fähigkeit, das Versagen zu einer Kunst zu machen. Loriot drückt es so aus:

»Komisch ist alles, was scheitert.«
LORIOT

Doch darüber, was komisch und zugleich lustig ist, gehen die Meinungen auseinander. Henri Bergson erkannte, dass wir einen Kontrast nur dann als lustig empfinden können, wenn wir nicht unter ihm leiden. Dies erklärt, warum manche Bemerkungen oder Witze so danebengehen. Komik kann als sehr verletzend empfunden werden, insbesondere, wenn Fehler oder Schwächen eines anderen aufs Korn genommen werden. Dies lässt sich auch bei den Cartoons, die sie in diesem Buch finden, beobachten. Wenn ich diese bei meinen Seminaren zeige, sind die Reaktionen geteilt. Die meisten Teilnehmer sind begeistert, manche schmeißen sich geradezu weg vor Lachen. Andere hingegen verstummen, empfinden einzelne Cartoons als makaber und geschmacklos. Sie leiden unter der Situation, die dargestellt wird, fühlen sich nicht ernst genommen und angegriffen. Das Komische auszumachen ist eine mentale, soziale und empathische Leistung. So wird verständlich, warum der Sinn für Humor sehr unterschiedlich sein kann und sich verändert, je nach dem, was unsere Gefühlslage bewegt und zu welchen Leistungen wir mental und emotional im Stande sind. Dabei kann man beobachten, dass in unterschiedlichen Phasen am Lebensende verschiedene Humorvorlieben entstehen.

»Was soll man machen? Kopfstehen und lachen!«, meinte eine Patientin kurz vor ihrem Tod mit einem weinenden und einem lachenden Auge. Humor, der hilft, sich mit der Vergangenheit und dem Unabänderlichen auszusöhnen und eine Verbindung durch gemeinsames Lachen herzustellen. Hier bewahrheitet sich die Formel, die sich Woody Allen von den Marx Brothers geliehen hat: »Komödie ist Tragödie plus Zeit.« Nach einer gewissen Zeit kann auch die größte Tragödie einen Hauch von Komik bekommen und tiefe Einsicht gewähren. Im Gegensatz dazu sucht schwarzer Humor eher die Distanz, mit Zynismus und Sarkasmus wird Wut über Krankheit, Helfer und Angehörige ausgedrückt. Besonders mutig ist Galgenhumor, mit dem die eigene aussichtslose Lage positiv umbewertet wird, um nicht im Leid zu versinken und Würde zu behalten. Genaueres über Humorarten in den verschiedenen Phasen am Lebensende folgt in einem weiteren Kapitel.

ÜBUNG:

Erinnern Sie sich an eine Situation, in der Sie auf komische Art gescheitert sind; wie die Tücke des Objektes Ihnen einen Streich spielte.
• Was war der Auslöser?
• Wie haben Sie reagiert?
• Konnten Sie damals lachen, allein, vielleicht mit jemand gemeinsam?
• Welchen komischen Kontrast finden Sie heute darin?

HUMOR IST LACHEN MIT ANDEREN ÜBER MICH SELBST

»Wer sich selbst auf den Arm nimmt,
erspart anderen die Arbeit.«
Heinz Erhardt

Während einer Kaffeepause sitzen die Pflegekräfte im Mitarbeiterzimmer gemeinsam am Tisch. Da entdeckt jemand, dass die Pflegeschülerin Svenja weiße Socken mit kleinen schwarzen Totenköpfchen trägt. »Cool«, ruft ein Mitarbeiter lachend, »das sollten unsere Hospiz-Arbeitssocken werden!« Svenja wird rot und kichert verlegen. »Habe ich echt nicht mitgekriegt.« Die anderen können kaum an sich halten vor Lachen. Svenja hat keine Chance, sie muss mithalten, prustet los, lacht gemeinsam mit ihren Kollegen über sich selbst. Und sie entscheidet sich, die Totenkopf-Socken anzubehalten.

Die Entdeckung löste bei der Pflegeschülerin zunächst Scham aus, es war ihr peinlich, das Symbol des Todes im Hospiz zu tragen; dies könnte als gefühllos ausgelegt werden. Ein Kontrast zwischen dem, was man eigentlich tut, und dem, was geschieht. Ihre Kollegen reagierten darauf nicht mit Ermahnung, sondern mit einem belustigten, freundlichen Lachen. So konnte sie sich entspannen und mitlachen, sogar über sich selbst, ein Raum der Verbundenheit entstand. Humor hilft, unsere eigenen Fehler, unsere Macken und Neurosen spielerischer, und deshalb mitfühlender zu betrachten, sie uns selbst zu verzeihen und damit anzunehmen.

Über sich selbst zu lachen ist eine hohe Kunst, allerdings keine ganz uneigennützige, wie Peter Ustinov weiß: »Die Engländer lachen nur deshalb so gerne über sich, damit es andere nicht tun!« Der Schauspieler weist darauf hin, dass das Lachen über sich selbst auch darum so wunderbar ist, weil man damit den anderen zuvorkommt. Über sich selbst zu lachen bevor es andere tun, bedeutet, die Kontrolle zu behalten und damit die Würde. Doch bedeutet über sich selbst lachen im Grunde auch, es anderen zu gestatten. Erst dann wird die Fähigkeit, über sich selbst zu lachen zu einer Eigenschaft, die uns hilft, uns vom Ego und Ich-Bewusstsein zu lösen. Rolf D. Hirsch, Professor für Gerontopsychiatrie, unterscheidet auf diesem Hintergrund fünf Stufen in der Entwicklung des Humors:

Stufe 1: Nicht lachen können. Der Mensch kann nicht lachen, entweder, weil er eine Situation nicht als komisch, im Sinne von lustig, wahrnimmt oder weil er nicht lachen möchte.

Stufe 2: Über andere lachen können. Dies ist noch relativ einfach, man fühlt sich z.B. überlegen und die Missgeschicke anderer sind der Auslöser für das eigene Lachen.

Stufe 3: Über mich selber lachen können. Hier beginnt ein Prozess der Selbsterkenntnis. Man nimmt sich selbst nicht so ernst und kann darum über sich und eigene Missgeschicke lachen. Diese Fähigkeit markiert einen wichtigen Reifeprozess innerhalb der Persönlichkeitsentwicklung. Allerdings: Gerne wird sie auch genutzt, um sich selbst im besseren Licht erscheinen zu lassen.

Stufe 4: Andere dürfen über mich lachen. Der Clown plant, dass andere über ihn lachen und kann dies dann als Erfolg verbuchen. Noch humorvoller allerdings ist, wer davon überrascht wird, ausgelacht zu werden und dies trotzdem ertragen kann, ohne sich dafür rächen zu müssen.

Stufe 5: Gemeinsam mit anderen über mich selbst lachen. Hier ist schon eine Stufe der Weisheit erreicht. Der Ausgelachte identifiziert sich nicht mehr mit dem, was andere an ihm kritisieren und auslachen. Im Gegenteil, er findet es selber lustig, kann sein Ego loslassen, spielerisch damit jonglieren und daher freudvoll mitlachen. Vielleicht ist man, wenn man diese Stufe erreicht hat, erleuchtet – oder umgekehrt: ein/e Erleuchtete/r kann sich mit anderen köstlich über sich selbst amüsieren.

Schon die Stufe drei dieses Modells ist eine große Herausforderung, doch die wahre Kunst besteht darin, zulassen zu können,
dass über mich gelacht wird – und dann auch noch mitzulachen.
Gerade hier zeigt sich, wie weit der persönliche Humor reicht. So
mancher Herrscher reißt gerne Witze über sich, um bewundert
zu werden, aber wehe, ein anderer versucht dies. Da ist schnell
Schluss mit lustig, autoritäre Macht will unter allen Umständen
die Kontrolle behalten und fühlt sich deshalb von anarchischem
Spaß bedroht.

IM MITTELPUNKT STEHT IMMER DER MENSCH

HUMOR ALS AUSDRUCK VON EMPATHIE

»Der kürzeste Weg zwischen zwei Menschen
ist ein Lächeln.«
Aus China

Frau Schneider hat Besuch. Ihre Enkelin kommt ins Hospiz
und präsentiert der frisch gebackenen Ur-Oma zum ersten Mal
eine neue Weltenbürgerin. Frau Schneider nimmt die kleine Antonia in den Arm und lächelt sie liebevoll an. Und Antonia strahlt

zurück. Mutter und Frau Schneider freuen sich wie zwei Kinder. Und Antonia jauchzt mit.

Empathie bedeutet die Fähigkeit, sich in andere einzufühlen und nachzuempfinden, was in ihnen vorgeht. Dabei hilft uns die ansteckende Wirkung von Gefühlen. Dies lässt sich bereits bei Babys beobachten, die mit Lächeln und Lachen reagieren, wenn sie von Mutter und Vater angelacht werden. Und umgekehrt. Die meisten Säuglinge beginnen fünf Wochen nach ihrer Geburt zu lächeln. Es sind zunächst Laute und Berührungen der Mutter, die fröhlich machen, später, wenn die Kinder scharf sehen können, dann auch das Lächeln der Mutter selbst. Ab dem dritten Monat beginnt das Baby zu lachen. Ursachen sind akustische und taktile Reize, z.B. das Kitzeln am Bauch. Auch wenn dieses Lachen noch nicht als Humor bezeichnen werden kann, weil das kognitive Erkennen eines Widerspruchs dabei ja keine Rolle spielt, so sind Lächeln und Lachen auch hier doch Ausdruck von Wohlgefühl, Freude und Empathie.

Unsere Ur-Ahnen vor rund zwei Millionen Jahren benutzten noch keine Sprache, wie wir sie kennen. Sie kommunizierten über Körpersignale und Zurufe wie Knurren, Kreischen, Fauchen und: Lachen. Dieses entwickelte sich vermutlich aus dem Spiel im Zusammenhang mit Balgereien und war so mit einer Handlung assoziiert, die als nicht wirklich ernst und deshalb nicht als bedrohlich erlebt wurde. Lachen und Lächeln wurden Bestandteil einer friedlichen Kontaktaufnahme, dienten der Deeskalation von Konflikten und wurden zu Gesten, die Spannungen abbauten. Das Lachen wurde in vielen Kulturen das effektivste Signal, um Vertrauen zu schaffen.

Gerade, wenn Worte nichts mehr ausrichten können, sei es in einem Streit oder eben auch am Lebensende bei einer schweren Krankheit, kann ein Lächeln, das von Herzen kommt, eine direkte, tiefe Verbindung bewirken. Dabei lächelt nicht nur der Mund, sondern das ganze Gesicht und insbesondere die Augen sind in ein Lächeln einbezogen. Es entsteht ein Wir-Gefühl, eine Verbindung von Herz zu Herz. Diese Wirkung ist in der Begleitung von Menschen am Lebensende eine wichtige Ressource. Und auch da, wo die Fähigkeit abnimmt oder sogar verloren geht, Witz und Ironie zu verstehen, wirkt eine sanfte Berührung mit einem Lächeln verbindend.

Die Ursache dafür finden Wissenschaftler in den Spiegelneuronen, Nervenzellen im Gehirn, die die motorischen Abläufe der Gesichtsmuskulatur abbilden. Diese Neuronen aktivieren, wenn ein Mensch die Mimik eines anderen beobachtet oder andere Menschen lachen hört, den prämotorischen Cortex, ein Gehirnareal, das für die Steuerung der Gesichtsmuskeln zuständig ist. Gleichzeitig werden dabei die mit der beobachteten Mimik oder gehörten Geräuschen korrespondierenden Gefühle wachgerufen. Lachen und Weinen werden ebenso gespiegelt wie Wut oder Verlegenheit. Auf diese Weise entwickelt sich unmittelbar Empathie, Mitgefühl, das uns ohne nachzudenken die Gefühle des anderen mitempfinden lässt. Besonders ansteckend sind akustische Reize, die positive Gefühle (Heiterkeit, Freude, Jubel) hervorrufen. Die unbewusste Reaktion spiegelt das Verhalten des anderen und verhilft nicht nur zu Empathie, sondern baut auch Kommunikation auf und signalisiert: ›Du brauchst keine Angst vor mir zu haben‹.

Dieses ganz elementare Phänomen ist besonders in der letzten Lebensphase von Bedeutung. Bei Menschen am Lebensende lässt sich häufig eine Verhaltensänderung beobachten. Erwachsene zeigen, beispielsweise bei Demenz oder einem Hirntumor, Verhaltensweisen, die an die von Kleinkindern erinnern. Dies betrifft auch die Kommunikation durch Lächeln und Lachen, die ähnlich direkt wie bei der Kommunikation zwischen Kleinkindern und Eltern geschieht.

> »Humor ist nicht eine Gabe des Geistes, sondern eine des Herzens.«
> LUDWIG BÖRNE

Um Humor auch in extremen Situationen zu behalten, ist es hilfreich, sich in die Situation eines anderen hineinversetzen zu können. Die Entwicklung dieser Fähigkeit wurde früher mit dem Begriff »Herzensbildung« bezeichnet, der heute fast aus unserem Sprachschatz verschwunden ist. Wer Mitgefühl, Güte und Achtsamkeit bei sich selbst und anderen sucht und entwickelt, kann beobachten, dass die Humorfähigkeit wächst und das Herz sich (aus-) bildet. Denn so, wie das Verständnis für sich und andere wächst, so gedeiht auch die Fähigkeit, vieles als komisch und humorvoll zu betrachten, das ohne Herzensbildung und Empathie als persönliche Katastrophe oder Angriff empfunden würde. Wenn man erkennt, dass jeder Mensch nach Glück und Schmerzfreiheit strebt, können Verbindung und Verständnis entstehen, auch wenn die Lebenssituation schwierig und manches Verhalten vielleicht schwer erträglich wird. Empathie hilft, eine Situation umbewerten zu können. In diesem Sinne kann man sagen: »Humor ist, wenn man trotzdem liebt.«

Humor steht also in direkter Beziehung zu Empathie. Zum einen ermöglicht Empathie Humor, weil die Fähigkeit, sich in andere hineinzuversetzen, Raum schafft, das störende Verhalten eines anderen mit einem Lachen oder gelassenen Lächeln zu nehmen. Und umgekehrt erhöht das Spielerische des Humors die Empathiefähigkeit, weil das Verständnis für die eigenen und die Schwächen des anderen wächst. Humor erlaubt, ungewisse Situationen auf spielerische Art zu testen, die Gefühle und Haltungen eines Gesprächspartners zu erforschen und positiv umzubewerten. Mit Humor kann häufig eine verletzende Konfrontation vermieden und dennoch die eigene Meinung geäußert werden.

HUMOR UND KOMMUNIKATION

»Herr Doktor, wie lange habe ich
noch zu leben?«
»Na ja, ein Zeitungsabo würde
ich nicht mehr abschließen.«

Wer sich in ärztlicher Behandlung befindet, kann ein Lied davon singen: Die Kommunikation zwischen Arzt und Patient. Als ich mich wegen einer Netzhautablösung in die Uni-Klinik begeben muss, ruft die Oberärztin: »Krass! Ihre Netzhaut rollt sich ab wie eine Tapete. Was machen Sie bloß?« Dabei blickt sie mich vorwurfsvoll an und schiebt ruckartig das Untersuchungsgerät hin und her. Mich ergreift Panik: Werde ich auf einem Auge erblinden? Ich versuche, mich zu beruhigen, ärgere mich über den Kommentar der Ärztin. Andererseits, ihre impulsive Bemerkung zeugt von Ehrlichkeit und macht mir die Dringlichkeit der Situation klar. Jetzt geht es um mein Augenlicht. Schluss mit lustig!

Also sitze ich auf dem Gang der Augenklinik und warte darauf, gelasert zu werden. Neben mir verharren Leidensgenossen, Jung und Alt starren schweigend und deprimiert vor sich hin. Auch ich habe Angst. Wenn der Laser die Netzhaut nicht wieder »antackern« kann, wie sich die Ärztin ausdrückt, droht mir die Erblindung des Auges. Ich sehe nur noch grauen Nebel vor dem rechten Auge, das Blut, das aus der gerissenen Netzhaut in den Augapfel geströmt ist. Ich bin verzweifelt und warte. Werde ich auf dem Auge wieder sehen können? Ich versuche, das zu tun, was mir sonst bei Angst und Schmerzen hilft, konzentriere mich auf den Atem, spüre das Ein- und Ausatmen, versuche, meinen Kopf von den ängstigenden Gedanken zu befreien. Doch es will nicht gelingen. Die Gedanken haben sich festgefressen.

Da erscheinen zwei Frauen, beide um die sechzig, die eine mit blutunterlaufenem Auge. Weil nur noch einzelne Stühle frei sind, setzen sie sich einige Plätze auseinander, was sie aber nicht daran hindert, miteinander zu reden.

»Mensch, Mensch, Mensch«, ruft die eine.

»Jetzt hör aber uff, so was passiert eben«, entgegnet die Frau mit dem blutunterlaufenen Auge und lacht dabei.

»Ich hab gesagt, du sollst die Äpfel runterholen, nich' von der Leiter springen«, gluckst die andere. Die beiden wirken alles andere als deprimiert, keine Ahnung, woher sie die Kraft und die Distanz hernehmen, in einer solchen Situation noch Spaß zu haben.

Die Stimmung ändert sich. Die Leute, die gerade noch traurig vor sich hinstarrten, lächeln mit. Plätze werden getauscht, man kommt ins Gespräch. Ich erzähle von meiner Situation, der Mann neben mir berichtet, er warte darauf, dass sein Augapfel eingefroren und dann wie ein Nusskern herausgeschält werde. Wieder wird mir klar: Es geht immer noch schlimmer. Ich fühle, wie sich in mir ein wenig Zuversicht ausbreitet. Unter den Blinden ist der Einäugige König, heißt es doch, und ich staune über meinen Galgenhumor. Könnte ich vielleicht auf ein Auge verzichten? Und etwas antwortet: Wenn es sein muss. Die beiden Patientinnen lachen so herzhaft über ihr eigenes Missgeschick, dass ich nicht anders kann, als trotz meiner elenden Situation mitzulachen. Wie gut das tut, ich werde abgelenkt, tauche ein in den Moment, lasse das Grübeln sein und meine Angst wird besänftigt. Dann werde ich hineingerufen, die Netzhaut wird gelasert. Es ist verdammt schmerzhaft, aber die Netzhaut ist wieder angetackert.

Humor hilft, ein Gespräch in Gang zu bringen und es dort fließen zu lassen, wo die Kommunikation gestaut ist. Selbst in einer solch angespannten und leidvollen Situation bewahrten sich die beiden Frauen den Humor und erlaubten sich das Lachen.

HUMOR UND LACHEN WIRKEN
IN DER KOMMUNIKATION:

1. Emotional: Humor und Lachen lösen Hemmungen. Affekte werden frei. Wenn Begleitende und Patienten miteinander lachen, kommt es zu einem unmittelbaren, spontanen Austausch menschlicher Gefühle. Empathie entfaltet sich.
2. Kognitiv: Humor und Lachen regen das kreative Potenzial an. Die Fähigkeiten, neuartige Zusammenhänge herzustellen und Bewertungen zu relativieren, werden aktiviert.
3. Kommunikativ: Humor fördert Interaktionsweisen, die von Offenheit und Gleichwertigkeit geprägt sind. Raum für Verbundenheit öffnet sich.[3]

Sobald Menschen einander wahrnehmen, geschieht Interaktion und wir kommunizieren. Der bekannte Kommunikationsforscher Paul Watzlawick betonte darum: »Man kann nicht nicht kommunizieren.« Denn Kommunikation geschieht verbal durch Worte und deren Betonung, wie bei einem Witz oder einer ironischen Bemerkung, aber auch non-verbal durch Handlungen, Gesten, durch Mimik und Körperhaltung beispielsweise beim Lachen. Interessant ist, dass Worte in der Kommunikation meistens die kleinste Rolle spielen. Bis zu 90% des Kommunikationsgeschehens spielt sich non-verbal ab. Es ist darum leicht einzusehen, dass ein lächelndes, empathisches Gesicht und ruhige Körperbewegungen eine andere Botschaft senden als eine desinteressierte oder wütende Miene. Selbst beim Erzählen eines Witzes spielt neben dem Inhalt die Art des Vortrages eine entscheidende Rolle. Ein Witz am falschen Ort zur falschen Zeit zum Besten gegeben, beispielsweise ein Alzheimerwitz bei einer Trauerrede, macht die schönste Pointe zum Rohrkrepierer. Ort, Stimmung, Situation, Ausdrucksweise bestimmen, ob der Witz die Zuhörer amüsieren kann.

Gelungene Kommunikation in der Begleitung von Menschen am Lebensende sollte deshalb für beide Seiten ein Gewinn sein. Dabei agieren und reagieren wir. Doch nicht jedes Lächeln bzw. Lachen signalisiert etwas Positives. Wissenschaftler der Universität von Maryland fanden heraus, dass von den durchschnittlich zwanzig Lachern eines Erwachsenen am Tag nur etwa vier Lacher auf etwas Freudvollem beruhen.

Mit Lachen und Lächeln zeigen wir positive Gefühle wie:
- Glück, Freude und Erheiterung.
- Sympathie, Zustimmung, Wir-Gefühl und drücken den Wunsch nach Nähe aus.

Lachen und Lächeln zeigen auch neutrale und negative Gefühle:

- höfliche Distanz (mancher Angehöriger des westlichen Kulturkreises interpretiert ein höfliches Lächeln von Menschen aus der asiatischen Kultur fälschlicherweise als intensive Sympathiebekundungen).
- Abgrenzung von Menschen und Situationen, die wir ablehnen.
- den Versuch, psychische und körperliche Schmerzen zu verbergen.
- Lachen, um ein trauriges Weinen zu überspielen.
- Verlegenheit (eine der häufigsten Ursachen für ein Lächeln bzw. Lachen).
- Überforderung, Hilflosigkeit.
- Unterordnung beispielsweise gegenüber einem Arzt.
- Angst (die man sich nicht anmerken lassen will).

Und wir zeigen mit Lachen und Lächeln Dominanz:

- Überlegenheit gegenüber Schwächeren.
- Aggressionen (wenn wir uns z.B. über die Fehler eines Menschen lustig machen oder jemanden bestrafen wollen).

Wie man an dieser Liste erkennen kann, sind Lächeln und Lachen Mittel einer äußerst komplexen Kommunikation. Sie sind eben nicht nur Ausdruck von Wohlgefühl und Freude. Lachen und Lächeln können sogar dazu dienen, Kommunikation zu unterbinden. Dies erlebe ich, als ich freudvoll in das Zimmer eines Patienten reinrausche. Herr Mertens empfängt mich mit einem Lachen, um dann sofort ernst und voll Bitterkeit zu sagen: »Ha, ha, sehr witzig!« Wie ich erfahre, hat er Schmerzen, ihm ist kotzübel und überhaupt nicht zum Lachen zu Mute. Offensichtlich ist er genervt von der positiven Stimmung, mit der ich ins Zimmer komme. Immerhin zeigt er dies, und ich kann mich darauf einstellen. Ich drossle mein Tempo und höre ihm zu. Manchmal wird mit einem Lächeln eben auch Abwehr und Abgrenzung signalisiert. Oder auch Bestrafung, um sich gegen ein Unrecht zur Wehr zu setzen. Dies gilt es zu erspüren, um nicht auf eine verbissene Weise gute Laune schaffen zu wollen, wo es sie gerade nicht geben kann.

Um Humor und Lachen als positive Kommunikation einzusetzen, gilt es, einige Voraussetzungen zwischen Begleitenden und Menschen am Lebensende zu beachten. Der Psychologe Carl Rogers beschreibt drei Grundhaltungen, die in der Beziehung zwischen Helfendem und Klienten hilfreich sind:

1. Bedingungslose positive Wertschätzung gegenüber dem Klienten mit seinen Schwierigkeiten und Eigenheiten.
2. Empathie, einfühlsames Verstehen der Welt und der Probleme aus der Sicht des Klienten, und die Fähigkeit, diese Empathie dem Klienten zu kommunizieren. Dabei gilt es, zuhören zu lernen. Rogers spricht von sog. »aktiven Zuhören«. Dies gelingt besser, wenn wir wiederholen, was uns gesagt wird und nachfragen, ob wir es richtig verstanden haben. So gelingt es, das Gemeinte hinter dem Gesagten zu verstehen.
3. Kongruenz in der Haltung, womit Echtheit und Wahrhaftigkeit gegenüber dem Klienten gemeint sind. Es geht darum, auch das eigene Erleben als Therapeut oder Berater wahrzunehmen und dieses dem Gegenüber gegebenenfalls auch mitzuteilen.

Wie Lächeln eine Verbindung selbst in schwierigsten Situationen herstellen kann, erlebte ich bei meinem Start im Hospiz. An meinem ersten Einarbeitungstag schickte mich die Pflegerin in das Zimmer eines Bewohners, ich sollte Herrn Gitschier ein feuchtes Handtuch zur Kühlung geben. Ich klopfte also vorsichtig an, nichts ist zu hören, ängstlich betrete ich das Zimmer und was ich sehe, zieht mir fast den Boden unter den Füßen weg. Im Bett liegt ein kleiner, glatzköpfiger Mann, nur mit der weißen Schutzhose bekleidet, das Gesicht und der Körper abgemagert, dafür der Bauch so dick wie bei einer hochschwangeren Frau. Die glatte Haut glänzt und spannt sich über die Wölbung, Adern treten hervor. Herr Gitschier kann offensichtlich nicht mehr sprechen und deutet auf das Handtuch, das neben ihm lag. Sein Kopf erscheint mir wie ein Totenschädel: hervortretende Augen, eingefallene Wangen, große Zähne. Ich brauche einige Augenblicke, um mich zu sammeln, feuchte das Handtuch mit kühlem Wasser an. Er zeigt auf seinen Bauch, ich lege es ihm vorsichtig auf den Leib und dann hebt er die Hand, formt mit Zeige- und Mittelfinger das Victory-Zeichen und grinst mich mit blitzenden Augen an. Es folgt ein rasselndes Lachen, das ich nie vergessen werde.

Heute denke ich, dass er sich über das kühlende Tuch freute und dass in diesem Moment wirklich alles gut war. Für mich sah es damals aus, als würde mich der Tod selbst anlachen. Und trotzdem war das Lachen dieses Sterbenden ansteckend. Ich konnte nicht anders und lächelte zurück, was er mir mit freundlichen Todesaugen beantwortete. Herr Gitschier starb in der Nacht und mir wurde gesagt, dass er nach einer Phase durchlittener Schmerzen friedlich eingeschlafen sei.

ÜBUNG:
KOMMEN SIE IHREM LÄCHELN/LACHEN AUF DIE SPUR:

Beobachten Sie sich doch mal einen ganzen Tag:
• Wann lächle ich?
• Und wann lache ich laut (mit Lachgeräusch)?

Fragen Sie sich vor dem Einschlafen:
• Worüber habe ich heute gelächelt/gelacht?
• Was war der Anlass?
• Wie fühle ich mich dabei?

WIE WITZE WIRKEN

»Ein Zyniker ist jemand, der die Dinge sieht, wie sie sind.
Und nicht wie sie sein sollen.«
Oscar Wilde

Mit ihrem Rollstuhl lässt sich die 57-jährige Sozialarbeiterin
Frau Heyne von mir durch einen Supermarkt bugsieren: Sekt,
Kuchen, Marshmallows, Kekse. Sie ist ungeduldig, kann gar nicht
aufhören, zieht hastig die Packungen aus den Regalen. Ich habe
Mühe, alles in ihrem Einkaufsbeutel und in den Tüten zu verstau-
en. Das Morphium wirkt. Trotz Hirntumor, Wasser in den Beinen
und Metastasen in Lunge und Wirbelsäule hat sie kaum Schmerzen. Immer wieder fragt sie mich: »Warum ich? Warum hat es aus-
gerechnet mich erwischt?« Ich weiß keine Antwort, ich kann nur
zuhören und bei ihr bleiben. Vollbepackt rollen wir weiter zum
Kiosk. Fünf Sorten Tabak sucht sie aus und einen Packen bunter
Feuerzeuge. Zurück im Hospiz lädt sie mich in ihr Zimmer ein.
Der Tisch ist mit knallbunten Blumen dekoriert. An der Wand
hängt ein Korkbrett, auf das sie ihre Lieblingssprüche pinnt, z.B.:
»Lachen ist die beste Herzmuskelmassage!« Und nun kommt, worauf ich warte: Frau Heyne hat einen ganz eigenen Weg gefunden,
mit Leid umzugehen. Sie liebt es, Witze zu erzählen, die es in sich
haben. Bei Bewohnern und Pflegepersonal ist sie dafür bekannt
(und berüchtigt), dass sie immer einen neuen Witz parat hat.

»Der Tod klopft bei Johannes Heesters und seiner Ehefrau Simo-
ne an.
Heesters öffnet, blickt den Tod an und ruft: Schatz, für dich!«

Damals hatte Johannes Heesters gerade seinen 107. Geburtstag
gefeiert. Frau Heyne lacht so laut, dass es in den Nebenzimmern
und in der Küche zu hören ist. Und die anderen lachen mit, meis-

tens jedenfalls. Auf meine Frage, wie sie es schaffe, in ihrer bedrückenden Situation so herzhaft zu lachen, antwortete sie: »Klar, ich habe einen Hirntumor. Soll ich deshalb nur rumheulen?« Auch wenn es nur für Sekunden ist, so entwickelt sie aus dem Erzählen dieses Witzes eine Kraft, die über Stunden wirkt. Und dann weint und schreit sie wieder vor Schmerz. Freude und Lachen, Trauer und Schmerz wechseln sich ab. Ihre Emotionen sind im Fluss.

Witze und humorvolle Geschichten sind in der Krankenpflege und Sterbebegleitung eine wirksame Ressource für alle Beteiligten. Menschen am Lebensende, Angehörige und Pflegepersonal können damit ihre Gefühle und Empathie ausdrücken, Aggressionen bekommen ein Ventil. Gute Witze erheitern nicht nur, sie sind auch Parabeln für das eigene Schicksal und liefern Erkenntnisse über das Leben. Und Witze können ungemein trösten. Beispiele dafür sind besonders jüdische Witze, die wir später noch genauer betrachten werden.

Ein Witz folgt einer Dramaturgie. Zunächst wird ein Konflikt aufgebaut, Spannung erzeugt, dann kommt die Pointe, die einen überraschenden Perspektivenwechsel vornimmt. In oben stehendem Witz ist die Überraschung, dass der 107-jährige den Besuch des Todes nicht auf sich bezieht, wie es zu erwarten wäre, sondern auf seine heute 65 Jahre alte Ehefrau. Eigentlich wäre er selbst »dran«, doch das sieht er ganz anders. Wir lachen, weil Konventionen auf originelle Weise gebrochen werden (z.B. dass der alte Mensch vor dem Jüngeren stirbt hat und dass ein liebender Ehemann seine Frau nicht an den Tod »weiterreichen« soll).

Das Wort »Witz« stammt von »wizzi«, was auf Althochdeutsch »Wissen« bedeutet. Witz haben, heißt also, über eine Gewitztheit, eine gewisse Intelligenz zu verfügen. Sigmund Freud wies zum ersten Mal auf den Zusammenhang zwischen der Psyche und dem Witz hin. In einem Witz schaffen wir die Vorstellung von einem

Hindernis zur Seite, jedenfalls für einen Moment, und werden dadurch getröstet. Freuds Ansicht nach entsteht ein Witz dadurch, dass es dem Erzähler wie dem Zuhörer möglich ist, verdrängte oder bedeckt zu haltende Vorstellungen frei aufrufen oder äußern zu können, ohne Sanktionen befürchten zu müssen. In Witzen dürfen Tabus angesprochen werden, wie die Vergänglichkeit und das Sterben (wie im oben erzählten Witz), das Leid und vor allem Aggressionen, die wir im alltäglichen Umgang miteinander unterdrücken. Mit Witzen (und witzigen Bemerkungen) kann etwas Wichtiges gelingen: Wut und Zorn, die durch Krankheit, Schmerzen und Ängste entstehen, machen sich Luft. Witze sind wie ein Ventil gegen gestaute Emotionen, eine Möglichkeit, sich gegen ein Geschehen aufzulehnen und seine Würde zu behalten. Ein Ausdruck von Lebenskraft, ein Versuch, der Erniedrigung, die ein Patient dadurch erfährt, dass alle nur noch nett und fürsorglich zu ihm sind, eine Provokation entgegenzusetzen, die zeigt: Ich lebe noch, und ich habe auch noch Kraft.

Dies zu verstehen, ist sehr wichtig, um als Angehöriger und Pflegender weniger schnell verletzt zu sein. Sterbende gehören einer Gruppe an, die es sich erlauben kann, Galgenhumor zu entwickeln, also die Fähigkeit, der eigenen aussichtslosen Lage etwas Komisches abzugewinnen und so über das eigene Sterben Späße zu machen. So wie Frau Heyne. Sie hat sich sozusagen eine besondere Humor-Kompetenz erworben. Man spricht von einem »Reframing«, der Möglichkeit, ein Geschehen in einem neuen Licht zu sehen, eine Art kleiner Erleuchtung. Das Denken löst sich für einen Moment von der Situation und versucht, der Aussichtslosigkeit etwas Positives abzugewinnen. Die daraus resultierende Erheiterung und das entlastende Lachen öffnen einen geistigen Freiraum, sind wie eine Erinnerung an das lustvolle Spiel in der Kinderzeit, als wir noch lachen, schreien, weinen, toben durften.

Doch um überhaupt über einen Witz lachen zu können, muss der Zuhörer sich von den Inhalten des Witzes eine Vorstellung machen können – und wollen. Witze behandeln bestimmte Themenkomplexe. Es gibt Witze über Krankheiten, den Tod, Ostfriesenwitze, Blondinenwitze etc., die als Belustigung über Minderheiten ein lustvolles Hoch- und deshalb Lustgefühl hervorrufen. Allerdings wissen wir aus schmerzlicher Erfahrung, dass nicht jeder jeden Witz zu schätzen weiß. Man kann sich als Erzähler ganz schön in die Nesseln setzen. Warum? Wir hatten dies bereits beim Thema Komik erörtert: Ein Kontrast, der für mich selbst lustig ist, kann für den anderen provokant oder sogar schmerzvoll sein, weil er ihn erlebt und am eigenen Leib darunter leidet. Wer einen dementen Angehörigen begleitet, wird Alzheimer-Witze nicht unbedingt lustig finden. Doch hierfür gibt es keine Regel. Manchmal tun solche Witze Betroffenen richtig gut, so wie Frau Heyne, denn sie helfen, Ängste abzulachen, sich der Situation zu stellen und ihr mit einem trotzigen Lachen zu begegnen.

Witze können Ausdruck einer Bewältigungsstrategie sein und für Angehörige und das Pflegepersonal wie ein Rettungsanker. Im geschützten Raum des Mitarbeiterzimmers dürfen Witze gemacht werden, die gegenüber Patienten unangebracht wären. Dass sich manche Ärzte und Pfleger dabei über Patienten lustig machen, ist an der Tagesordnung. Stress, Überforderung, Aggressionen werden abgelacht. Dies mag für Außenstehende würdelos erscheinen, aber makabre Witze können einfach gut sein, eine reinigende Wirkung haben und für lustvolles Ablachen sorgen.

> Krankenschwester zum Oberarzt: »Der Simulant aus Zimmer sieben ist gerade gestorben.«
> Oberarzt: »Also jetzt übertreibt er aber ein bisschen!«

Doch nicht nur ganze Witze, auch kurze, humorvolle Bemerkungen sind bei der Begleitung von Menschen am Lebensende sehr hilfreich. In meinem Humorheft, das ich immer bei mir trage (dazu später noch mehr) sammle ich solche Sätze, wie z.B.: »Wer sich ärgert, büßt für die Sünden anderer.« *(Konrad Adenauer)*

»Ich freue mich, wenn es regnet. Denn wenn ich mich nicht freue, regnet es auch.« *(Karl Valentin)*

»Wer nachtragend ist, hat viel zu schleppen.« *(Sprichwort)*

Zurück zu Frau Heyne: Der Einkauf türmt sich auf dem kleinen Tisch. »Und jetzt die Flasche! Los!« Ich drehe den Korken heraus, der lautstark an die Decke knallt. Der Sekt sprudelt. Und dann genießen wir Prickelwasser und Kuchen. Gierig zündet sie eine Zigarette nach der anderen an, zieht lustvoll.

»Wissen Sie«, sagt sie, »ich will noch mal so richtig fressen. Kuchen. Und heute Abend am liebsten eine halbe Sau! ... Gibt es hier sowas?«

»Na klar, hier gibt's alles«, antworte ich.

Wir lachen. Ihr Gesicht wird ernst:

»Also mit der einen Pflegerin komme ich nicht klar.«

Ich versuche, den Grund zu erfahren, sie aufzuheitern, aber es ist nichts zu machen. Da fällt mir ein Witz ein: »Was ist der Unterschied zwischen einem Tumor und einer Krankenschwester?«

Frau Heyne guckt mich skeptisch an. »Ein Tumor kann auch gutartig sein«, antworte ich. Frau Heyne bekommt einen Lachanfall, schüttelt sich so heftig, dass ich fürchte, sie kippt samt Rollstuhl um. Nein, totlachen, soll sie sich ja nicht.

»Genau, das ist es«, sagt sie unter Tränen und beginnt, erschöpft vom Lachen, entspannt zu lächeln. »Ach ja, eigentlich ist es ja hier im Hospiz gar nicht so übel. Manchmal staune ich direkt, wie ich mir beim Sterben zugucke.«

Wir verabreden uns für eine Woche später.

»… und dann erzähle ich Ihnen wieder einen Witz. Versprochen«, sagt sie zum Abschied.

Dazu kommt es nicht mehr. Zwei Tage später ist sie tot. Ob ihr der Moment des Lachens beim Sterben geholfen hat, weiß ich nicht. Aber in jenem Moment führte das Lachen zu Ablenkung und Entlastung. Es bleibt die Erinnerung an die Freude, die wir geteilt haben. Kaum war die Leiche von Frau Heyne von einem Begräbnisinstitut abgeholt worden, zog schon der nächste Patient in das Zimmer ein. Was von Frau Heyne in dem Zimmer bleibt? Eine kleine Vertiefung in der Decke. Dem Sektkorken sei Dank.

WIE HUMOR HILFT

1. Humor stammt von dem lateinischen Wort: »umores« (Flüssigkeit, Saft). Humor bringt Denken und Fühlen zum Fließen, wo sie blockiert sind.

2. Humor bedarf der Fähigkeit, einen Widerspruch/Kontrast zu erkennen und ihn als komisch im Sinne von lustig zu bewerten. Dies ist eine mentale, soziale und empathische Leistung. Wir können aber nur lachen, wenn wir unter dem Kontrast nicht leiden.

3. Humor ist die Fähigkeit, etwas Komisches, z.B. einen Witz, einen Scherz zu machen und damit sich und andere zum Lachen zu bringen.

4. Humor ist eine Coping (Bewältigungs-)Strategie. Dahinter steckt ein Bewusstseinsprozess, der hilft, die Widersprüchlichkeit und Vergänglichkeit dessen zu erkennen, was Realität genannt wird. Humor bewertet eine Situation um und schafft so auf spielerische Weise Distanz. Durch einen Perspektivenwechsel entsteht eine neuartige Sichtweise auf das Geschehen und damit ein entlastender Abstand. Ein »Reframing«. Was belastet, wird plötzlich zum Vorteil.

5. Humor erlaubt mit Selbst-Ironie Distanz zum eigenen Ich, sich selbst nicht so ernst zu nehmen, gleichzeitig aber auch Nähe, um sich die eigenen Schwächen mitfühlend vergeben zu könne. Humor hilft damit, von der Identifikation mit Leid loszulassen.

6. Ein Witz formuliert in der Pointe einen solchen Perspektivenwechsel. Das Denken löst sich von Regeln und Konventionen. Eine Gegenwelt wird geschaffen, die verbinden, aber auch trennen kann.

7. Humor schafft Nähe und Verbindung. Durch einen überraschenden Perspektivenwechsel wird Empathie möglich. Es entsteht Mitgefühl mit den eigenen Schwächen oder den Schwächen anderer.
8. Nähe schafft Humor. Durch Mitgefühl und Empathie kann die Humorfähigkeit erhöht werden, da wir durch mehr Verständnis für uns und andere humorvoll und gelassener reagieren können.
9. Humor braucht Mut, denn mancher Witz geht daneben.
10. Humor ist Humorarbeit im Sinne einer inneren Haltung und Lebenseinstellung, die Welt humorvoll, also gelassener sehen zu wollen.
11. Es gibt unterschiedliche Humorformen, die in verschiedenen Phasen von Krankheit und Sterben helfen:

- Schwarzer Humor: Krankheit, Sterben, Tod werden bewusst auf ironische und verharmlosende Art thematisiert und damit in einen Vorteil umgedeutet. Ein Zeichen von Auflehnung.
- Galgenhumor: Der eigenen aussichtslosen Lage wird etwas Komisches abgewonnen. Auch hier findet durch Ironie eine Umbewertung in etwas Positives statt.
- Versöhnlicher, mitfühlender Humor: Menschlichkeit, Akzeptanz und Verbundenheit stehen im Vordergrund.
- Selbst-Ironie: Die eigenen Missgeschicke und Macken werden genutzt, um sich mitfühlend zu betrachten und mit sich selbst zu versöhnen. Oder als destruktiver Humor, um sich selbst anzuklagen.
- Schadenfreude: Freude am Missgeschick eines anderen, nicht aber zwangsläufig auch an dessen wirklichem Schaden.
- Sarkasmus und Zynismus: Beißender Spott und ätzende Ironie, die bewusst verletzen wollen. Ausdruck von Aggression und Hilflosigkeit.

WARUM LACHEN SO GUT TUT

>>*Das Lachen ist der Lebenskraft zuträglich,
denn es fördert die Verdauung.*<<
Immanuel Kant

Wir haben uns in den vorangegangenen Abschnitten mit den Wirkungen des Humors beschäftigt. Wie aber wirkt Lachen? Leben beispielsweise Menschen, die gerne lachen, länger? Theoretisch ja, denn Humor hilft, Konflikte gelassener zu nehmen. Dies ist hilfreich für Körper und Psyche. Praktisch eher nein, so sagen Untersuchungen, denn besonders optimistische und humorvolle Menschen gehen seltener zum Arzt und halten Vorsorge für unnötig. Pessimismus kann also durchaus Vorteile haben.

Und wie ist es mit Schmerzen? Halten Menschen, die lachen, die Humor haben, Schmerzen leichter aus als solche, die die Welt eher in dunklen Farben sehen? Dazu machten Wissenschaftler ein Experiment: Versuchspersonen mussten ihre Hand in eiskaltes Wasser halten. Zunächst wurde gemessen, wie lange sie es aushalten. Dann wurden die Probanden in zwei Gruppen geteilt. Die eine Gruppe wurde mit Witzen zum Lachen gebracht. Die anderen bekamen eine tragische Geschichte zu hören. Danach tauchten die Mitglieder der beiden Gruppen wieder die Hand in das Eiswasser. Das Ergebnis: Die Kandidaten in der lachenden Gruppe waren weniger schmerzempfindlich. Nach dem Lachen hielten sie durchschnittlich 83 Sekunden aus. Die andere Gruppe 13 Sekunden. Andere Wissenschaftler führten ähnliche Versuche durch und kamen zu ähnlichen Ergebnissen.[4]

Woraus resultiert die veränderte Schmerzwahrnehmung? Gelotologen sehen den Grund in der intensiven Ablenkung, die aus dem Reiz des Lachens erwächst. Durch Stimulation des Belohnungszentrums werden die Neurotransmitter Dopamin, das »Glückshormon«, und Serotonin vermehrt ausgeschüttet. Außerdem erhöht sich die Endorphinkonzentration im Blut, die die Wirkung von Dopamin verstärkt. Wir empfinden Lustgefühle, die für eine gewisse Zeit den Schmerz verdrängen. Diese positive Grundstimmung führt dazu, dass Schmerzen besser ertragen werden. Außerdem verstärkt sich beim Lachen die Immunabwehr, die Konzentration von Gamma-Interferon, Killer-Zellen, T-Lymphozyten und Immunglobulinen (Antikörper) im Blut steigt. Dafür nehmen die Stresshormone Cortisol und Adrenalin im Blut ab. Und: Beim Lachen erhöht sich auch die Konzentration des sog. ›Kuschelhormons‹ Oxytocin, das für vermehrte Empathiefähigkeit insbesondere bei Männern sorgt. Lachen kann also wie Kuscheln sein. Forscher behaupten, dies alles sei so anregend wie das Schnupfen von Kokain. Es funktioniert aber nur, wenn die Akteure tatsächlich intensiv und über längere Zeit lachen. Das Grinsen über einen Witz ist zu wenig. Und: Am stärksten ist der Effekt, wenn gemeinsam in einer Gruppe gelacht wird. Die Belohnung ist Erholung vom grüblerischen Denken und das Gefühl von Verbindung mit den Mit-Lachern.

Lachen ist dabei zunächst nichts anderes als tiefes Atmen, verbunden mit einem Lachgeräusch. 80 % der Menschen atmen überwiegend in den oberen Brustkorb und damit zu flach. Ihr Zwerchfell, einer der größten Muskeln im Körper, schwingt nur zwei bis drei Zentimeter auf und ab. Beim tiefen Atmen bewegt es sich aber etwa acht Zentimeter und massiert dabei die inneren Organe. Beim Lachen wird der ganze Körper durchgeschüttelt und das Blut mit mehr Sauerstoff versorgt. Dazu werden eine Menge Muskeln gebraucht, im Gesicht etwa 20, im ganzen Körper etwa 60. Alles in allem sind bei einem intensiven Lachen also um die 80 der 656 Muskeln des Körpers beteiligt. Im Gesicht werden beispielsweise der Jochbeinmuskel und der Augenringmuskel angespannt, zusätzlich der tiefer liegende Teil des breiten Halsmuskels, der die Mundwinkel zur Seite drückt. Im Bauchraum kommt das Zwerchfell zwischen Brustraum und Bauchraum zum Einsatz. Lachen ist Muskelarbeit und hilft beim Abnehmen. Zehn Minuten herzhaftes Lachen entsprechen etwa zehn Minuten moderatem Joggen. Lachen ist also eine Art Joggen auf der Stelle und dabei sehr gelenkschonend.

Beim Lachen kann man sich sogar in die Hose pinkeln, denn im Gegenzug zu angespannten Muskeln erschlaffen andere, z.B. eben die Blasenmuskulatur. Als Lachende können wir nicht anders, als uns vor Lachen wegschmeißen, in die Hosen pinkeln, kugeln, nicht mehr können. Unter Umständen kippen wir nach vorne, weil sich die Beinmuskeln entspannen. Der Muskeltonus ist noch bis zu einer dreiviertel Stunde nach dem Lachen herabgesetzt, der Körper ist entspannt. Tränen werden gelacht. Im Lachen entlädt sich blitzartig eine Spannung, was unseren Körper in Aktion und die Flüssigkeiten zum Fließen bringt.

Humor zeigt sich aber keinesfalls zwangsläufig nur im Lachen. Es geht auch ein Lächeln, das nach innen zeigt. Auch dies hat eine entspannende Wirkung, allerdings nicht durch Muskelentspannung. Vielmehr kann Lächeln zu einer Entlastung führen, weil wir eine heilsame Distanz zu Leid einnehmen. Lächeln kann ebenso Ausdruck von Zustimmung und stiller Freude sein. Kulturell ist das Lächeln weitaus akzeptierter als das entfesselte Lachen, denn es geschieht lautlos, trocken und kontrolliert. Selten schmeißt sich jemand weg vor Lächeln. Dies zeigt sich an der Zahl der angespannten Muskeln. Beim herzhaften Lachen sind, wie bereits erwähnt, im ganzen Körper etwa 80 Muskeln beteiligt, beim Lächeln kommen im Allgemeinen nur die vier Muskeln um den Mund herum in Bewegung; bei starkem Lächeln auch Muskeln auf der Stirn, die der Augenbrauen und Augen, nicht aber das Zwerchfell.

Lachen hat also eine nachweisliche körperliche Wirkung. Davon profitiert die Psyche, denn Lachen befreit von psychischem Druck. Doch wie entsteht dieser Druck? Dazu hatte Sigmund Freud eine Theorie: Psychische Spannung resultiert aus der Unterdrückung des Eros, des Lebenstriebes, und des Thanatos, des Todestriebes. Der Lebenstrieb äußert sich als sexuelles Begehren, der Todestrieb als zerstörerische Aggression. Freud geht davon aus, dass der Mensch Energie aufbringen muss, um diese Triebe im Zaum zu halten. Im Lachen wird diese gehemmte Energie frei, wird abgeführt und abgelacht. Lachen versteht Freud deshalb als Triebabfuhr. Diese Triebtheorie ist umstritten, es wird ihr vorgeworfen, dass sie zu mechanistisch sei. Trotz allem bleibt die Beobachtung, dass im Menschen verdrängte Kräfte wirken, die nur zu kanalisieren, nicht aber zu eliminieren sind.

Arzt nach der Untersuchung zum Patienten: »Tja, Sie haben nur noch 6 Monate zu leben.«

Patient erschrocken: »Kann ich irgend etwas tun?«

Arzt: »Ja, hören Sie auf zu rauchen, zu trinken und lassen Sie die Finger von den Frauen.«

Patient: »Und dann lebe ich länger?«

Arzt: »Nee, das nicht, aber es kommt Ihnen länger vor.«

Deshalb tut Galgenhumor so gut. Wer es vermag, der eigenen Lage etwas Komisches abzugewinnen, triumphiert für einen Moment über sein aussichtsloses Schicksal und gewinnt Freiraum. Aus Angst vor Schmerzen, vor Sterben und Tod entstehen Aggressionen, Wut, Angst und Hilflosigkeit. Sterben tut weh, die Vorstellung vom Tod ruft Furcht vor dem Lebensende hervor. All das sorgt für Spannungen, die oft kaum auszuhalten sind. In einer komischen Situation, der überraschenden Pointe eines Witzes kann die Spannung gelöst werden, Energie wird frei und entlädt sich im Lachen. Die Aggression angesichts der beklemmenden Situation bekommt ein Ventil. Dies ist sicherlich einer der Gründe, warum im Hospiz, aber auch generell angesichts des Sterbens viel gelacht wird. Es ist ein Hilfsmittel, das uns die Natur geschenkt hat, um den Schmerz zu mildern. Lachen wird zum Ausdruck einer tiefen Einsicht, ein Auflachen, das signalisiert, endlich etwas verstanden zu haben, z.B. auch, dass es nichts zu verstehen, nichts zu beurteilen gibt, dass alles genau so ist, wie es sein soll. Freudiges Lachen darf als Hingabe im Sinne eines Aufgebens von Überzeugungen, Vorstellungen und Konzepten gesehen werden. Wir gewinnen die Einsicht, dass Phänomene vergänglich sind und sich dahinter ein Raum von Freiheit und Freude findet. Und wenn dies auch nur eine Sekunde dauert, so hat es doch eine tiefgreifende Wirkung.

WIE LACHEN WIRKT

1. Lachen ist rhythmisches, schnelles Atmen. Nase und Mund weiten sich. Es kann mehr Luft eingeatmet werden, das Blut wird mit Sauerstoff versorgt. Durch An- und Entspannen beim Lachen wird das Zwerchfell in intensives Schwingen versetzt und massiert die Organe. Im Yoga und vielen anderen Schulen gilt Zwerchfellatmung als Basis für gesundes, langes Leben, denn es beruhigt Körper und Geist.

2. Lachen kann verdammt laut sein. Die Stimmbänder beginnen zu schwingen, ein typisches, stakkatoartiges Lachgeräusch entsteht. Lachmelodie, Lachlaute und Veränderung der Tonhöhe werden unbewusst gesteuert. Lustvolles Lachen kann deshalb kaum glaubwürdig nachgeahmt werden: Man kann nicht so tun, als ob man wirklich herzhaft vor Freude lacht.

3. Lachen hilft beim Abnehmen und beim Muskelaufbau, ist sozusagen Joggen auf der Stelle. Wer sich dabei vor Lachen kugelt, bei dem werden im Gesicht etwa 20 (beim Lächeln nur vier) und im ganzen Körper etwa 80 Muskeln der 656 Muskeln aktiviert. Fleißigster Schwerstarbeiter ist das bereits erwähnte Zwerchfell, das kein »Zwergfell« ist, sondern einer der größten Muskeln unseres Körpers. Es reagiert mit krampfartigen Kontraktionen, die schmerzhaft sein und zu Muskelkater im Bauch führen können. Auch am Kopf passiert einiges: Die Lachmuskulatur wird angespannt, insbesondere der Jochbeinmuskel und der Augenringmuskel. Hinzu kommt der tieferliegende Teil des breiten Halsmuskels, der den Mundwinkel zur Seite drückt.
Beim Lachen kann man sich sogar in die Hose pinkeln. Im Gegensatz zu den angespannten Muskeln erschlaffen ande-

re, z.B. die Blasenmuskulatur. Unter Umständen kippen wir vor Lachen nach vorne, weil sich Beinmuskeln entspannen. Der Muskeltonus ist noch bis zu einer dreiviertel Stunde nach dem Lachen erniedrigt, der Körper entspannter.

4. Sie wollen sich gegen einen Herzinfarkt wappnen? Dann loslachen! Die Pulsfrequenz steigt, die Durchblutung wird angeregt. Nach dem Lachen nimmt der Herzschlag ab. Die Muskulatur der Arterien entspannt sich. Der Durchmesser bestimmter Gefäße erweitert sich um 30 bis 50 %, der Blutdruck sinkt. Damit schützt Lachen vor Herzinfarkt.[5]

5. Wie alt sind Sie? So alt wie Ihre Gefäße.[6] Lachen repariert die Gefäß-Innenwände. Die Veränderung ist vergleichbar mit dem Nutzen von aerobischen Übungen oder dem Einsatz von Cholesterin-Senkern. Die Gefäß-Innenwand spielt eine maßgebliche Rolle beim Entstehen der Arteriosklerose oder der Arterienverhärtung. Es ist also möglich, dass regelmäßiges Lachen als Bestandteil eines gesunden Lebensstils Herzkrankheiten vorbeugen kann.[7]

6. Lachen stärkt die Kraft der Lungen. Durch das intensive Atmen wird mehr Sauerstoff aufgenommen, das Blut wird belüftet. Durch die schnelle Atmung transportiert die Lunge drei- bis viermal so viel Sauerstoff wie normal.

7. Lachen belohnt! Das Belohnungssystem wird aktiviert, was zu euphorischen Glücksgefühlen führen kann. Die Neurotransmitter Dopamin (Glückshormon, das zu Antriebssteigerung führt) und Serotonin (reguliert den Tonus der Blutgefäße) werden vermehrt ausgeschüttet. Außerdem erhöht sich die Endorphinkonzentration, also die Konzentration körpereigener, schmerzstillender Opiate, die die Wirkung von Dopamin verstärken.[8] Und wie wir schon gehört haben, ist das ganze so anregend wie das Schnupfen von Kokain.[9]

8. Lachen erhöht die Schmerztoleranz, Schmerzen werden als schwächer wahrgenommen. Durch Ablenkung, Anstieg von Endorphinen, Entspannung der Muskeln verändert sich das Schmerzempfinden.[10]

9. Nie mehr Schnupfen? Das wäre wohl zu viel verlangt. Aber immerhin steigen bei lachenden Personen die Blutwerte von Gamma-Interferon, Killer-Zellen, T-Lymphozyten und Immunglobulinen (Antikörper).[11] Die Immunabwehr wird verstärkt. Dafür muss mindestens 15 – 30 Minuten intensiv gelacht werden.

10. Stresshormone im Blut nehmen ab durch Aktivierung des vegetativen Nervensystems. Nach dem Anschauen eines lustigen Films sinken die Stresshormone Cortisol und Adrenalin um 37 – 70 %.[12] Ebenso reduziert sich der Botenstoff Chromogranin A, der vor allem dann vom Nebennierenmark ausgeschüttet wird, wenn unser vegetatives Nervensystem durch psychische Belastung in Aufruhr gerät. Lachen wirkt dem offenbar entgegen.[13]

11. Lachen kann wie Kuscheln sein. Beim Lachen erhöht sich das ›Kuschelhormon‹ Oxytocin, das für vermehrte Empathiefähigkeit, insbesondere bei Männern sorgt.[14]

12. Lachen massiert die inneren Organe und regt das Verdauungssystem an.

13. Motion creates emotions. Das Durchschütteln des Körpers beim Lachen weckt Emotionen. Glücksgefühle können geweckt werden, aber es kann eben auch Trauer aufsteigen. Wir sind also nicht nur glücklich, weil wir lachen, sondern, wir lachen auch, weil wir glücklich sind.

14. Lachen ist natürliches Viagra. Der erhöhte Testosteronspiegel stimuliert die glatten Muskelzellen im Penis, die zuständig sind für eine harte Erektion.

FREUDE

»Froh zu sein bedarf es wenig.
Und wer froh ist, ist ein König!«
August Mühling

Die meisten Menschen brauchen viel, sehr viel, um sich noch königlich freuen zu können. Geld, Abenteuerreisen, teure Klamotten, schnelle Autos, opulentes Essen, Liebesaffären, Projekte etc. Dass es auch mit weniger geht, mit viel weniger, das kann man (und muss man) angesichts von Sterben und Tod lernen. Ich beobachte das im Hospiz immer wieder. Vor allem sind es die »Kleinigkeiten«, die große Bedeutung bekommen. Aufstehen, Musik hören, Lesen, Fernsehen, Essen, Trinken, Dösen, Plaudern, Lachen. Die Nähe des eigenen Todes hilft, das wertzuschätzen, was selbstverständlich erscheint, es letztlich aber nicht ist. Die letzte Lebensphase ist geprägt von der Notwendigkeit, loslassen zu lernen, »Selbstverständlichkeiten« gehen Stück für Stück verloren. Essen mit Besteck, trinken aus dem Glas, der Gang zur Toilette. Auch Schlucken und Sprechen werden zu Geschicklichkeitsübungen, die irgendwann nicht mehr zu bewältigen sind. Appetit und die Fähigkeit zu schmecken gehen verloren, die Mundhöhle ist entzündet, die Prothese schmerzt. Das Lieblingsessen führt plötzlich zu Erbrechen. Welche Freude, wenn es dann doch wieder mundet, wenn ein kühlendes Vanille-Schoko-Eis mit Schlagsahne die Hitze kühlt und den Schmerz lindert. Oder wenn auf der Terrasse die Sonne wärmt. Die Freude über diese »Selbstverständlichkeiten« kann berauschend sein.

Woher kommt diese tiefe Freude? »Freude ist die einfachste Form der Dankbarkeit«, schrieb der Theologe Karl Barth. Freude entsteht aus Dankbarkeit, wenn Schmerzen nachlassen, für eine erfüllende Begegnung, für einen ruhigen Moment, für ein Lachen, einen verständnisvollen Menschen, ein freundliches Wort.

> »Ich muss nicht ans Meer fahren, ich kann mich jetzt über ein kühles Glas Milch freuen wie eine Schneekönigin.«
> BEWOHNERIN IM HOSPIZ

Freude muss nicht lustig sein – sie kann es aber. Wenn Humor etwas zum Fließen bringt, entsteht daraus ein freudvolles Gefühl. Tiefe Freude lässt sich bei Kindern beobachten, die Freude am Moment, am Leben, an der Existenz empfinden. Wie wir in einem späteren Kapitel noch näher sehen werden, sind Kinder im Hospiz, bei aller Trauer, eine Quelle der Lebensfreude. Sie weinen, um einen Moment später zu spielen und zu lachen. Wer Kinder in ihrer letzten Lebensphase begleiten darf, kann diese elementare Freude selbst in traurigsten Momenten erleben. Für Friedrich Schiller ist Freude deshalb ein natureigenes, göttliches Prinzip, das alles Leben antreibt.

Vielen mögen freudvolle Gefühle angesichts des Todes realitätsfern erscheinen. Aber es geht auch nicht darum, sich immer zu freuen, sondern mit der Fähigkeit in Kontakt zu bleiben, Freude zu empfinden, sozusagen einen Kanal zur Freude offen zu halten.

ÜBUNG:

Schließen Sie die Augen und versuchen Sie sich an eine Situation erinnern, in der sie sich wie ein/e Schneekönig/in gefreut haben.
- Was war der Grund?
- An welchem Ort waren Sie?
- Wie haben Sie reagiert?
- Wie hat sich das angefühlt?

Freude ist Ausdruck von Verbundensein, das heiter stimmt. Bei Heiterkeit kann man an eine ausgelassene Karnevalsgesellschaft denken, doch Heiterkeit kann auch etwas Gemäßigteres sein, eine tendenziell anhaltende positive Gestimmtheit der Seele. Sie wächst aus Leiderfahrungen, speist sich aus einer gewissen Distanz zu den Wogen des Lebens, aus Gelassenheit und einem Gefühl der Freiheit. So wie der Himmel heiter, strahlend blau ohne Wolken ist, so erscheint der Augenblick weit und leicht. Das Erlebte kann in einem größeren Zusammenhang gesehen und daraus eine innere Freude gewonnen werden. Manchmal erlebe ich dies in den letzten Stunden oder Minuten, wenn die Kämpfe ausgefochten sind und sich Ruhe und Frieden ausbreiten, der bei Sterbenden und Begleitenden zu einer heiteren Stimmung beiträgt. Aus Heiterkeit erwächst die Bereitschaft, die Welt auch von ihrer lustigen Seite sehen zu wollen – das ist Humor.

>>Zum Mitleiden gab die Natur vielen ein Talent, zur Mitfreude nur wenigen.<<
FRIEDRICH HEBBEL

Eine Quelle der Freude wird leicht übersehen: Im Buddhismus gehört die freudvolle Anteilnahme am Glück zu den vier unermesslichen Verweilzuständen (neben: Liebender Güte, Mitgefühl und Gleichmut). Dabei wird betont, wie schwierig es für Menschen ist, sich am Glück eines anderen zu erfreuen. Viel einfacher ist das Gegenteil, Eifersucht, die aus Missgunst und Konkurrenz entsteht. Dabei vermehrt die Mitfreude die eigene Freude, was besonders erfreulich sein kann. Wenn wir es schaffen, uns mit der Freude anderer mitzufreuen, erhöhen wir unsere eigenen Möglichkeiten, uns zu freuen.

Und es gibt noch eine Kategorie der Freude, die allerdings gerne versteckt wird. Richtig lustig wird es bei der Schadenfreude, jedenfalls für den Lachenden, nicht unbedingt für denjenigen, der ausgelacht wird. Wie wir in einem weiteren Kapitel noch näher untersuchen werden, ist das freudvolle Lachen über das Missgeschick eines anderen noch lang keine Freude an dem Schaden, sondern ein Lachen in der Art eines Nies-Anfalles, über das wir keine Kontrolle haben.

ÜBUNG:

Notieren Sie möglichst schnell und ohne lange darüber nachzudenken:
1. Welche freudvollen Momente kann ich mir am Lebensende vorstellen, wenn ich sterbe?
1.
2.
3.

2. Welche freudvollen Momente kann ich mir vorstellen, wenn ich einen lieben Menschen im Sterben begleite?
1.
2.
3.

MEIN HUMOR – DEIN HUMOR?

Arzt: »Ich habe eine gute und eine schlechte Nachricht für Sie!«
Patient: »Dann bitte die schlechte zuerst.«
»Sie haben Alzheimer.«
»Und was kann da noch gut sein?«
»Bis Sie daheim sind, haben Sie's vergessen!«

Finden Sie das lustig – oder geschmacklos? Was den einen zum
Grinsen bringt, ist für den anderen langweilig oder gar verletzend.
Sie erinnern sich, die Reaktion auf einen Witz hängt davon ab, ob
wir unter dem Kontrast, aus dem der Witz entsteht, leiden oder
ihn als erheiternd empfinden. Unsere Empfindung hängt dabei
von der momentanen Stimmung und Situation ab, aber auch von
Erziehung, Freundeskreis, Bildung, Alter etc. Engländer lachen
über anderes als Deutsche und Ostfriesen über anderes als Bayern. Frauen finden andere Dinge lustig als Männer und Kinder
amüsieren sich über anderes als Jugendliche oder als Erwachsene
etc. Eigentlich ein Wunder, dass Menschen überhaupt das Gleiche
witzig finden. Am universellsten ist Slapstick-Situationskomik, die
keine Sprache braucht. Kleine Missgeschicke bei Mensch und Tier
kommen überall an. Hier regiert die Tücke des Objektes über den
ungelenkigen Körper, was international verständlich ist und jeder
kennt. Auch am Lebensende. Deshalb kann Situationskomik so
befreiend sein.

Allerdings ist der Sinn für Humor in verschiedenen Kulturen
sehr unterschiedlich. Zoobesucher in Peking dürfen sich für um-
gerechnet vier Euro fünfzig ein Küken kaufen, das sie Tigern und
Krokodilen zum Fraß vorwerfen – und sie amüsieren sich köstlich,
wenn das putzige Federvieh hilflos piepst und zappelt, mit den kleinen flauschigen Flügeln um sein Leben flattert und dann zerfleischt
wird. So scheint nach Wahrnehmung mancher Chinesen ein Küken
keinen Schmerz zu empfinden, wenn es zerrissen wird. Das hilflo-

se Zappeln des Tieres erscheint komisch, führt zu einem lustvollen Überlegenheitsgefühl, das sich mit einem Lachen äußert.

Gerade angesichts des Lebensendes kann der Sinn für Humor sehr unterschiedlich sein. Eine Frau, deren Mutter im Hospiz starb, erzählte mir Folgendes: Sie sei entsetzt gewesen, als sie von Montenegro nach Berlin kam. Sie habe es nicht fassen können, dass in Deutschland Menschen angesichts von Sterben und Tod lachen könnten. Bei einer Trauerfeier eine humorvolle Geschichte über den Verstorbenen aus dem Mund eines Geistlichen, so etwas sei in ihrer Heimat unmöglich. Auch die Begleitung Sterbender geschehe in Stille, Trauer oder Wehklagen. Dies gebiete das orthodoxe Christentum. Ganz anders ist es in der Tradition der Christen in Ghana, bei aller Trauer freuen sie sich für die Verstorbenen, weil diese in der glückvollen Welt der Ahnen weiterleben. Die Hinterbliebenen tanzen, singen und lachen. Es spielt also eine große Rolle, wie wir kulturell geprägt sind. Zu lachen oder einen Witz zu machen, wenn jemand stirbt und trauert, kann völlig unangemessen sein – oder auch hilfreich, denn es kann eine angespannte Situation lösen.

Da der Sinn für Humor so unterschiedlich sein kann, fühlen sich manche Menschen persönlich angegriffen und verletzt von Witzen, über die andere sich scheckig lachen. In diesem Sinne lässt sich frei nach Rosa Luxemburg feststellen: Der Humor ist eben auch immer der Humor des anderen (Original: »Die Freiheit ist immer die Freiheit des anderen.«). Witz und Humor beinhalten darum immer ein Wagnis. Missverständnisse und die Gefahr, jemanden zu verletzen, lauern überall. Insbesondere angesichts des Leids, das aus Krankheiten und dem Sterben resultiert, kann ein Witz sehr heikel sein. Dennoch braucht man auf Humor nicht zu verzichten. Oft ist das Lachen über die traurige Wahrheit wie eine Erlösung und nimmt die Schwere. In einem Witz kann die knallharte Wahrheit zu Tage kommen, ohne dass sie mit falschem Mitgefühl verbrämt wird:

>*Herr Doktor, wohin bringen Sie mich denn?*«
»*Ins Leichenschauhaus.*«
»*Aber ich bin doch noch gar nicht tot!*«
»*Wir sind ja auch noch nicht da …*«

Trotzdem bleibt die Angst, mit einem Witz, einer Bemerkung, einem Lachen einen leidenden Menschen noch zusätzlich weh zu tun. Und diese Angst ist berechtigt, denn Lachen kann tief verletzen. Warum? Friedrich Nietzsche schrieb: »Nicht durch Zorn, durch Lachen töten wir.«[15] Mit Töten meint Nietzsche keine physische Vernichtung, sondern, dass die Psyche eines Menschen, seine Identität und Würde verletzt werden. Absichtlich oder leichtfertig, je nach dem.

Ursache für die verletzende Macht des Auslachens ist die Scham, das Beschämt-Werden. Das Gefühl, dass sich jemand über einen lustig macht, kann zutiefst verunsichern. Scham ist eines der mächtigsten Gefühle und mit dem Erleben verbunden, anders zu sein. Scham ist nichts Krankhaftes, im Gegenteil, sie hilft dabei, sich zu kontrollieren, nicht allen Bedürfnissen nachzugehen, andere zu beobachten und einzuschätzen. Erst wenn sie im Übermaß vorhanden oder es an ihr mangelt, können Scham oder eben fehlendes Schamgefühl krankhaft werden. Lachen und Scham stehen in direktem Zusammenhang. Wenn wir ausgelacht werden, schämen wir uns unter Umständen in Grund und Boden. Wir fühlen uns nackt und entblößt, ausgestoßen und allein gelassen. Beschämung ist darum ein Gefühl, das einer Vernichtung, also dem Sterben gleichkommt.

Andererseits macht es Spaß, über ein Missgeschick anderer zu lachen. Für viele Menschen ist Schadenfreude die schönste Freude.

Sendungen wie »Verstehen Sie Spaß« leben davon, dass Menschen vor versteckter Kamera bewusst in eine Falle gelockt werden und die Zuschauer darüber lachen dürfen. Es entsteht ein lustvolles Gefühl, wenn wir verstehen, dass wir selbst von dem Missgeschick verschont bleiben. Und wir verbuchen einen Energieüberschuss, da eigenes Leid und Mitleid eingespart wird. Wir erkennen, dass dem Opfer nichts Schlimmes geschehen ist und können uns dem freudvollen Lachen hingeben. Hinzu kann ein stimulierendes Gefühl der Vergeltung kommen, wenn das Missgeschick jemand trifft, den wir nicht mögen oder dem wir uns unterlegen fühlen. Das ist vielleicht nicht nett, aber durchaus menschlich. Doch wird hier wirklich über den Schaden eines anderen gelacht? Im Allgemeinen ist das erste Lachen kein böse gemeintes Verlachen, sondern ein Reflex, eine Art lachendes Niesen. Das Tragische und das Komische liegen dicht beieinander. Und es gibt unterschiedliche Arten der Schadenfreude. Eine eher spielerische, bei der der Zuschauer weiß, dass dem Opfer kein schlimmer Schaden geschieht. Und eine Schadenfreude, durch die sich der Lachende an einem tatsächlichen Schaden weidet. Hier ist die Absicht, den Gegenüber zu verspotten und bewusst zu verletzten. Machtverhältnisse spielen dabei eine große Rolle. Lacht ein Mächtiger über das Leid eines Ohnmächtigen, ist dies vernichtender Humor. Lacht der (fast) Ohnmächtige über das Leid seines Peinigers, dient der Humor der Verteidigung und darf aggressiven Biss haben.

So verstanden ist der Witz »die Waffe der Wehrlosen«, wie Sigmund Freud meinte. Er bezog diese Äußerung in erster Linie auf den jüdischen Witz, mit dem die Juden auf antisemitische Repressionen reagierten. Die Angreifer können aber auch eine übermächtige Krankheit oder der Tod sein, über den man sich mit schwarzem Humor lustig macht und damit Ängste abbaut. Galgenhumor hilft, Distanz zum eigenen Leid herzustellen. Dies erleben Angehörige, wenn sich der Mensch, dem sie helfen wollen, mit Sarkasmus über sie lustig macht.

Lachen und Humor dienen auch dazu, Affekte zu vermeiden. Durch einen Scherz lässt sich manches Leid weglächeln. Sigmund Freud schreibt dazu, dass ein humorvolles Ich es verweigere, »sich durch tiefe Einlassungen von der Realität kränken, zum Leiden nötigen zu lassen, beharrt, dass ihm die Traumata der Außenwelt nicht nahe gehen können, ja es zeigt, dass sie ihm nur Anlässe zu Lustgewinn sind.« Diese Einstellung entzieht sich trotzig dem Leiden, betont die Unüberwindlichkeit des Ichs durch die reale Welt und behauptet das Lustprinzip. Humor wird für Freud zu einer regressiven Methode »die mit der Neurose anhebt, im Wahnsinn gipfelt und in die der Rausch, die Selbstversenkung, die Ekstase einbezogen sind.«[16]

Doch trotz oder gerade wegen der Weigerung des Humors, sich der Realität zu stellen, trotz drohenden Wahnsinns, Rausch und kindlicher Regression, hält Freud ihn für eine Trotzmacht, deren Wirkung er für den Menschen als unverzichtbar einschätzt. Denn Humor ist, wenn man trotzdem lacht, eine Gegenwelt, die dem Leid trotzt. Humor hilft, die Widersprüchlichkeit und Vergänglichkeit dessen zu erkennen, was Realität genannt wird, in der Form der Selbst-Ironie auch die Relativität des eigenen Ichs. Eine Flucht in die scheinbar unbeschwerte Welt des Kindes, in der man noch scheitern und albern sein durfte. Die Entscheidung, sich mit einem Witz dem Leiden, beispielsweise einer Krankheit oder dem Sterben, zu entziehen, kann einerseits als Flucht bezeichnet werden, andererseits aber auch als die Möglichkeit, eine andere Welt jenseits der Schmerzen zu finden. Mit Humor wird die erfahrene Wirklichkeit umgewertet, Gegensätze lösen sich auf, überraschende Blickwinkel entstehen, Negatives wird neutral oder bekommt einen überraschenden Sinn.

Der Psychologe Richard Lazarus betont, dass Verleugnung und Selbsttäuschung in der Anfangsphase einer Krise die gesündesten Strategien sein können, da der Betroffene noch gar nicht fähig sei, seine Situation vollständig zu erfassen. Dadurch entstehe

Hoffnung und Distanz, die es ermögliche, sich später das Geschehen bewusst zu machen.[17] Auch dies ist einer der Gründe, warum im Hospiz viel gelacht wird. Es öffnet sich eine freudvolle Welt, in die wir flüchten können, um hier Kraft zu tanken. Galgenhumor wird benutzt, um Gefühle zu vermeiden oder zu verleugnen, die zu bedrohlich sind. Es greift ein Schutzmechanismus. Das Lachen angesichts von Krankheit und Tod kann Hilflosigkeit ausdrücken, ermöglicht aber auch, sich mit diesem Thema wenigstens zu beschäftigen. Allerdings kann auch das Gegenteil geschehen: Menschen können sich ganz im Komisch-Sein verlieren. Hier werden Gefühle wie Trauer und Schmerz verweigert. Lachen wird zu einer Droge, die betäubt.

ÜBUNG:

Erinnern Sie sich daran, dass Sie in Ihrer Kindheit ausgelacht wurden?
Wo war das?
Wie hat sich das angefühlt? Haben Sie sich geschämt?
Beeinflusst Sie das heute noch?

Erinnern Sie sich, dass Sie sich in Ihrer Kindheit über jemanden lustig gemacht und sie/ihn ausgelacht haben?
Wo war das?
Wie hat sich das angefühlt? Lustvoll?
Beeinflusst Sie das heute noch?

Mancher mag gar nicht lachen, weil er übermäßige Angst hat, sich lächerlich zu machen. Dies könnte auf eine Gelotophobie (von griechisch: *gélos*, ›Gelächter‹ und *phobia*, ›Furcht‹) hinweisen, eine übertriebene Angst, lächerlich zu wirken und ausgelacht zu werden. Diese Menschen sind davon überzeugt, lächerlich zu sein und neigen dazu, ständig nach Anzeichen von herabsetzendem, spöttischem Lachen in ihrer Umgebung zu suchen. Sie beziehen fast jedes Gelächter auf sich. Wenn in einem Café am Nebentisch Heiterkeit herrscht, denken sie, dass über sie gelacht wird, obwohl die Lachenden sich (wahrscheinlich) über etwas ganz anderes amüsieren. Gelotophobiker sind davon überzeugt, lächerlich zu wirken und lassen sich durch nichts davon abbringen. Lachen vermag sie in keine fröhliche Stimmung zu heben. Persönlich schätzen sie sich als weniger humorvoll ein, als sie es Testergebnissen zu Folge tatsächlich sind. In einer Studie mit mehr als 800 Probanden zeigte sich, dass Gelotophobie in allen Altersstufen und gesellschaftlichen Schichten vorkommt. Die Gründe liegen vermutlich in einer Wahrnehmungsstörung, die dazu führt, dass manche Menschen unterschiedliche Arten von Gelächter nicht unterscheiden können. Freundliches Lachen hört sich für sie genauso an wie schadenfrohes Lachen. Gelotophobiker wurden in ihrer Kindheit häufig massiv der Lächerlichkeit preisgegeben und von ihren Eltern nicht ernst genommen. Dies führt so weit, dass ihnen das Lachen völlig vergeht und sie wie eine Marionette erstarren, wenn über sie gelacht wird. Trotzdem hindert dies manchen Gelotophobiker nicht daran, über andere zu lachen. Obwohl er weiß, wie schmerzhaft das sein kann.

Dieses Wissen hilft zu verstehen, warum immerhin jeder zehnte Mensch nicht lachen kann. Dafür gilt es, Verständnis zu haben. Von jemanden zu verlangen, zu lachen oder Humor zu beweisen, ist ebenso bevormundend, wie Lachen zu sanktionieren. Und umgekehrt gilt: Verurteilen Sie andere nicht voreilig, wenn sie angesichts des Sterbens lachen. Und erlauben Sie sich, sich in angespannten Momenten auch mit einem Lachen Luft zu machen.

HUMOR – ERSTE HILFE

»Humor ist das Immunsystem
des Geistes.«
Erhard Blanck

Wir haben nun Humor, Lachen, Komik, Witz, Freude und Heiterkeit näher betrachtet. Humor ist eine Bewältigungsstrategie, um mit Konflikten gelassener umgehen zu können. Komisches geschieht häufig ungeplant als Situationskomik, doch der Sinn für Humor lässt sich trainieren und Humortechniken lassen sich bewusst anwenden. Die Wirkung von Humor besteht darin, Distanz herzustellen, wenn zu viel Nähe und Verstrickung drohen, und umgekehrt, Nähe zu schaffen, wenn Kälte und Distanz Einzug halten – und dies auf spielerische, also lustbetonte Weise. Wie profitieren nun Menschen angesichts von Sterben und Tod davon?

1. Menschen in der letzten Lebensphase sind abhängig von der Atmosphäre, die um sie herum geschaffen wird. In einer von Humor und Mitgefühl geprägten Umgebung dürfen sie lachen, weinen, schreien, wütend werden. Der Humor der Begleitenden erlaubt es Sterbenden, Emotionen zu leben. Lachen kann Schmerzen erträglicher machen, sogar reduzieren. Durch den Perspektivenwechsel in einem Witz, einer Bemerkung oder einer komischen Situation kann das eigene Schicksal von einer überraschenden Seite gesehen und neu eingeordnet werden. Humor ermöglicht es, einen mitfühlenden Blick auf sich und die Lebensbilanz zu werfen. Galgenhumor hilft, Aggressionen abzulachen. Es passiert, wie bereits erwähnt, ein »Reframing«, die Chance eröffnet sich, von der Identifikation mit Leid loszulassen, ein Geschehen in einem neuen Zusammenhang zu sehen. Dies kann Angst mindern und deshalb entlastend wirken. Durch Lachen und Humor wird die Kommunikation erleichtert und zu einer freudvollen Atmosphäre beigetragen.

2. Für Angehörige ist es eine große Herausforderung, einen Menschen adäquat zu begleiten. Es gilt, Schmerz und Leid auszuhalten. Hinzu kommen Aggressionen auf beiden Seiten durch Überforderung. Oft gibt es keinen anderen Weg als dabei zu bleiben, weil man sonst nichts tun kann. Darüber hinaus müssen zahlreiche Dinge organisiert werden. Der Kampf mit Behörden, Versicherungen oder Krankenhäusern wird zum Tagesgeschäft. Dies kann zu einem Fulltimejob werden, der höchste Anforderungen an die Begleitenden und ihre Familien stellt. Wichtig ist, dass Angehörige für ihr eigenes Wohlbefinden sorgen, sich Auszeiten nehmen. Hier bietet das Lachen kleine Inseln der Erholung. Humor hilft, bei Konflikten nicht alles persönlich zu nehmen. Auch hier sorgt der Humor für ein Reframing, für eine entspanntere Kommunikation und mindert Ängste. Lachen erlaubt, das eigene Scheitern anzunehmen, in den Augenblick einzutauchen und die eigene Hilflosigkeit auszuhalten.

»Und wenn mir mal der Humor ausgeht? Dann gehe ich auf die Toilette, blicke in den Spiegel und ziehe mir selbst Grimassen. Da muss ich dann über mich lachen. Oder manchmal auch weinen. Aber das hilft!«
CONNY, PALLIATIVPFLEGERIN

3. Das Pflegepersonal kann extremen Belastungen und Zwängen am Arbeitsplatz ausgesetzt sein. Zu wenig Stellen, Budgetkürzungen, Konfrontation mit schweren Schicksalen. Humor hilft, Nähe zu schaffen und eine Beziehung aufzubauen. Durch Situationskomik und Witz kann zugleich eine heilsame Distanz geschaffen werden. Pflegekräfte können nicht jedes Mal trauern, sozusagen mitsterben, wenn jemand stirbt. Hier hilft der Humor, Distanz zu bewahren und einem Burnout entgegen zu wirken. Schwarzer Humor hilft, Spannungen und Ängste abzulachen. Zum anderen verhilft eine humorvolle, mitfühlende Atmosphäre zu mehr Rückhalt im Team, verbessert das Arbeitsklima und führt zu einer Leistungssteigerung.

DREI LACH-/LÄCHEL-ÜBUNGEN:

1. Haben Sie sich im Spiegel schon einmal angelächelt? Für viele Menschen ist dies eine große Herausforderung. Wir finden uns hässlich, insbesondere beim Lachen. Das Gesicht wirkt verzerrt, die Lachfalten entstellen uns. Aber wie nehmen Sie andere Lächelnde wahr? Wissenschaftler haben erforscht, dass lächelnde und lachende Gesichter jünger und sympathischer erscheinen. Warum also nicht auch unser eigenes Gesicht? Versuchen Sie doch mal, sich

für ein paar Sekunden anzugrinsen. Absurd? Ja, aber sehr effektiv. Psychologen der Universität von Alaska fanden heraus, dass sich die Stimmung deutlich verbessert, wenn wir uns im Spiegel anlächeln. Denn das eigene Lächeln steckt an. Wissenschaftler sehen die Ursache in den bereits erwähnten Spiegelneuronen. Und dies funktioniert auch bei unserem Spiegelbild. Atmen Sie ein. Atmen Sie aus und verbinden Sie es mit einem Lächeln. Dies ist auch eine wunderbare Achtsamkeitsübung. Probieren Sie es aus!

2. Und wenn Sie ganz mutig sind: Versuchen Sie ein herzhaftes Lachen. Wenn Sie sich das nächste Mal morgens im Spiegel entdecken, vielleicht schon mit der Zahnbürste im Mund, lachen Sie sich mal an. Der Effekt ist verblüffend. Sie schauen in ein lachendes Gesicht, in das eigene. Entweder, Sie bekommen jetzt noch schlechtere Laune – oder ein Lach-Impuls durchzuckt Ihren Körper. Sie lachen mit jemandem, nämlich mit sich selbst. Allerdings ist das ein bisschen wie mit dem sich selbst kitzeln. Es fehlt die Überraschung. Und erzwingen lässt sich gar nichts. Trotzdem werden Sie merken, dass diese Übung Sie zum Lachen und Grinsen anregen kann.

3. Es geht auch ohne Spiegel. Klemmen Sie einen Bleistift zwischen die Zähne, am besten quer, und ziehen Sie die Mundwinkel wie bei einem Lächeln nach oben. Und nun warten Sie, was passiert. Können Sie lachen? Der Sozialpsychologe Fritz Strack ließ eine Gruppe von Frauen und Männern diese Übung absolvieren. Manche Teilnehmer begannen so stark vor Lachen zu wiehern, dass ihnen der Bleistift aus den Zähnen sprang. Fritz Strack deutet das

Ergebnis in dem Sinne, dass durch Aktivierung des Joch-
beinmuskels, der die Mundwinkel nach oben zieht, das
Gehirn ein Signal bekommt: Aha, mein Mund lacht, da ist
was lustig! Gehirnareale werden stimuliert, die Impulse
an weitere Nervenzentren senden und das Zwerchfell in
Bewegung versetzen. Dessen Schwingungen verstärken
wiederum die Bereitschaft, weiter zu lachen. Es entsteht
eine sich selbst unterstützende Rückkopplung. Aus dem
künstlichen Grinsen kann echtes Lachen werden, das wiederum das Belohnungszentrum aktiviert. Dopamin wird
ausgeschüttet, wir empfinden Lust, die das Lachen wiederum verstärkt. Und so weiter.

4. STERBEN – DAS IST DAS LETZTE!

WANN GEHT'S LOS?

»Humor ist gesunder
Menschenverstand, der tanzt.«

Am Ende ihres Lebens staunte die Ärztin und Sterbeforscherin Elisabeth Kübler-Ross nicht schlecht über ihr eigenes Sterben. Sie lag im Bett in ihrem Haus in Arizona und konnte kaum noch sprechen. Nachdem sie sechs Schlaganfälle erlitten hatte, spotteten die Journalisten, ihr eigenes Lebensende wolle einfach nicht gelingen. Sie, die tausende Menschen rund um den Erdball beim Sterben begleitet hatte, war ratlos, denn vieles war anders, als sie es sich vorgestellt hatte. Ihr Vermögen wurde von Ärzten und Pflegepersonal verschlungen, Pfleger kamen unpünktlich, bevormundeten sie, und trotz Morphium litt sie an heftigen Schmerzen. Doch was ihr blieb, waren die Hoffnung – und der Humor. So stellte sie lachend fest, dass sie in den fünf Phasen des Sterbens, die sie selbst unterschieden hatte, die letzte Phase, die der Akzeptanz, wohl nicht erreicht habe; es gäbe in ihrem Leben noch zu viel Unerledigtes, z.B. wolle es ihr einfach nicht gelingen, sich selbst lieben zu können. Mit viel Selbstironie empfing sie Besucher an ihrem Bett und verkündete trotz Schmerzen lachend, dass sie hoffe, durch alle Galaxien zu tanzen und im Jenseits Gandhi, Jung und Pestalozzi zu treffen. Erstaunlich für eine naturwissenschaftlich orientierte Ärztin, doch Elisabeth-Kübler Ross entwickelte am Ende ihres Lebens einen besonderen Sinn für Humor und Spiritualität. Diese Kraftquellen halfen ihr, den Prozess des Sterbens besser zu bewältigen.

Bevor wir uns mit der Frage beschäftigen, wie uns Lachen und Humor am Lebensende helfen können, lohnt ein Blick auf den Vorgang des Sterbens selbst. Im Hospiz ist es für mich immer wieder eine besondere Erfahrung, beim Tod eines Menschen anwesend zu sein. Allerdings erlebt man genau diesen Moment sehr selten. Es gibt Sterbebegleiter, die zahlreiche Menschen begleitet haben und noch nie im Augenblick des Todes anwesend waren. Der Zeitpunkt, in dem der Atem endgültig aussetzt, ist kurz, der Bruchteil einer Sekunde. Manchmal sitze ich am Bett eines Bewohners, oft zusammen mit Angehörigen, die Atmung des Sterbenden ist flach, aber das Leben noch da. Und dann mache ich eine Pause, trinke vielleicht einen Kaffee und wenn ich einige Minuten später zurückkehre, dann ist der Tod eingetreten, das Leben (und das Sterben) vorbei. In vielen Fällen sind diese letzten Minuten von einer besonderen Friedlichkeit bestimmt. Der Atem wird langsamer, die Pausen zwischen den Atemzügen werden immer länger. Man wartet, ob noch ein Einatmen kommt, denkt, jetzt ist es vorbei und dann kommt plötzlich noch einmal ein tiefer Atemzug, vielleicht der letzte. Oft sind die davor liegenden Stunden und Tage von Kampf, Schmerz und Leiden geprägt. Doch in diesen letzten Stunden und Minuten stellt sich manchmal eine heitere Gelassenheit ein, die auf die Angehörigen und das Pflegepersonal ausstrahlt. Der Körper gibt sich hin, die Kämpfe sind ausgestanden. Die Angehörigen sitzen am Bett und halten die Hand des oder der Sterbenden. Es ist ein gefühltes Wissen darum, dass nun kein Weg zurückführt, dass es nun geschafft ist. Oft findet sich ein mitfühlendes Lächeln im Gesicht der Angehörigen und dann, nach dem Sterben, im Gesicht des Toten. Diese Minuten sind auch deshalb so tief ergreifend und erschütternd, weil von einem Moment auf den anderen ein Leben verlöscht. Dies ist für das menschliche Bewusstsein nur schwer und vielleicht überhaupt nicht zu verstehen. Der Körper liegt noch vor uns, aber die Person, das Leben ist verschwunden. Das Vergehen des Lebens bleibt ein Wunder, ähnlich wie das Wunder, wenn Leben bei Zeugung und Geburt entsteht.

Doch was ist mit Sterben überhaupt gemeint? Wann beginnt das Sterben, wann hört es auf, wie verläuft es? Und: Kann man Sterben lernen?

»Sterben kann man vielleicht nicht lernen, aber man kann lernen, mit Verlusten umzugehen.« Diese Antwort gab mir Joseph Brombach, der gemeinsam mit Sybilla Brombach ein Hospiz in Lohmar aufbaute und für mehrere Jahrzehnte leitete. Sterben kann als eine Aneinanderreihung von Verlusten gesehen werden, als die Erfahrung, dass Menschen, Beziehungen, Freundschaften, Besitz und schöne Momente, aber auch Pläne, Erinnerungen, Gedanken unwiederbringlich verloren gehen. Die Erfahrung, dass es nicht mehr »gut« wird, wie man es gewohnt war. Dass sich Dinge irreversibel verändern, dass der Satz: »Das wird schon wieder« nicht mehr stimmt. Um Verluste zu ertragen, bleibt letztlich nur, den Verlust anzunehmen. Sterben verlangt Kooperation, verlangt, sich mit dem Unvermeidlichen zu verbünden. Mit Verlusten umzugehen, ist deshalb so schwierig, weil wir unsere liebgewonnen Gewohnheiten aufgeben müssen. Das braucht seine Zeit.

Der Tod, d.h., wie es ist, tot zu sein, entzieht sich unserer Erfahrung. Der Zustand des Tot-Seins bleibt darum immer eine Projektionsfläche für die Ideen der noch Lebenden. Der Vorgang des Sterbens hingegen ist etwas, das wir körperlich, geistig, seelisch, emotional erleben. Da müssen wir durch. Deshalb habe auch ich mehr Angst vor dem Sterben als vor dem Tod. Dabei ist Sterben keine Frage des Alters. Mit der Zeugung entsteht Leben und stirbt Leben. Deshalb leuchtet ein, wenn der Buddhismus auf die Frage, wann das Sterben beginnt, antwortet: »Mit der Geburt.« Jede Geburt ist zugleich ein Todesurteil, denn mit ihr steht fest, dass auch dieses Leben enden wird, im nächsten Moment oder in vielen Jahren. Das Sterben lässt sich biologisch erklären. Mit der Zeugung beginnt der Prozess des »Stirb und Werde«. Alte Zellen sterben, neue entstehen. Organe erneuern sich in einem bestimmten Rhythmus. So lange, bis Zellen erschöpft sind und endgültig absterben.

Im Allgemeinen verstehen wir allerdings unter Sterben eine akute Krankheit, die zum Tode führt. Doch auch solch eine Krankheit zum Tode hat bei jedem Menschen ihre ganz eigene Zeit, kann Monate dauern oder innerhalb von Sekunden zum Ende führen. Wie es dem Qi-Gong Lehrer geschah, der sich bei einer Wanderung plötzlich unwohl fühlte. Es war auch noch eine Lach-Qi-Gong Wanderung, bei der, ähnlich wie beim Lach-Yoga, Atem-Übungen und Lachen miteinander kombiniert werden. Nach einer Qi-Gong-Übung setzte er sich auf einen Baumstamm, atmete noch einmal ein und war tot: Herzstillstand aufgrund von Herzinsuffizienz. Sehr zum Erschrecken der Wanderfreunde.

Viele Menschen wünschen sich ein solch plötzliches und trotzdem sanftes Ableben, hoffend, dass ihnen dadurch eine lange Leidenszeit erspart bleibt. Andere hingegen ziehen ein bewusstes Sterben nach einem erfüllten Leben vor.

»Oft denke ich an den Tod, den herben.
Und wie am End' ich's ausmach?
Ganz sanft im Schlafe möcht' ich sterben
und tot sein, wenn ich aufwach!«
KARL SPITZWEG

So möchten die meisten sterben, im Schlaf, wie der Maler und Poet Karl Spitzweg es ausdrückt. Doch den Wenigsten ist dies vergönnt. Sterben lässt sich üben, indem wir immer wieder versuchen, Verluste anzunehmen. Und diese Verluste beginnen nicht erst in der finalen Sterbephase. Sterben lässt sich auch als eine Krankheit zum Tode bezeichnen und die kann Jahre vor dem Tod beginnen. Wer ernsthaft erkrankt, muss akzeptieren, dass der Umgang mit der Krankheit einen besonderen Raum im Leben einnimmt. Krankheiten sind ein Vorgeschmack auf die letzte Phase des Sterbens. Selbst bei eher harmlosen Wehwehchen empfinden wir die Einschränkungen, die sie zur Folge haben, als schmerzlich. Die Schwäche bei einer Grippe, die Notwendigkeit im Bett zu bleiben, die Immobilität bei einem verstauchten Fuß oder einem Bruch, die Rückenschmerzen etc. Diese Einschränkungen lassen sich als Anproben des Todes und als Übungsfeld betrachten. Körperliche und seelische Einschränkungen helfen dabei, einen Perspektivenwechsel durchzuführen. Dabei können sie zum Lebensinhalt werden, zum Beruf, dem täglich nachgegangen wird, zu einer Berufung und einem Lebenssinn: Arzttermine, Untersuchungen, Krankenhausaufenthalte, Behandlungen, Rehabilitation, tägliche Übungen etc. lösen sich ab.

Da leuchtet ein, was der Theologe Heinz Hinse, der die Texte zu den Karikaturen in diesem Buch schrieb, fordert: Einen Perspektivenwechsel vom Bedauern der Sterbenden zu deren Wertschätzung. Der Weg von der Diagnose bis zum Tod kann Schwerstarbeit bedeuten, die es zu verrichten gilt. Sehr häufig spricht man davon, dass ein Mensch es »geschafft« hat, wenn er gestorben ist, wie, wenn eine Arbeit abgeschlossen ist. Aber nicht nur der oder die Sterbenden hat es geschafft. Dieser Satz gilt auch für alle Begleitenden. Denn: Sterben schafft uns als Sterbende und als Begleitende.

Es ist deshalb hilfreich, Kranke, Sterbende und deren Angehörige nicht nur zu bemitleiden, sondern auch ihre Anstrengung anzuerkennen und zu würdigen. Sterben fordert von uns am Lebensende eine Vielzahl von Handlungen und Entscheidungen, auf die wir kaum vorbereitet sind. Die Diagnose muss verarbeitet und Ärzten vertraut werden. Wir müssen uns für Therapien entscheiden und dürfen uns nicht verwirren lassen; Rückschläge sind zu verkraften, das Pendeln zwischen Angst und Hoffnung ist auszuhalten. Und vor allem müssen wir Verluste annehmen: Lebenspläne, Arbeitsfähigkeit, Mobilität, Aussehen, Essen und Trinken, Rückzug von Freunden, Schmerzfreiheit, unser gewohntes Wesen.

Wir müssen lernen, Hilfe anzunehmen und uns pflegen zu lassen; uns mit Wohnungswechsel, Betreuung, Patientenverfügung, Testament auseinandersetzen. Finanzielle Sorgen um die Pflegekosten belasten manchmal und auch diese Fragen sind zu klären. Konflikte in der Familie wollen bearbeitet werden: Versöhnung, Vergebung, Lebensrückblick halten. Angst vor dem Danach, vor dem Ungewissen und der Endgültigkeit entsteht. Das Sterben annehmen, sich verabschieden, den Tod kommen lassen.

Wenn man sich diese »Aufgaben-Liste« anschaut, muss man sich fragen: Wie lässt sich das Sterben überhaupt »überleben« und »vollenden« – wenn man nicht trotzdem lacht? Wie soll man ohne die Erfahrung von Leichtigkeit loslassen, bei all der Schwere? Das Aufgezählte trifft den Erkrankten und sein Umfeld, will abgearbeitet werden, ob wir wollen oder nicht und ohne dass eine Vorbereitung stattgefunden hat. Wo lernt man denn die Aufgaben des Sterbens? Denn gilt Sterben nicht immer noch als »Todesfall«, der einem, wie ein »Glücksfall«, zustößt? Gleichzeitig sollte bei aller Anerkennung der Sterbe-Arbeit das Sterben nicht einem Leistungsdruck unterworfen werden. Dies würde eine neue Ideologie erzeugen, zu verlangen, dass der Mensch erfolgreich, also möglichst komplikationslos, zu sterben habe. Diese Sichtweise wäre eine logische Fortsetzung der Ideale einer Leistungsgesellschaft.

Sterbe-Arbeit bedeutet aber keinesfalls nur Schmerz, Anstrengung und Leid. Wir werden durch und im Sterben auch belohnt. Es ist möglich, dass ein Mensch mehr Aufmerksamkeit und Zuwendung erhält. Aus einer ernsthaften Krankheit resultiert unter Umständen ein intensives Lebensgefühl. Der bevorstehende Verlust von Kompetenzen, vielleicht der gesamten Existenz, hilft der Fokussierung auf das Wesentliche. Der Blick nach innen wird geschärft. Es ist nicht selten, dass Menschen in der Sterbephase die erfüllteste Zeit ihres Lebens erfahren. Die Dringlichkeit hilft, sich mit Dingen auseinanderzusetzen, die verdrängt werden, bietet eine Chance, sich mit anderen und sich selbst auszusöhnen. Man kann auch ganz einfach sagen: Sterben bedeutet eine Chance, mehr Liebe zulassen zu können und mehr lieben zu lernen.

ÜBUNG:

Stellen Sie sich folgende Fragen. Schreiben Sie stichwortartig auf, was Ihnen dazu einfällt, kurz und spontan ohne lange darüber nachzudenken.
1. Wenn ich es mir aussuchen könnte, wie möchte ich am liebsten sterben?
2. Was wäre für mich die schrecklichste Art zu sterben?

LETZTE PHASE

»Am Ende wird alles gut.
Wenn es nicht gut wird,
ist es nicht das Ende.«
Oscar Wilde

Das Wörterbuch der Medizin definiert das Sterben als: »die letzte Phase des Lebens, in der dieses verlischt.« Doch wann beginnt diese letzte Phase? Bedeutet die Überweisung in ein Hospiz oder auf eine Palliativstation, dass nun das Sterben definitiv begonnen hat? Ja, möchte man behaupten, palliativ (von lat.: »pallium«, »Mantel«, »Ummantelung«) drückt ja aus, dass es um ein sanftes Umhüllen, ein Begleiten geht und nicht mehr ums Heilen. Doch wer sagt schon so leicht von sich: »Ich sterbe«? In meiner ersten Zeit im Hospiz war ich überrascht, dass über Sterben und Tod eigentlich wenig geredet wird. Die meisten Bewohner leben so weiter als wären sie in einer Mischung aus Pflegeeinrichtung und Zuhause untergebracht. Und das ist kein Wunder, denn Sterben bedeutet eben: Leben bis zuletzt. Trotzdem wird im Hospiz offen mit Sterben und Tod umgegangen. Wenn jemand gestorben ist, brennt eine große weiße Kerze in einem Glasgefäß vor dem Zimmer. Jeder kann dies sehen. Verständlicherweise ist die Stimmung dann gedrückt. Doch manchmal sterben hintereinander so viele Patienten, dass es in gewisser Weise etwas Normales wird. Die Leichen werden zu jeder Tageszeit abgeholt, wann es den Angehörigen und dem Begräbnisinstitut möglich ist. Ich erinnere mich, wie mir eine Mutter im Aufenthaltsraum bei Kaffee und Kuchen lustige Videos auf ihrem Handy zeigte, während ihr Sohn im Rollstuhl zwischen uns saß und, weil körperlich erschöpft, sanft mitlächelte. In diesem Moment trugen die schwarz gekleideten Bestatter einen Sarg vorbei, der sozusagen an uns vorbei schwebte. Wir hielten für einen Moment inne und lachten dann weiter. Ist das herzlos? Ich denke, dies wäre es gewesen, wenn die Angehörigen dabei gewesen wären. Der Tod aber bleibt für viele Menschen einfach zu abstrakt, um sich jeden Tag damit zu beschäftigen, selbst im Hospiz. Was zählt, ist der nächste Moment, möglichst mit wenig Schmerzen und etwas Freude. Dazu gehört auch der Rückblick auf das eigene Leben. Denn Sterben kann auf einer anderen Ebene Heilung bedeuten. Wo der Körper nicht mehr zu heilen ist, kann die Seele Heilung erfahren und gesunden. Manche Bewohner sterben im Hospiz nach Stunden, andere fühlen sich so wohl, dass sie sich erholen und eine lange Zeit dort verbringen. Einige wenige sagen dem Hospiz sogar Adieu und verschieben das Sterben auf ungewisse Zeit.

Physisch gesehen unterscheidet die Medizin unterschiedliche Abschnitte des Sterbens: Die Präterminalphase, die Jahre, Monate oder Wochen dauern kann. Die Terminalphase, die sich Tage hinzieht. Die prä-finale und finale Phase, die Stunden dauert. Die finale Phase gilt als unumkehrbar, eine biologische Kettenreaktion kommt hier in Gang, die irreversibel zum Tod führt.

Die letzte Phase wird von deutlichen Anzeichen dafür, dass sie eingetreten ist, begleitet. Die Sinne ziehen sich zurück, wir verlieren die Fähigkeit, zu sehen, zu schmecken, zu riechen, zu hören und zu fühlen. Die Augen scheinen ins Unendliche oder nach innen zu sehen. In Todesnähe erlischt das Bedürfnis nach Nahrung und Flüssigkeit. Es ist hilfreich, dies zu wissen, denn Angehörige fürchten in dieser Phase oft, Sterbende könnten an Hunger oder Durst leiden. Dem ist aber nicht so, im Sterben braucht es keine Nahrungs- und nur geringe Flüssigkeitszufuhr. Es ist ausreichend, die Lippen und die Mundhöhle mit Flüssigkeit zu benetzen. Das Anlegen einer Magensonde in dieser Phase kann diesen natürlichen Vorgang zunichte machen und dann tatsächlich das Leiden verursachen, das man verhindern möchte.

In der letzten Phase entstehen bläuliche Adern und Flecken an der Körperunterseite, weil das Blut absinkt, die Haut wird wachsfarben, es kommt zu Inkontinenz, zu langen Schlafphasen und Koma. Der Körper kann äußerst druckempfindlich werden, so dass bereits eine dünne Bettdecke oder die Kleidung als unerträglich empfunden wird. Hinzu kommen Hitzegefühle. Dies zu wissen ist wichtig, um zu verstehen, warum manche Sterbende sich die Kleidung vom Leib ziehen. Umgekehrt kann es auch zu heftigem Frieren kommen. Auch starke Ängste, Verwirrung und Desorientierung sind möglich. Ein deutliches Zeichen dafür, dass die letzten Stunden gekommen sind, ist eine rasselnde Atmung, die daher rührt, dass der Schluckreflex aussetzt. Manche Menschen atmen jetzt extrem flach und haben lange Pausen zwischen den Atemzügen. Irgendwann steht dann das Herz still und die Atmung setzt aus. Medizinisch gesehen ist der Tod dann eingetreten, wenn Großhirn, Kleinhirn und Stammhirn irreversibel erloschen sind.

Immer gilt allerdings, dass das Unvorhersehbare geschehen kann. Auch bei deutlich ausgeprägten Zeichen für das Eintreten in die letzte Sterbephase, wie der Verweigerung von Nahrung, kann sich die Situation umkehren und der Sterbende bekommt wieder Hunger. Doch können solche Anzeichen auch ganz fehlen. So wie bei Frau Diekmann, die ich in einem Pflegeheim besuchte. Sie feierte mit ihren Kindern, Enkeln, Urenkeln den Neunzigsten. Abends gegen sieben legte sie sich ins Bett, schlief ein und wachte nicht mehr auf. Sterben bleibt ein individueller Prozess, weder der Beginn noch dessen Ende ist eindeutig zu bestimmen.

»Der Mensch stirbt so, wie er gelebt hat.« Diesen Satz höre ich immer wieder von professionell Pflegenden und auch über Frau Diekmann. Sie sei irgendwie mit sich und der Welt zufrieden und lebenssatt gewesen; und so sei sie auch gestorben, ohne Todeskampf. Aber was bedeutet das genau und stimmt das überhaupt?

Ich bin skeptisch und frage jemanden, der es wissen muss. Ein Arzt für Palliativmedizin, der seit Jahren Menschen am Ende ihres Lebens zuhause und in Pflegeeinrichtungen begleitet. »Das erlebe ich häufig«, antwortet er mir ohne zu zögern, »Menschen, die mit ihrem Willen stark im Leben verankert sind, für die Dinge und andere Menschen sehr wichtig sind, die wenig nach innen und viel nach außen schauen, tun sich schwerer. Natürlich kann man das nicht verallgemeinern. Aber wer das Leben genießen kann und trotzdem alles nicht so bierernst und wichtig nimmt, hat es leichter.« Wer zu Lebzeiten Verluste leichter wegstecken kann, ja, darin sogar die Chance für Neues sehen konnte, wird auch sein Leben leichter loslassen können. Doch trotzdem bleibe ich skeptisch. Lässt sich Sterben überhaupt bewerten? Ist es denn etwas Besseres, leicht zu sterben? Oder ist es besser, um jeden noch verbleibenden Moment zu kämpfen? Und wie will man erfassen, was ein Leben ausmacht? Darüber hinaus zeigt die Erfahrung: Menschen können sich am Lebensende in ihrer Persönlichkeit stark verändern. Wem zeitlebens nur die Karriere wichtig war, lernt plötzlich, Liebe und Zuneigung zuzulassen. Und mancher, der sich im Loslassen schon sehr fortgeschritten wähnt, beginnt sich mit allen Mitteln an das Leben zu krallen. Sterben folgt keinem Schema, jeder Mensch stirbt seinen ganz persönlichen Tod. Sterben ist kein Test, den wir bestehen oder bei dem wir durchfallen. So hört man häufiger die Frage, ob ein Mensch gut gestorben sei oder einen guten Tod gehabt habe. Diese Beurteilung erfolgt aus der Sicht der Lebenden und hat wenig mit dem zu tun, was der Sterbende erlebt.

ÜBUNG:

Betrachten Sie ein Foto aus ihrer Kindheit. Sie wissen, dass
Sie das sind. Fragen Sie sich trotzdem: Ist dies ein Foto von
mir?
Bin ich diejenige oder derjenige auf dem Foto?
Ist dies dieselbe Person wie ich oder jemand anders?
Was hat sich an mir geändert?
Was ist gleich geblieben?

Elisabeth Kübler-Ross hat hunderte von Interviews mit Kranken und Sterbenden geführt. Dabei machte sie die Erfahrung, dass sich fünf Phasen am Lebensende unterscheiden lassen:

1. Nicht wahrhaben wollen, das Verleugnen der Situation, dass ich oder ein mir naher Mensch schwer erkrankt ist.
2. Zorn über den bevorstehenden und erlebten Verlust.
3. Verhandeln und der Versuch, einen Pakt zu schließen, z.B. mit einer höheren Macht, einem besonderen Heiler, einer Heilmethode, um einen Verlust rückgängig zu machen.
4. Depression, die Hilflosigkeit gegenüber der Situation.
5. Akzeptanz: Tod und Sterben können als Teil des Lebens angenommen werden.

Diese Phasen gelten für schwere Krankheiten, für das Sterben, aber auch für andere Verlusterfahrungen, wie Trauer bei Trennungen. Nicht jeder Mensch durchläuft alle fünf Phasen und auch nicht unbedingt in dieser Reihenfolge. Hinter den ersten vier Phasen offenbaren sich Ängste vor Krankheit und Schmerzen, vor Hilflosigkeit und Einsamkeit, vor Sterben und Tod. Von uns wird verlangt, nicht nur das Sterben anzunehmen, sondern auch den Prozess des Krank-Seins. Ein Vorgang, der in den seltensten Fällen als angenehm empfunden, sondern als ein Verlust von Kraft, Kontrolle, Attraktivität und Zeit erlebt wird, oftmals verknüpft mit physischen und psychischen Schmerzen.

Die Theologin Monika Renz kritisiert an dem von Elisabeth Kübler Ross entworfenen Phasenmodell, dass dieses aus Interviews mit Menschen hervorgegangen ist, die noch sehr gut über ihre Situation sprechen konnten. Doch für Monika Renz ist das Sterben nicht nur verstandesmäßig zu erfassen, sondern einem Prozess unterworfen, in dem sich das Ich grundlegend wandelt. Das Sterben sei der Untergang des Ichs im Numinosen. Es könne deshalb aus der Sicht des mitten im Leben stehenden Menschen mit dessen Ich nur begrenzt verstanden werden.

Deshalb unterscheidet Monika Renz drei Stadien des Sterbens:
1. Davor: Hier verfügt das Ich noch ganz über seine Ich-Funktion, kann verstehen, kontrollieren und auch verdrängen. Es beginnt der Prozess des Loslassens, der als schmerzhaft empfunden wird. Wut und Zorn wechseln sich ab mit neuer Hoffnung.
2. Hindurch: Hier geschieht eine Wandlung, die Angst hervorruft. Das Ich beginnt sich aufzulösen, geht verloren, begegnet dem Du, dem Unbeschreiblichen und geht schließlich darin auf. Diese Transformation, das Aufgeben des Ichs, weckt eine Urangst, die tiefer geht als die Angst vor etwas Konkretem.
3. Danach: Der Sterbende hat es geschafft. Friede und Beruhigung treten ein. Aus der Bedürftigkeit entsteht die Fülle, ein Eingebettet-Sein. Der Verlust ist etwas Neuem gewichen.[18]

Allerdings: Auch diese Einteilung kann nur ein Modell für einen Vorgang sein, der letztendlich für uns Menschen nur begrenzt verstehbar ist.

Zu den von Elisabeth Kübler-Ross und Monika Renz geschilderten Phasen gehören neben Schmerz und Leid auch Lachen, Freude, Heiterkeit und Humor. Im Sterben hört das Leben nicht auf, komische Seiten zu offenbaren, ob wir wollen oder nicht.

In einem Pflegeheim. Frau Reuter fragt Herrn König, ob sie heute Nacht zu ihm kommen und sein Glied anfassen dürfe. Herr König bedauert, dies ginge leider nicht, er habe dies schon einer anderen Dame versprochen. Darauf fragt Frau Reuter enttäuscht: »Ja, und was hat sie, was ich nicht habe?«
Herr König antwortet: »Parkinson.«

Aus einem Defizit wird eine Kompetenz. Ein Reframing. Vielleicht finden Sie diesen Witz geschmacklos, da für Sie das Thema mit Angst und Leiden verbunden ist. Und wer weiß, ob ich das lustig finde, wenn bei mir eines Tages Parkinson diagnostiziert würde. Aber nach meiner Erfahrung lieben es Betroffene, mit Galgenhumor über ihr Handikap zu lachen. In den Phasen des »Nichtwahrhaben-Wollens«, »Zorns« und »Verhandelns« kann deftiger Galgenhumor helfen, Angst abzulachen und sich zu entlasten. Auch andere damit zu schockieren, wird wie eine Befreiung empfunden, eine Rache für das schlimme Schicksal, das einen erfasst hat. Ausgleich dafür, dass andere weiter Pläne machen und man selbst bald nicht mehr da sein wird.

Besonders schön ist es aber, das Lachen mit anderen zu teilen, so wie es im Hospiz oft geschieht. Im Aufenthaltsraum des Hospizes treffen sich Bewohner, Angehörige und Mitarbeiter, man trinkt Kaffee, hört Musik, spielt »Mensch ärgere dich nicht«, redet, hängt herum. Bei aller Trauer wird hier gemeinsam gelacht. Für Menschen, die ihre Angehörigen zuhause pflegen oder im Krankenhaus begleiten, ist dies oft nicht möglich. Sie sind mit ihren Anverwandten allein und sehen keine Möglichkeiten, Leid und Freude zu teilen, haben Scheu, nach Beistand zu fragen oder wissen nicht, an wen sie sich wenden sollen. Hier hilft es, sich Unterstützung zu suchen, z.B. im Freundes- und Bekanntenkreis, in Selbsthilfegruppen, durch Pflegeberatungsstellen und in ehrenamtlichen ambulanten Hospizdiensten.

In der Phase des Verhandelns keimt Hoffnung auf, manchmal sogar neue Lebensfreude. Der Humor wendet sich dem Leben zu, wird versöhnlicher und freudvoller. Wird die Hoffnung jedoch enttäuscht, folgen Zorn oder Depression.

In der Phase der Depression kann es sein, dass Lachen und Humor vollkommen verschwunden sind. Manchmal entsteht hier Entlastung in Form von bitterem Sarkasmus, oft gegen sich selbst gerichtet, der nicht freudvoll ist, aber eine Form, um mit dem Schmerz umzugehen. Oder es wächst Traurigkeit, hier unterstützen, wie wir später noch genauer untersuchen, sanfte, humorvolle Parabeln.

In der letzten Phase, im »Annehmen« und »Danach«, geht es selten um Situationskomik, Witze und Perspektivenwechsel, eher lässt sich ein entspanntes Lächeln beobachten, das ein Zeichen für Loslassen ist, eine Heiterkeit, mitunter sogar Freude aus einer grundlegenden Entspannung, weil es gelungen ist, das Unabänderliche anzunehmen und es geschafft zu haben.

5. LACHEN UND HUMOR AM LEBENSENDE

DARF ICH LACHEN, WENN DU STIRBST?

»Sterben lernen? Wozu denn?
Es gelingt sehr gut beim ersten Mal.«
Nicolas de Chamfort

Im Hospiz singt eine Sopranistin, begleitet von einem Herrn am Akkordeon. Alle Stühle sind besetzt. Ich stelle mich neben Herrn König, der, an Krebs erkrankt und unter einem Schlaganfall leidend, im Rollstuhl sitzt. Er blickt ziemlich traurig, die Musik scheint ihn nicht zu begeistern. Also will ich was Tröstliches sagen und lasse mich zu der Bemerkung hinreißen: »Sie haben's gut, Herr König. Sie haben ja immer Ihren Stuhl dabei!« Herr König starrt mich mit großen Augen an. Oh je, das ging daneben. Ich lache verlegen. Nichts zu machen, sein Blick wird ernst und vorwurfsvoll. Das war nicht komisch.

Wahrscheinlich hatte Herr König das Gefühl, ich würde mich über ihn lustig machen, ihn auslachen (was ich natürlich nicht vorhatte). Aber so kam mein missglückter Spruch bei ihm an: Jemand, der laufen kann und nicht am Lebensende ist, lacht über meine Krankheit und mein Leid. Ein Lachen von oben nach unten, nicht nur in einem räumlichen Sinn. Vielleicht hatte er Schmerzen, fühlte sich schlecht, vielleicht war er traurig, vielleicht gefiel ihm die Musik nicht. Ich fühlte mich gut, machte einen Witz und signalisierte auch auf nonverbaler Ebene Lustigkeit und Freude. Er jedoch war in einer ganz anderen Stimmung. Oder unser Sinn für Humor war einfach nicht kompatibel. Auf jeden Fall versuchte ich, ihn mit Humor aufzuheitern und scheiterte. So etwas kommt vor.

In diesem Kapitel soll es darum gehen, wie Lachen und Humor konkret am Lebensende helfen können. Viele haben Scheu davor, sich das Lachen zu erlauben, sind ganz in Zorn, Depression und Trauer gefangen. Menschen am Lebensende schämen sich manchmal, dass sie sterbend sind, weil sie ihrer Meinung nach darin versagt haben, wieder gesund zu werden. Ihnen ist das Lachen vergangen. Dies gilt oft noch mehr für die Angehörigen, die fürchten, einen lieben Menschen durch ihr Frohsein zu verletzen. Es herrschen Angst und Befangenheit; Humor, Freude und Lachen werden als unpassend empfunden. Darf ich also lachen, wenn ich sterbe? Und darf ich lachen, wenn du stirbst? Unbedingt! Denn Lachen, Humor und Freude schenken Inseln der Erholung, des Trostes und der Stärkung. Natürlich sollte dabei die Situation für alle Beteiligten stimmen. Wie dies nicht nur spontan geschieht, sondern auch geplant erreicht werden kann, und was es dabei zu beachten gilt, darum soll es im Folgenden gehen.

Was hält uns davon ab zu lachen? Neben Trauer, Angst, Schmerzen finden sich kulturell bedingte Ursachen für die Meinung, angesichts von Sterben und Tod sei nur der Ernst erlaubt. Betrachten wir einige davon etwas genauer.

Zunächst ist da die Angst, einen leidenden Menschen zu verletzen. Und diese Angst ist unter Umständen berechtigt. Versuchen

Sie sich vorzustellen, wie Sie krank, schwach im Bett liegen. Wie sollen sich die Angehörigen, Helfer und Besucher verhalten? Sollen sie beklemmt schweigen? Dürfen sie herzhaft lachen?

Ich vermute, dass es Ihnen ähnlich geht, wie den allermeisten Menschen. Sie wünschen sich Mitgefühl und Verständnis für ihre Situation. Dies bedeutet: Kein lautes und ausgelassenes Gelächter, wenn Sie Schmerzen haben oder verzweifelt sind. Denn dann wollen die meisten Menschen insbesondere eines: Ruhe. Was aber ist mit den anderen Momenten? Nur zu trauern und zu weinen, mag pietätvoll sein, erleichtert aber das Sterben eher nicht. Im Hospiz erlebe ich Familien, die am Bett der Großmutter zusammenkommen und stundenlang ergriffen schluchzen. Manche Pflegekraft kann sich dann die Bemerkung nicht verkneifen: »Wie soll man denn da sterben können?« So hilfreich (aber nicht immer notwendig oder gewünscht!) es ist, im Sterben nicht allein zu sein, so sehr spielen Konventionen hier eine Rolle. Mitweinen und Mittrauern werden mit Mitleid in Verbindung gebracht und bieten angesichts der Situation die Gewissheit, nichts falsch zu machen. Wenn wir ein Wohlgefühl (wie es durch das Lachen entsteht) trotz des Sterbens eines anderen Menschen empfinden oder uns über ein schönes Erlebnis freuen, obwohl ein anderer Mensch stirbt, fühlen wir uns dagegen schnell unbehaglich, fürchten, den Sterbenden oder andere Menschen in seinem Umfeld vor den Kopf zu stoßen, ihnen Schaden zuzufügen und uns damit schuldig zu machen.

Marlen Weller, 48, an metastasierendem Krebs erkrankt und nicht mehr in der Lage, ihren Stuhlgang zu kontrollieren, liegt im Wintergarten des Hospizes in ihrem riesigen Rollstuhl und döst in der Sonne. Sie ist dafür bekannt, dass sie Witz hat und gerne auch mal drastische Scherze von sich gibt. Plötzlich erwacht sie und ruft: »Hilfe, ich laufe gerade aus wie Asbach!« Die Mutter von Marlen und ich können ein kurzes Auflachen nicht unterdrücken.

Gleichzeitig erschrickt die Mutter, schaut sich verlegen um, als würde sie sich fragen: Darf ich das überhaupt? Einfach so lachen angesichts des Leids meiner Tochter? Marlen ist offensichtlich in Not und lächelt verkrampft, zeigt Frust und Schmerz auf diese Art, um sich für einen Moment Luft zu verschaffen. Immerhin vermag sie es, ihrer leidvollen Situation noch etwas Komisches abzugewinnen, was höchst bewundernswert ist. Wir, ihre Begleiter, können aber nicht anders, reagieren auf die Komik, müssen lachen, bauen damit Spannung und Angst ab und eine hilfreiche Distanz zur unerquicklichen Situation auf. Und Marlen hat offensichtlich nichts gegen unser Lachen. Auch sie baut Frust ab. So sind wir handlungsfähig, versinken nicht in (Selbst-)Mitleid. Ich schiebe Marlen in ihr Zimmer, helfe einer Pflegerin dabei, die Hygienehose zu wechseln. Dann geht's zurück in den Wintergarten.

In vielen Fällen entsteht im Umfeld eines Menschen am Lebensende eine Lach-Hemmung, die aber dem Empfinden des Sterbenden durchaus zuwiderläuft. Das Lachen über die traurige Wahrheit, wie bei Frau Weller, ist auch eine Erlösung von lähmender Betroffenheit und nimmt die Schwere. Und es stellt eine Verbindung her. Hinter dem Vorbehalt von Angehörigen, aber auch des Pflegepersonals, dass man mit Lachen und Freude einen Menschen am Lebensende verletzt, verbirgt sich häufig die eigene Angst vor Sterben und Tod. Den Schmerz ausdrücken zu wollen, ist natürlich, aber es lohnt, nachzuspüren: Vielleicht gibt es auch bei dem oder der Sterbenden einen Moment der Freude, selbst im Abschied, das Bedürfnis nach Ruhe und einer sanften Heiterkeit? Und vielleicht hilft diese dabei, loszulassen?

Wir haben aber nicht nur Angst, durch Lachen einen leidenden Menschen zu verletzten, sondern auch davor, von unserem Umfeld für pietätloses Verhalten bestraft zu werden. Gerade im christlichen Kontext gilt lustvolles Lachen nicht als erstrebenswert.

Eingedenk der Leiden Jesu ist der Christ angehalten, sein Lachen zu zügeln. Demut ist angesagt, die sich in aufopfernder Nächstenliebe ausdrücken soll. Daraus entstehen nicht selten übertriebenes Pflichtgefühl und falsch verstandenes Mitleid. Humor hilft, dies auch mal aus einer anderen Perspektive zu betrachten: »Liebe deinen Nächsten, vielleicht schadet es seinem Ruf.«

Der Anspruch, alles richtig machen zu müssen, um sich vor anderen keine Blöße zu geben, überfordert und ist ein Humor-Killer par excellence. Selbst das Lachen aus Freude wirkt verdächtig, wenn es zu lustvoll geschieht, denn es zeugt möglicherweise von fehlendem Mitleid. Fehlendes Mitleid aber zieht die Ausgrenzung aus einer Gemeinschaft nach sich, was einer Form des Todes gleich kommt. Voltaire drückt es so aus: »Gott ist ein Komödiant, der vor einem Publikum spielt, das zum Lachen zu ängstlich ist.«

Auch magisches Denken kann uns daran hindern, uns in schweren und ernsten Situationen mittels Humor Erleichterung und Abstand zu verschaffen. Wenn wir uns gegen die Konvention verhalten, dann – so die Sorge – beschwört unsere Pietätlosigkeit ein Unglück herauf. Diese Erfahrung machte ich vor einer Operation: Als ich das OP-Hemd und die Thrombosestrümpfe angezogen und die Beruhigungstablette für die Vollnarkose geschluckt hatte, überlegte ich: Soll ich es wagen? Noch schnell die Clownsnase aufsetzen und mich so in den OP schieben lassen? Was werden die Krankenschwester, die Anästhesistin und der Chirurg sagen? Werden sie grinsen, die Nase mitdesinfizieren und mir den Tubus darunter in den Mund stecken? Oder werden sie schockiert sein? Ist es versicherungstechnisch überhaupt erlaubt, bei einer OP eine Clownsnase zu tragen – was würde meine Krankenkasse sagen? Ich weiß es nicht – ich bin zu feige, es zu tun. Ich habe auch Angst, es könnte Unglück bringen. Ist ja nur eine Vollnarkose, aber trotzdem, schon mancher ist nicht mehr aufgewacht. Mit dem Risiko einer Vollnarkose will ich nicht spielen, nicht übermütig, ja hochmütig sein. Das könnte verdammt nach hinten losgehen. Besser demütig und vorsichtig sein. Heute denke ich, schade eigentlich. Vielleicht bei der nächsten OP?

Nicht nur Kinder, auch Erwachsene glauben an magische Zeichen und Kräfte. Immerhin 42 % der Deutschen sehen laut Forsa-Umfrage in einem vierblättrigen Kleeblatt ein positives Vorzeichen und 40 % halten den Anblick einer Sternschnuppe für einen Anlass, sich etwas zu wünschen. Das mache ich auch, ich bin zwar nicht abergläubisch, aber schaden kann es ja bestimmt nicht. Magisches Denken geht davon aus, dass die eigenen Gedanken und Handlungen in der Lage sind, bestimmte Ereignisse hervorzurufen oder zu verhindern. Und umgekehrt, dass überirdische Geschehnisse und Wunder das eigene Schicksal bestimmen. Bei Kindern ist die Phase magischen Denkens ein normaler Abschnitt der Persönlichkeitsentwicklung. Aber ganz verliert sich diese Phase wohl nie.

Eine berühmte Geschichte schildert dies so: *Nasreddin Hodscha steht auf der Straße und fuchtelt wie wild mit den Armen. Die Leute schauen ihm eine Weile zu, ohne den Sinn von Nasreddins Aktivität zu verstehen. Irgendwann getraut sich jemand zu fragen: »Ehrenwerter Hodscha, warum fuchtelst du denn so mit den Armen?«*
Nasreddin erwiderte: »Damit vertreibe ich die Tiger.«
»Aber hier gibt es doch gar keine Tiger.«
»Eben!«

Aus magischem Denken können Kraft und Zuversicht entstehen, es kann aber auch Panik hervorrufen. Sterben und Tod sind mit zahlreichen Glaubensinhalten, Vermutungen und eben auch mit Aberglauben verbunden. In einem Buch mit dem Titel: ›Wie Sie 150 Jahre alt werden‹ finde ich den Ratschlag: »Denken Sie niemals an Sterben und Tod.« Das drückt eine uralte Angst aus: Wer sich mit dem Tod beschäftigt, der ruft ihn herbei. In vielen Kulturen wird diese Angst gepflegt, was im extremen Fall dazu führen kann, dass man Sterbende ausstößt und stigmatisiert. Noch heute werden Tote mit den Füßen nach vorne aus dem Haus, der Klinik und dem Hospiz, getragen. Warum? Der Tote soll beim Verlassen des Hauses keine Gelegenheit mehr haben, einen Blick zurück zu werfen und die Lebenden sehen. Er könnte die Lebenden mitnehmen oder zurückkommen und sie sich greifen. Was absurd klingen mag, bleibt in der modernen Gesellschaft ein Ritual, dessen Sinn uns nicht mehr bekannt ist. Und wenn man genauer darüber nachdenkt: Vielleicht ist ja wirklich was dran? Wer kann uns das Gegenteil beweisen? Sicher ist sicher.

Lach- und Humor-Hemmnisse haben also nicht nur mit der Angst zu tun, jemand zu verletzen, sondern auch mit der ur-eigenen Angst, für »ungehöriges« Verhalten bestraft zu werden; sei es durch Mitmenschen oder das Schicksal. Diese Befürchtung ist durchaus normal und menschlich. Es lohnt, sich ihrer bewusst zu werden, damit sie nicht unnötig blockiert und hemmt.

ÜBUNG:

Schließen Sie die Augen und achten Sie auf Ihren Atem. Fragen Sie sich dann: Fürchte ich mich davor, Unglück zu haben und dafür bestraft zu werden, wenn ich am Bett eines Sterbenden oder neben einer Leiche lache? Wenn ja: Was könnte geschehen? Was fürchte ich?

ACHTSAMKEIT – MINDFULL ODER MINDFUL?

*»Humor ist eine Form
der Lebensversicherung!«*

Frau Lindig, 55, Verkäuferin bei Wertheim, leidet an ALS, einer degenerativen Erkrankung des Nervensystems und kann nicht mehr selbstständig essen. Ihr Mann kommt fast jeden Tag ins Hospiz, um sie zu besuchen. Er ist mit den Nerven am Ende. Manchmal sitzt er auf dem Gang und weint. Es ist Mittagszeit und mir fällt die Aufgabe zu, Frau Lindig Essen anzureichen. Sie sitzt im Rollstuhl mit einer Kopfstütze, die den Kopf stabilisiert. Die Kommunikation mit ihr ist ein großes Abenteuer, sie kann nicht mehr sprechen, also versuchen wir es mit Händedruck oder Blinzeln der Augen. Ich halte den Suppenteller und fülle den Löffel mit Suppe, einem Stückchen Karotte und einem Mini-Stück Hühnerfleisch. Vorsichtig führe ich den Löffel zu ihrem Mund, den sie verschlossen hält. Vielleicht hat sie gar keinen Hunger? Ich frage also, ob sie etwas möchte und beobachte ihre Augen. Zweimal blinzeln bedeutet: »Ja«. Einmal blinzeln: »Nein«. Keine Reaktion. Nach einigen Momenten versuche ich es wieder, führe vorsichtig den Löffel zu ihrem Mund. Tiefe Falten zeigen sich auf ihrer Stirn, sie presst ihre Lippen zusammen. Wenn ich diese Reaktion richtig verstehe, will sie nicht essen. Die Pflegerin meinte aber zu mir, Frau Lindig hätte deutlich signalisiert, dass sie Hunger habe. Außerdem müsse sie etwas essen, wenigstens ein bisschen. Ich merke, dass meine Vorstellung, wie sich diese Situation entwickeln soll, mal wieder zerbröselt. Allein mit meinem Willen komme ich nicht weiter. Wahrscheinlich habe ich gerade mindestens genau so viele Sorgenfalten auf meiner Stirn wie Frau Lindig.

In der Hospizhelfer-Ausbildung wurde uns ein Ratschlag mit auf den Weg gegeben, den ich ausgesprochen nützlich finde. Vor dem Dienstantritt führe ich mir vor Augen, dass ich nun an einen

Ort komme, an dem ich zur Ruhe finden kann, hier darf ich entspannen und loslassen, einfach nur da sein. Denn ich habe keinen Auftrag, ich muss nichts erreichen, ich darf einfach nur präsent sein. Dies mag seltsam klingen, denn im Grunde fürchtet man bei der Begleitung von Menschen am Lebensende das genaue Gegenteil: Stress, Anspannung, Angst. Und natürlich gibt es zahlreiche Dinge zu beachten und korrekt zu erledigen. Aber eigentlich auch nicht. Oft male ich mir aus, was ich mit einem Bewohner unternehmen will: Ein tiefsinniges Gespräch über Sterben und Tod führen, spazieren und einkaufen gehen, Eis essen, Schach spielen, Witze erzählen, trauern und lachen. Und dann geschieht etwas völlig anderes. Der Bewohner hat überhaupt keine Lust, mich zu sehen, schläft, hat Durchfall oder Besuch (oder beides) oder – das ist nicht selten der Fall – ich darf mein tiefsinniges Gespräch mit einer Leiche führen. Oft bin ich dann frustriert und traurig, würde auch gerne über mich lachen, wenn ich könnte, denn ich wollte ja unbedingt ... Schmerzlich wird mir dann bewusst: Leben, Sterben und Tod sind eben nicht planbar, Konzepte zerplatzen wie herrliche Seifenblasen.

In all diesem geht es um praktizierte Achtsamkeit. Achtsamkeit, auf englisch »mindfulness« ist eben nicht »mindfullness«. Praktizierte Achtsamkeit bedeutet, in den Moment einzutauchen, den Geist leer machen zu können, das Beurteilen zu reduzieren und zu akzeptieren: Es darf alles auch ganz anders sein! Denn eines ist sicher, dass nichts sicher ist und es immer anders kommt, als man denkt. Regelmäßig werde ich so zur Achtsamkeit hingeleitet, ob ich will oder nicht. Gefragt sind in der Sterbebegleitung Flexibilität und ein wacher Geist, der sich schnell neu orientieren kann. Wenn ich einem Bewohner Essen anreiche, dann ist das Entschleunigung pur, die sich zunächst wie eine Vollbremsung anfühlt, dann aber eine geradezu meditative Wirkung hat. Sterbebegleitung bedeutet, Entschleunigung geschenkt zu bekommen. Achtsame Präsenz lässt das Grübeln für einen Moment verstummen, eine heilsame Distanz zu den Dingen finden, trotzdem bewusst und wach sein. Zielgerichtet zu agieren ist lustvoll, wenn die Aufgaben aber nicht mehr zu bewältigen sind, führt es zu Frustration, Verbissenheit und deshalb zu Humorlosigkeit. Achtsamkeitstrainer bezeichnen dies als »Doing-Modus«, die Anstrengung, etwas unter allem Umständen erreichen zu müssen. Dieser wird aktiviert, wenn der Verstand Unterschiede entdeckt zwischen dem, wie etwas sein sollte und dem, wie etwas ist. Wir versuchen, diese Unterschiede aufzuheben, indem wir ins Tun gehen, also versuchen, die Welt passend zu machen. Dadurch ist das Denken immer dem Augenblick einen Augenblick voraus, hofft darauf, der nächste Augenblick sei besser als der gegenwärtige.

So sitze ich nun vor Frau Lindig und denke, nicht essen ist auch gut. Und warte, spüre meinen Atem, den warmen Teller in meinen Händen, den Stuhl, auf dem ich sitze, es duftet nach Hühnersuppe. Ich bekomme Hunger. Eigentlich ist dies auch ja auch ein bisschen komisch, denke ich, so mit einer Suppe dazusitzen und keine Ahnung zu haben, wie es weitergeht. Mein Geist hellt sich auf, ich gleite in den »Being-Modus«, dem Sein im Augenblick ohne etwas als gut oder schlecht zu beurteilen. Beim »Being-Modus« müssen keine Ziele erreicht werden. Der Fokus liegt auf der Akzeptanz und dem Zulassen. Das heißt aber nicht, inaktiv zu sein, sondern aufmerksam zu betrachten, was geschieht, ohne etwas ändern zu müssen. Ich nehme auf, was ist, so wie es ist. Ich nehme wahr, wie sich ein entspanntes Lächeln auf meinem Gesicht ausbreitet.

Und was geschieht? Frau Lindig öffnet weit den Mund und wartet. Behutsam versuche ich, den Inhalt des Suppenlöffels im Mundraum zu platzieren, taxiere die Lage der Zunge, suche zwischen Zähnen und Wange ausreichend Raum in der Mundhöhle, um nicht zu viel Flüssigkeit hineinzuschütten, weil Frau Lindig sich sonst verschluckt. Bingo! Es klappt, sie schließt wieder den Mund. Ihr Gesicht entspannt sich. Lächelt sie? Ich glaube schon und lächle zurück. Ich entspanne, wage den nächsten Löffel, fokussiere mich ganz auf das Geschehen, denke nicht an vorher oder nachher. Frau Lindig scheint es zu schmecken. Ich freue mich. Einen halben Teller Suppe anreichen, dauert etwa eine dreiviertel Stunde. Doch dann: Frau Lindig kneift die Lippen zusammen, tiefe Furchen auf ihrer Stirn, sie windet sich im Stuhl, zuckt hin und her, Tränen fließen aus den Augen. Was ist geschehen? Habe ich etwas falsch gemacht? Hat sie Schmerzen? Panik ergreift mich. Ich versuche, zurück in den Moment zu finden, achte auf den Atem, auf den sanften Luftzug an meiner Nase. Vorsichtig nehme ich ihre Hand, vielleicht kann der körperliche Kontakt helfen. Zornig zieht Frau Lindig den Arm zurück und beginnt, nach mir zu hauen. Ihr Gesicht verzerrt sich zu einem tonlosen Schrei mit weit aufgerissenem Mund. Ich versuche, Ruhe zu bewahren, weiß, dass diese Stimmungsänderungen normal sind, versuche mit ruhigen Worten auf sie einzugehen. »Kann ich Ihnen helfen, Frau Lindig? Ich bin bei Ihnen.« Wieder gilt es, Leid und Schmerz mit etwas Gelassenheit auszuhalten und präsent zu bleiben. Und wenn ich es allein nicht schaffe, mir Hilfe zu holen. Was aber, wenn man allein ist als Angehöriger? Zurück auf den Atem, mit Achtsamkeit in den Moment gelangen und präsent bleiben. Frau Lindig beruhigt sich. Ich atme durch und hole mir Unterstützung von einer Pflegerin. Wir bringen Frau Lindig zurück in ihr Zimmer und helfen ihr ins Bett.

»Ich denke, also bin ich.«
DESCARTES

»Ich denke, also bin ich nicht.«
TICH NHAT HAN, BUDDHISTISCHER MÖNCH

In vielen Religionen und Kulturen finden sich Anleitungen zur Achtsamkeit, im Grunde ist diese eine universelle Übung. Der buddhistische Mönch Tich Nhat Han stellt das Ideal des Denkens in Frage. Wenn ich an die Ereignisse der Vergangenheit und meine Hoffnungen in der Zukunft denke, bin ich in meinen Vorstellungen gefangen und nicht präsent, nicht wirklich anwesend. Das bedeutet keinesfalls, das Denken abzuwerten. Auch guter Witz, der im Jetzt seine Wirkung entfaltet, lebt von intellektueller Brillanz. Achtsame Präsenz lässt das Grübeln für einen Moment verstummen, eine heilsame Distanz zu den Dingen finden, trotzdem bewusst und wach sein. In der Stille wächst Raum für Gelassenheit, für Freude und Mitgefühl. All dies stärkt auch den Sinn für Humor. Sobald man es unterlässt, eine Situation zu bewerten, wächst Raum für Empathie, Mitgefühl, Nähe zum Menschen. Wer im Moment verweilt, nimmt herausfordernde Situationen weniger persönlich. Dabei entstehen originelle Sichtweisen. Wer hingegen an seinen Konzepten, Wünschen, Hoffnungen, Erinnerungen etc. klebt, dem fällt ein Perspektivenwechsel weitaus schwerer. Und es funktioniert auch umgekehrt: Durch eine komische Situation, eine Bemerkung, einen Witz können Konzepte losgelassen und damit Achtsamkeit und Mitgefühl gefördert werden. Beim lustvollen Lachen gelange ich in den Augenblick, distanziere mich von belastenden Gedanken und gebe mich der freudvollen Entspannung hin. Grübeln und gleichzeitig lachen ist aber nicht möglich.

Wie sich Achtsamkeit anfühlt, lässt sich mit einer Rosine üben.

ÜBUNG: ROSINE

Nehmen Sie sich eine einzelne Rosine. (Wenn Sie Rosinen nicht mögen, können sie auch etwas anderes nehmen:

Traube, Cranberry, Walnuss. Doch die Abneigung gegen Rosinen ist auch etwas, das in die Achtsamkeitsübung einfließen kann.)

- Legen Sie die Rosine auf Ihre flache Hand, betrachten Sie die Frucht und nehmen Sie die Details wahr: Welche Farbe, Größe, Form hat sie?
- Fühlen Sie die Rosine, wie sie auf Ihrer Hand liegt, das Gewicht, den Kontakt mit Ihrer Haut.
- Welche Gefühle, Gedanken und Bilder entstehen? Vielleicht Erinnerungen an Situationen mit Rosinen, vielleicht aus der Kindheit? Versuchen Sie alles einfach wahrzunehmen, ohne zu werten.
- Woher stammt diese Rosine? Aus welchem Land? Welche und wie viele Menschen waren an ihrem Entstehungs- und Produktionsprozess beteiligt?
- Nehmen Sie die Rosine nun zwischen Zeigefinger und Daumen, fühlen Sie die Konsistenz. Wie weich oder hart ist sie? Welche Empfindungen entstehen?
- Riechen Sie an der Rosine. Welcher Duft steigt auf? Welche Gedanken und Gefühle entstehen?
- Legen Sie die Rosine auf Ihre Zunge, ohne sie zu kauen. Wie fühlt sich die Rosine nun an? Gibt es schon einen Geschmack?
- Beginnen Sie langsam zu kauen, zunächst nur ein Mal und spüren Sie dann nach. Welcher Geschmack entfaltet sich? Süß, herb, würzig?
- Kauen Sie die Rosine nun mehrmals langsam und schmecken sie.
- Machen Sie eine Pause ein. Welches Gefühl, welcher Geschmack entfaltet sich?
- Schlucken Sie die Rosine. Wie fühlt sich das an in der Speiseröhre, im Magen? Welcher Geschmack bleibt im Mund?

Diese Übung kann eine kleine Erleuchtung sein, denn sie offenbart Dimensionen, die uns sonst verschlossen bleiben. Nicht nur eine Rosine ist viel mehr, als sie auf den ersten Blick zu sein scheint. Es hilft ungemein, sich darin zu üben, im Moment zu verweilen, sich frei und leer zu machen, um empfangen zu können. Wenn mir dies gelingt, werde ich mit einer Gelassenheit und Leichtigkeit belohnt, die oft ganz automatisch zu einem Lächeln führt. Dem Humor steht das verbissene Wollen entgegen, Zulassen hingegen eröffnet den Raum für eine gelassene Betrachtung der Welt. Achtsamkeit zu üben, ist Selbstfürsorge.

Aber es fällt schwer, die Aufmerksamkeit für mehrere Minuten auf ein Objekt zu richten, ohne abzuschweifen. Im Buddhismus spricht man von Affengeist. Wie ein Affe springt der Verstand von einem Gedanken zum nächsten, hangelt sich durch den Dschungel. Und Affen wollen festhalten. In Australien und in anderen Ländern gibt es eine besondere Technik, Affen zu fangen. Dazu sucht man sich einen Baum mit einem Astloch, das so klein ist, dass gerade eine offene Affenhand hineinpasst. Die Jäger legen eine Nuss in das Astloch. Wenn ein Affe die Nuss entdeckt, greift er hinein und packt die Nuss. Dadurch wird seine Hand zur Faust, die nicht mehr durchs Astloch passt. So steckt das Tier fest. Es müsste nur loslassen, dann wäre es frei. Aber der Affe will die Nuss behalten und so können die Jäger die Affen wie reife Früchte »pflücken«.

In der Begleitung von Menschen am Lebensende ist von entscheidender Bedeutung, die Faust, also den Geist und das Fühlen zu öffnen, um sich zu befreien. Dann sehen wir nicht nur den Zorn, die Depression, die Trauer, die vergebliche Hoffnung in den verschiedenen Sterbephasen; wir sehen nicht nur sieche Körper oder den für uns verwirrten Geist eines Menschen, die uns Angst machen. Durch achtsame Betrachtung erweitert sich der Wahrnehmungs-Raum, was konkret bedeutet, dass wir in der Lage sind, einen Menschen komplexer wahrzunehmen: Das gelebte Leben, seine Wünsche, Träume, Ängste, Hoffnungen, Freuden, den Moment, vielleicht etwas Unzerstörbares, Gottgleiches im Menschen. Achtsamkeit und Humor sind Ressourcen, die sich gegenseitig positiv beeinflussen. Beide schaffen Raum, wenn es eng wird, beide suchen nach einem Ausgleich, nach einem Weg der Mitte und helfen, die Balance zu finden. Humor ist wie ein Freund, der uns bei einem lebenslangen Lernprozess begleitet, bei dem wir immer wieder scheitern, uns blamieren und von vorne beginnen. Dies bedeutet auch, das Scheitern und die damit verbundene Hilflosigkeit anzunehmen. Humor hilft mir, Distanz zu bewahren und nicht gleich auf Provokationen zornig zu reagieren oder auf Verheißungen euphorisch. Humor funktioniert wie ein Airbag, der mich beim Zusammenprall abfedert.

»Mein Meister hatte Recht, als er sagte, ich solle nachts in keine Bar gehen, weil ich dort sonderbare Dinge sehen würde, die ich nicht sehen sollte. Aber ich bin natürlich doch gegangen.«
»Und was hast du gesehen?«
»Meinen Meister!«

Wenn Achtsamkeit allerdings zum Dogma erhoben wird, zur ultimativen Methode, geht das Leichte und Spielerische verloren. Und manchmal funktioniert es eben nicht, achtsam zu reagieren. Das gehört dazu. Selbst dabei ist Humor hilfreich, denn er ermöglicht eine spielerische Distanz zu sich selbst, sodass man über sich selbst, die momentane Unachtsamkeit und über seine Ansprüche lachen kann. Das hilft, die Praxis der Achtsamkeit nicht bierernst zu nehmen. Deshalb darf und muss Humor auch unachtsam sein.

Witze können wehtun und wach machen, uns aus der Komfortzone herausholen. Zynischer Witz hebelt durch eine paradoxe, verblüffende Sichtweise das Denken aus und macht unter Umständen den Adressaten sprachlos. Deshalb spricht Sigmund Freud ja auch vom Witz als einer Verteidigungswaffe der Wehrlosen.

HUMOR-INSTRUMENTE

»Fast überall wo es Glück gibt,
gibt es Freude am Unsinn.«
Friedrich Nietzsche

Haben Sie schon mal ein Furz-Kissen gedrückt, einen Lach-Sack geschüttelt, einen richtig blöden Witz zum Besten gegeben oder einfach mal so laut losgelacht? Alles unter Ihrem (Humor-) Niveau, sagen Sie? Ja, das ist verständlich. Ich erzähle auch lieber kluge Humor-Parabeln und scharfsinnige Witze. Allerdings ist das schade, denn so verpassen wir die Chance, albern zu sein, über unseren Schatten zu springen und mal was zu riskieren. Gerne erinnere ich mich an die Leiterin eines Palliativ-Pflegedienstes, die beim Humor-Workshop ernst und vernünftig daherkam. In der Pause, in der sie sich unbeobachtet fühlte, griff sie sich das kleine grüne Furzkissen, drückte es begeistert und amüsierte sich köstlich über das Furzen. Glücklicherweise gibt es eine breite Palette von Humor-Hilfsmitteln und Werkzeugen, sodass jeder etwas findet, um damit seinen ganz persönlichen Sinn für Humor zu entdecken und zu trainieren. Statt von Werkzeugen kann man auch von Humor-Instrumenten sprechen, was den spielerischen Charakter betont. Humor-Instrumente unterstützen dabei, Humor praktisch einzusetzen.

Einige Ressourcen und Fähigkeiten, die es uns wesentlich erleichtern, auf den Humor-Instrumenten zu spielen, haben wir bereits näher beleuchtet:

- Die Erkenntnisse aus der Gelotologie über das Lachen: Mit dem »Humor-Know-how« über die positiven und negativen Wirkungen von Lachen und Humor senken Sie die Hemmschwelle für Heiteres und motivieren sich, den eigenen Sinn für Humor zu trainieren und zu schärfen. »Wissen ist Lacht!«
- Trainieren Sie eine achtsame und empathische Haltung und der Raum für Humor wird sich weiten.
- Schaffen Sie eine humorvolle Atmosphäre – so sorgen Sie für die Wertschätzung von Freude und Lachen und fördern insbesondere Offenheit für Situationskomik.

Die Anwendung verschiedenster Humor-Instrumente hilft Angehörigen und Pflegenden bei der Begleitung von Menschen am Lebensende und führt wie bei einem Orchester zu einem speziellen Humor-Klang. Natürlich ist es auch möglich, Humor-Instrumente für sich selbst anzuwenden. Jedes Instrument hat einen anderen Sound und eine spezielle Wirkung, die Sie jeweils zur Situation und Alters- und Zielgruppe auswählen können. Zunächst hilft es, die verschiedenen Möglichkeiten kennenzulernen. Vieles, wie Wortspiele, Scherze oder Witze, setzen wir im Alltag intuitiv ein. Humor-Instrumente ergänzen das bereits vorhandene Spontane, indem wir ihren Einsatz planen. Man kann mit ihnen experimentieren und den eigenen Humor-Klang finden. Wie beim Musik-Machen gilt, long life learning, immer wieder üben – es kann nämlich auch schräg klingen oder daneben gehen. Das gehört dazu. Und natürlich sind Humor-Instrumente ein Angebot und kein »Muss«.

Versuchen Sie stets, auch die eigenen Bedürfnisse wahrzunehmen. Suche ich vielleicht das Lachen, weil ich Leid und Trauer des Sterbenden nicht aushalte und mich in die Freude begebe, vielleicht flüchten möchte? Unterbinde ich durch mein Bedürfnis nach heiterer Stimmung das Bedürfnis zu trauern? Der Wunsch nach Ablenkung und Freude ist völlig legitim. Als Begleitende haben Sie das Recht, ich würde sogar sagen, die Pflicht, auf Ihre Bedürfnisse zu achten und gut für sich zu sorgen – natürlich mit Blick auf das Wohl des anderen. Dies kommt Ihnen und dem Menschen zugute, den Sie begleiten. Gerade nahe Angehörige müssen die Selbstfürsorge oft erst lernen, da sie von sich eine aufopfernde Haltung gegenüber dem Sterbenskranken verlangen – und diese vom Kranken selbst, anderen Familienmitglieder, Ärzten oder der Gesellschaft auch erwartet wird. Es liegt auf der Hand, dass Bedürfnisse und Stimmungen der Begleitenden nicht immer im Einklang mit jenen des Begleiteten stehen. Deshalb ist es hilfreich, die eigenen *Gefühle und Gedanken wahrzunehmen. Dann* fällt es leichter, Diskrepanzen festzustellen und sich zu entscheiden, ob man sich zurücknehmen oder den eigenen Bedürfnissen den Vorrang geben möchte.

HUMOR-INSTRUMENTE

KOMMUNIKATION:
- Fragen, die Freude, Lachen, Humor thematisieren.
- Humorvoller Kommentar (z.B. Wortspiele, Unter- oder Übertreibung, paradoxe Intervention).

HUMORVOLLE GESCHICHTEN: Witze, Erzählungen, Parabeln, Gedichte, Aphorismen, Cartoons, Fotos, Filme.

SPIELE: Gesellschaftsspiele, Geschicklichkeitsspiele, Sudoku, Kreuzworträtsel, Computerspiele, Bewegungsspiele, Tanz etc.

HUMOR-FIGUREN: Kuscheltiere, Puppen, Engelsfiguren, Figuren wie z.B. der lachende Buddha.

HUMOR-ARTIKEL: Furzkissen, Lach-Sack, Smileys, Perücken, übergroße Brillen, bunte Servietten, Luftballons, Totenköpfe etc.

MUSIK: löst freudvolle Erinnerungen aus, animiert zum aktiv werden.

KLEIDUNG: Rote Nase, bunte Kleidung.

EINRICHTUNG: Farben von Bettwäsche, Dekoration von Flur, Zimmer etc.

LÄCHELN UND LACHEN.

TAGEBUCH: persönliches Humor-Notizbuch, Humor-Tagebuch für Mitarbeiter.

Im Anfang war das Wort, man kann auch sagen, die Kommunikation. Ein wunderbares Humor-Instrument ist ganz einfach: Einfach mal nach Freude, Humor und Lachen fragen! Um die Wirkung zu erfahren, kann man sich erst mal selbst interviewen. Was ist mein ganz persönlicher Sinn für Humor, mein ganz persönlicher Humorfingerabdruck? Dabei hilft die Humor-Anamnese.

ÜBUNG: HUMOR-ANAMNESE

Die eine liebt den Slapstick-Humor von Mr. Bean, der andere den feinen Wortwitz von Loriot. Der eine genießt makabre Komik, die andere jüdische Satire. Wobei sich das alles nicht ausschließen muss. Anamnese kennt man vom Arzt oder Psychologen, die uns befragen. Die Humor-Anamnese lässt sich alleine machen oder auch zu zweit. Befragen Sie sich gegenseitig. Falls Sie sie lieber allein machen, befragen Sie sich selbst.

Nehmen Sie sich also etwas Zeit, Papier und einen Stift und beantworten Sie einige oder vielleicht sogar alle der folgenden Fragen. Sie werden sehen, es lohnt sich.

HUMOR-BIOGRAFIE:

- Welche Rolle spielte Humor in meiner Familie, in der ich aufgewachsen bin? Worüber lachte meine Mutter, mein Vater, meine Oma, mein Opa, meine Schwester, mein Bruder?
- Worüber habe ich im Kindergarten gelacht? Welche Witze fand ich gut? In der Grundschule? In der Pubertät?
- Worüber habe ich mit meinen Freunden/Freundinnen gelacht?
- Habe ich mich gerne über jemanden lustig gemacht? Wie habe ich mich dabei gefühlt?
- Hat sich jemand über mich lustig gemacht?
- Welche Spiele habe ich gerne gespielt?
- Worüber habe ich als junger Erwachsener gelacht?
- An welche Situation kann ich mich erinnern, in der ich über mich selbst lachen konnte?
- Hat sich mein Sinn für Humor verändert?

WELCHEN SINN FÜR HUMOR HABE ICH?

- Wie oft lache ich?
- Wann habe ich zum letzten Mal so richtig gelacht?
- Wie fühle ich mich, wenn ich lache?
- Worüber kann ich mich so richtig freuen?
- Welcher Witz gehört zu meinen Lieblings-Witzen?
- Wann habe ich das letzte Mal gespielt – und was?
- Welche/n Komiker (Comedian) mag ich? Welche mag ich nicht?
- Welche Dinge, Personen oder Tiere bringen mich zum Lachen?
- Mache ich mich gerne über etwas/jemanden lustig?
- Macht sich jemand über mich lustig, lacht über bestimmte Eigenschaften von mir?
- Wie fühle ich mich dabei?
- Welche Art von Humor mag ich? Und welchen Humor nicht?
- Welche negativen Seiten von Humor habe ich bereits erlebt?
- Wann ist mir das letzte Mal der Humor so richtig vergangen?
- Worüber kann ich mich so richtig aufregen?
- Wie hilft mir Humor, Probleme besser zu bewältigen?

Fallen Ihnen noch mehr Fragen ein?

Wenn wir diese Übung bei Humor-Workshops machen, erlebe ich erstaunliche Wirkungen. Leute, die von sich behaupten, dass sie überhaupt keinen Humor besitzen, staunen darüber, dass sie als Kind ja doch gerne und viel gelacht, dies aber völlig vergessen haben. Die Erinnerung hilft, den Sinn für Humor neu zu entdecken.

Einer Antwort kommen Sie näher, wenn Sie in sich hineinhorchen: Wie würden Sie empfinden, wenn jemand Sie zu Ihrem Humor befragt? Die Fragen vermitteln das Erlebnis, wie kräftigend es ist, sich an Freude und Lachen zu erinnern; und dienen einem besonderen Blick auf die eigene Biografie.

ÜBUNG:

Versuchen Sie sich vorzustellen, Sie liegen im Bett, fühlen sich schwach, mutlos, deprimiert. Jemand kommt, der Ihnen beisteht.
Welche Fragen würden Ihnen helfen, sich an die freudvollen Momente in Ihrem Leben zu erinnern?

Ich besuche Herrn Schneider, Anfang achtzig, in einem Pflegeheim. Wie ich vom Pflegepersonal erfahre, war er Preisboxer, ist oft allein, sein Sohn kommt nur selten. Seine Frau ist bereits verstorben. Sonst hat er niemanden. Ich sitze neben seinem Bett und höre zu, spüre Verzweiflung und Hoffnungslosigkeit. Er erzählt, dass er Schmerzen habe, dass er unendlich traurig über den Tod seiner Frau sei, dass das Leben nichts mehr zu bieten habe. Dies formuliert er in einem Reim: »Das Leben hat doch keinen Sinn. Der Körper, der ist hin.« Dies ist bitter und hat keinen Anflug von Humor oder Leichtigkeit. Herr Schneider zeigt Anzeichen, die für eine Phase der Depression sprechen. Dies gilt es zu wahrzunehmen, auszuhalten und dabei zu signalisieren, ich bleibe bei dir. Vordergründiges Aufmuntern und Trösten würde den Schmerz nicht mildern. Da sich bei Depression, bei Wut und Zorn die Weise, die Welt zu sehen, zu einem Tunnelblick verengt, ist es hilfreich, die Perspektive zu erweitern. Ich frage Herrn Schneider, wie das denn so war mit dem Boxen, ob er sich daran erinnern könne, wie er sich über einen Sieg gefreut habe. Keine Antwort. Nach einer Pause frage ich weiter: »Aber wie ich höre, Sie reimen gerne.« Er nickt, überlegt: »Wissen Sie, wer der erste Kellner war?« Ich schüttle den Kopf. »Der liebe Gott, denn in der Bibel steht: Der Herr kommt mit Brausen.« Ich lache und hake nach: »Den Humor haben Sie aber behalten, Herr Schneider.« »Muss ja. War Jesus verheiratet? Ja, denn es steht geschrieben: Er ging in die Wüste und eine lange Dürre folgte ihm ...« Ich lache wieder und nun lächelt Herr Schneider mit. Ich fühle, wie in der Schwere ein bisschen mehr Leichtigkeit entsteht und wie dies Herrn Schneider gut tut. »Worüber können Sie denn noch so lachen?« Er überlegt. »Früher?« »Vielleicht mit ihrer Frau?« »Na klar, wir haben viel zusammen gelacht!« Nun hellt sich sein Gesicht auf und er erzählt ...

Wenn ich Menschen im Hospiz, in Pflegeheimen oder zuhause besuche, versuche ich, meine Vorstellungen loszulassen und innerlich dorthin zu gehen, wo sie sich gerade befinden. Menschen zu begleiten, heißt, präsent zu sein. Oft erlebe ich, dass Gedanken und Gefühle sehr auf das Leid gerichtet sind, Zorn oder Depression sind die Folge. Dies ist weder gut noch schlecht, es sind Phasen, die wir bei Krankheit und Sterben durchlaufen. In einem der vorangegangenen Kapitel haben wir die Sterbephasen beleuchtet, die von Elisabeth Kübler-Ross formuliert wurden: 1. Nicht wahrhaben wollen. 2. Zorn. 3. Verhandeln. 4. Depression. 5. Akzeptanz. In jeder Phase findet sich, wie wir hörten, ein unterschiedlicher Sinn für Humor und damit eine andere Bereitschaft, zu lachen. Bei der Anwendung von Humor-Instrumenten ist das Wissen um diese Phasen hilfreich, auch wenn es sich nur um ein Modell handelt. Menschen überspringen Stufen, durchlaufen einzelne mehrfach oder mehrere gleichzeitig. Doch das Wissen um die möglichen Phasen bereitet uns darauf vor, was auf uns zukommen kann: Verdrängung, Zorn, Depression, Trauer, aber auch Hoffnung, Freude,

Euphorie und Lachen. Zur Begleitung gehört die Wahrnehmung aller Facetten der Gefühle.

Einfache Fragen helfen, von belastenden Gedanken abzulenken und den Blick auf die Freude zu richten, die verloren gegangen ist:

- »Ich sehe, dass Sie jetzt traurig sind. Mich würde interessieren: Worüber konnten Sie sich denn früher freuen und mal lachen?«
- »Was kann Sie denn zum Lachen bringen?«
- »Ist Humor wichtig für Sie?« Die meisten Menschen antworten mit ›Ja‹, was dazu einlädt, weiter zu fragen: »Welchen Humor mögen Sie denn? Welchen Humoristen?«

Menschen blicken am Lebensende auf ihren Weg zurück und sehen oft nur noch die negativen Seiten, ihr Versagen, die verpassten Chancen. Doch in jedem Leben lassen sich Erfolge und freudvolle Momente finden. Daran zu erinnern ist trostvoll und erleichtert das Loslassen. Nicht völlig im Leid zu versinken bedeutet nicht, die Trauer auszugrenzen. Die Situation muss angemessen sein, die Haltung der Empathie und Achtsamkeit darf nicht verloren gehen. Manchmal ist das Leid eines Sterbenden so massiv, dass die Angehörigen es kaum tragen können. Dann ist es hilfreich, trotzdem den Blick auf die Freude nicht zu verlieren und zur Selbstfürsorge freudvolle Momente für sich alleine zu suchen. Funktioniert die direkte Ansprache nicht, so lassen sich Fotos und Bildkarten einsetzen, beispielsweise von Dingen, die freudvolle Momente ansprechen: Naturbilder, ein gedeckter Tisch, lachende Menschen, Komödianten.

Es ist aber möglich, dass Freude, Lachen und Humor einfach kein Thema sein können. Dann geht es nicht darum, etwas zu erzwingen, sondern offen zu sein. Leicht wird es uns gemacht, wenn ein Impuls von einem Menschen am Lebensende selbst kommt und wir diesen aufgreifen können, beispielsweise eine freudvolle Erinnerung, eine humorvolle Bemerkung, ein Lächeln, sogar ein Witz. Hier können wir einhaken und das Thema Freude nicht als nette Randbemerkung aufnehmen, sondern durch Nachfragen vertiefen. Gut, wenn man dann selbst einen Witz auf Lager hat. Fotos und Fotoalben helfen, um eine Biographiearbeit der Freude anzuregen. Dabei kommt manchmal auch der Schmerz des Verlustes hoch, Lachen und Weinen liegen eben dicht beieinander. Es zeigt sich, wer Lachen und Freude zulassen kann, vermag auch Weinen und Trauer Raum zu geben. Deshalb sollten Begleitende sich Freude und Lachen erlauben und sie wertschätzen.

Ist solche Wertschätzung vorhanden, darf Humor durchaus auch zusammen mit einer gewissen Provokation geschehen:

INTERVIEW

»Ich setze Humor bewusst ein und versuche, den inneren Clown, das Spielerische, in mir zu finden. Zum Beispiel wenn ein Patient wütend wird, weil ich nicht schnell genug zu ihm kommen kann, widerspreche ich nicht. Das würde nichts bringen. Nö, ich gebe ich ihm Recht und antworte: ›Jawohl, so ein Sauladen hier! Ich will sowieso kündigen.‹ Das sage ich mit übertriebenem Ernst und einem nachfolgenden Lächeln. Das nimmt dem Patienten den Wind aus den Segeln. Er guckt mich verblüfft an und muss lachen, das sorgt für Entspannung, oftmals sogar für ein herzhaftes Lachen.«
CONNY, PALLIATIVPFLEGERIN

Damit kommen wir zu einem weiteren Humor-Instrument: Der bewusste Einsatz von humorvollen, manchmal absurden Begriffen, Antworten, Fragen, Bemerkungen. Da diese oft paradox, also auf den ersten Blick, widersinnig erscheinen, spricht man von paradoxer Intervention. Die oben zitierte Krankenpflegerin arbeitet damit, einem Patienten Recht zu geben, anstatt ihm zu widersprechen und dabei noch maßlos zu übertreiben. Die Bedeutung ihrer Worte übermittelte sie mit dem Klang ihrer Stimme, mit Mimik und Gestik. Sie spricht mit gespieltem Ernst »So ein Sauladen hier!«, um anschließend zu grinsen. Ein Signal, dass dies nicht ernst, sondern ironisch gemeint und ihre Absicht von Empathie und Mitgefühl bestimmt ist. Hierbei ist der Grat schmal und kann falsch verstanden werden. Doch Humor lebt auch von Herausforderung und verlangt Mut. Zwischen der Pflegerin und dem Patienten war offensichtlich ein Vertrauensverhältnis gewachsen, welches erlaubte, so zu kommunizieren. Zynischer Witz und Ironie ohne Empathie bewirken dagegen Abwehr und Distanz. Selbstverständlich muss trotz Humor-Intervention die Beschwerde des Patienten ernst genommen werden. Durch das gemeinsame Lachen ist eine entspanntere Verständigung möglich. Zusammen lässt sich besprechen, warum der Patient häufig das Gefühl hat, dass er zu lange auf Hilfe warten muss und wie man die Situation verbessern kann.

Absurde Kommunikation hilft, einen Humor-Bund zu schmieden, z.B. mit einem Ritual.

> »Ich stoße mit meinen Patienten gerne an, wenn sie ihre Tropfen bekommen. Dann sage ich Prost und trinke aus genau so einem kleinen Plastikbecher. Natürlich Saft! Das bringt uns immer zum Lachen.«
> ANDREA, KRANKENPFLEGERIN

Aus der ritualartigen Wiederholung bestimmter Worte und Situationen entsteht eine eigene Komik, wie die Pflegerin mit der Medizin beschreibt. Dies lässt sich x-mal wiederholen und bleibt trotzdem lustig. Ein bekanntes Beispiel ist der Rollator. Patienten sagen immer wieder: So, jetzt hole ich mal meinen »Rolls Royce« (oder »Ferrari«). Ein Gegenstand, der Gebrechen ausdrückt und für den man sich schämt, wird in ein wertvolles Gefährt umbenannt und kann dadurch angenommen werden. Ein Scherz, der sich häufig zum running (rolling) gag entwickelt und immer wieder für Erheiterung sorgt. Als (Noch-) Gesunder darauf einzugehen und sich mitzufreuen, ist eine wichtige Fähigkeit, die ein freudvolles Wir-Gefühl herstellt.

DEMENZ – IMMER MAL WAS NEUES

Arzt: »Sie haben Krebs und Sie haben Alzheimer.«
Patient: »Na, Gottseidank kein Krebs.«

Meine Mutter sitzt am Esstisch und fragt mich grinsend: »Wie geht es denn deiner Mutter?«
Ich bin ziemlich erstaunt und lächle erst mal zurück in einer Mischung aus Verlegenheit und Überraschung. Ich bin aber auch

herausgefordert. Die Situation ist komisch – im doppelten Wortsinn. »Ich glaube, prima!«

Sie nickt und lacht: »Na, dann ist gut!«

Nach kurzer Überlegung erwidere ich: »Aber ich bin doch dein Sohn!«

Sie überlegt, nickt und meint dann verschmitzt: »Das stimmt, aber deshalb bin ich noch lange nicht deine Mutter!«

Ich muss lauthals lachen, das ist einfach zu komisch. Und sie lacht auch. Ist das eine unbewusste Andeutung, dass ich etwa adoptiert bin? Ich weiß es bis heute nicht. Ich fühle mich mit meiner Logik völlig ausgehebelt. Bei genauerer Betrachtung lachen wir wahrscheinlich aus unterschiedlichen Gründen. Ich lache, weil ich ihre Antwort so absurd finde. Und sie lacht vielleicht, weil ich lache. Wer weiß? Auf jeden Fall lachen wir gemeinsam und haben Spaß. Den Sinn im Un-Sinn finden, das wunderbare Gefühl der Gemeinsamkeit und Nähe durch Zulassen des Paradoxen ist ein wichtiges Humor-Instrument.

Doch die gute Stimmung hält nicht lange an. Schon einige Minuten später wird meine Mutter ungehalten, denn in ihrem Bett tummeln sich abertausende Milben. Die Schwester meiner Mutter, die Krankenpfleger und ich können nichts entdecken, doch das beruhigt meine Mutter nicht. Es jucke sie am ganzen Körper, sie habe Angst. Dann beginnt sie zu husten, weigert sich, ins Bett zurückzukehren. Alles Argumentieren hilft nicht. Wut, Zorn, Tränen sind die Folge. Es bleibt nur eines: Den Kammerjäger benachrichtigen. Kaum ist er da, hat er eine Lösung parat, versprüht im ganzen Zimmer eine dampfende Substanz, die, wie er betont, allen Viechern den Garaus mache. Wir fürchten, dass alleine dieses Zeug meine Mutter umbringen könnte (und uns dazu). Aber meine Mutter ist höchst zufrieden, bewohnt wieder ihr Bett und es tritt Ruhe ein. Nichts juckt mehr. Was versprüht der Kammerjäger? Gift? Nein, Wasserdampf. Denn diese Angst, die ja absolut real ist, ist ihm wohlbekannt. Und so zieht er von

Wohnung zu Wohnung und verteilt Wasser. Eine Rechnung gibt's trotzdem.

Das Ganze ist also ein Fake, eine glatte Lüge. Darf man das als Begleiter? Ich meine, schon, denn in diesem Fall half es meiner Mutter, wieder ruhiger zu schlafen. Und es zeigt, was in der Begleitung von demenzkranken Menschen absolut notwendig ist: Flexibilität, Geduld und – Gewitztheit, die Fähigkeit, eine ungewöhnliche und oft humorvolle Lösung zu finden, wenn rationale Erklärungen den betreuten Menschen nicht mehr erreichen. Das gelingt nicht oft, denn leider ist bei Demenz auf Seiten der Angehörigen oft Schluss mit lustig.

An Demenz stirbt man nicht, aber häufig begleitet sie das Sterben. Demenz bedeutet eine Einschränkung geistiger Fähigkeiten, z.B. der Gedächtnisleistung oder des logischen Denkens, woraus eine Veränderung der Persönlichkeit resultiert. Demenzartige Symptome wie Orientierungslosigkeit, Ängste und Persönlichkeitsveränderungen zeigen sich auch bei anderen Erkrankungen, wie Alzheimer, Parkinson, ALS, MS, bei einem Hirntumor sowie bei der Verabreichung von Medikamenten wie Morphium, die im Hospiz an der Tagesordnung sind.

Schlagzeilen machte das Schicksal des Tübinger Professors für Rhetorik Walter Jens. Die Demenzerkrankung veränderte ihn derart, dass seine Ehefrau Inge Jens sagte, das sei nicht mehr der Mann, den sie geheiratet hätte. Doch sie fügte hinzu: »Ich musste lernen, zu akzeptieren, dass meinem Mann heute ein Wurschtweckle ausreicht und ihm genau so viel Freude bereitet, wie früher ein Gedicht von Hölderlin oder eine Erzählung von Thomas Mann. Warum auch nicht?« Die Kommunikation, die wir im Alltag gewohnt sind, funktioniert mit Dementen nur noch bedingt. Emotionen und Stimmungen gleichen Wetterumschwüngen. Ohne jede Vorwarnung entstehen Aggressionen, die wieder verfliegen, als sei nichts gewesen. Für viele Menschen ist Demenz der blanke Horror, denn die Welt scheint auf den Kopf gestellt und ihren Halt zu verlieren. Für Angehörige ist es ein Schock, von ihren Verwandten nicht mehr erkannt werden.

Dem eremitierten Professor für Geriatrie Rolf D. Hirsch zu Folge wird etwa die Hälfte der in Familien betreuten dementen Menschen Opfer von Gewalt. Ursache dafür ist die Überforderung der pflegenden Angehörigen. Die meisten haben keine Ahnung, was auf sie zukommt, wenn sie die Pflege eines dementen Menschen zu Hause übernehmen. Sie leben dann z.B. nur noch für ihre Eltern, vernachlässigen ihre Sozialkontakte, haben mit Schuldgefühlen, mit Burnout zu kämpfen. Aggressionen, Schlaflosigkeit und Persönlichkeitsveränderungen des Erkrankten machen bei fortgeschrittener Demenz eine kompetente Betreuung rund um die Uhr notwendig. Irgendwann reißt der Geduldsfaden. Und auch in manchen Pflegeheimen wird aufgrund von Personalmangel nach dem Motto verfahren: Still, satt, sauber. Es ist also dringend notwendig, dass sich Pflegende zuhause und in Einrichtungen Hilfe organisieren, für ihre eigene psychische Stabilität sorgen, für Ausgeglichenheit und Gelassenheit.

Wenn wir bisher Kommunikation durch Humor-Instrumente in Gang gesetzt haben, so geht es jetzt darum, achtsam und humorvoll zu reagieren. Wenn die »normale« Kommunikation bei fortgeschrittener Demenz sich verändert, ebenso bei einem Hirntumor oder in der letzten Phase des Sterbens immer schwieriger wird, dann sind Offenheit und Kreativität gefragt. Antworten werden häufig symbolisch formuliert. »Jetzt hole ich meinen Koffer und dann verreisen wir«, ist ein Sinnbild für den letzten Weg, das es zu verstehen gilt.

Die Zeichen können aber sehr direkt sein: Als Herr Wilke, Ende dreißig, an einem aggressiven Hirntumor erkrankt und erblindet, mich bittet, für ihn den Sozialantrag auszufüllen, bin ich ratlos. Ich sage, dass ich das leider nicht könne, dafür die Sozialarbeiterin zuständig sei. Doch Herr Wilke lässt nicht locker, immer wieder fragt er nach dem Sozialantrag. Irgendwann kommt ein Krankenpfleger, ich frage ihn um Rat. Er grinst und sagt: »Herr Wilke will eine Fluppe, das nennt er Sozialantrag, manchmal heißt das auch anders.« Also reiche ich Herrn Wilke eine Zigarette, der sich sichtlich darüber freut. Er steckt sie in den Mund, ich zünde sie vorsichtig an und überwache sein Rauchen, damit im Hospiz nichts in Flammen aufgeht. Als Nichtraucher eine wunderbare Herausforderung. Und wenn Herr Wilke wieder etwas begehrt, egal, wie es heißt, hole ich erst mal die Kippen.

Erscheint Ihnen dieses Cartoon geschmacklos – und grinsen sie doch? Wenn räumliche und zeitliche Orientierung verloren gehen, Vergangenheit und Zukunft versinken, bietet das auch Vorteile (und dies ist nicht ironisch gemeint). Belastende Muster in Familien verlieren ihre Macht, weil manche Ereignisse einfach vergessen werden. Daraus ergeben sich Möglichkeiten, sich neu und unbelastet zu begegnen. Allerdings können auch gewisse Konflikte nicht mehr aufgearbeitet werden, weil einfach die Erinnerung an bestimmte

Situationen verloren geht. Vergesslichkeit beeinflusst entsprechend den Humor. Nach und nach werden gewohnte Witze und komische Widersprüche nicht mehr als lustig empfunden, dafür kommen neue hinzu, die oft von den ›Gesunden‹ schwer verstanden werden. Es entstehen neue, völlig überraschende Zusammenhänge:

Im Hospiz begrüßt eine demenzkranke Frau den Palliativ-Arzt mit den Worten: »*Guten Tag, Herr Pastor.*«
Der Arzt ist einigermaßen überrascht und antwortet: »*Guten Tag, Frau Müller, eigentlich bin ich hier der Arzt.*«
»*Alle Achtung*«, *antwortet darauf die Bewohnerin,* »*sind Sie aber vielseitig.*«

Witz und Ironie leben von der Fähigkeit, Widersprüche zu erkennen und diese als komisch, im Sinne von lustig, zu interpretieren. Diese Fähigkeit bleibt erhalten, verändert sich aber bei Demenz. Darum ist es wichtig, beim Umgang mit Demenzkranken diese Veränderung zu erkennen und zuzulassen. Manchmal wird einem das allerdings nicht leicht gemacht, wie folgende Geschichte zeigt: Die Beschäftigungstherapeutin eines Pflegeheims versuchte eine 80-jährige demente Bewohnerin dazu zu bewegen, an ihren Veranstaltungen teilzunehmen. Bisher hatte sich die ältere Dame hartnäckig geweigert. Die Mitarbeiterin hatte die Nase voll und sagte, dass sie nun alle denkbaren Ausreden gehört habe und keine mehr akzeptieren wolle. Daraufhin antwortete die alte Dame schelmisch: »Und was ist, wenn ich Ihnen sage, dass ich schwanger bin?«
Die Mitarbeiterin musste laut lachen, die Dame tat es ihr nach. Haben beide über den gleichen lustigen Widerspruch gelacht? Eher nicht, denn die alte Dame hielt es wahrscheinlich für möglich, dass sie schwanger werden könnte. Es hätte wenig Sinn gemacht, ihr das ausreden zu wollen. Das gemeinsame Lachen war trotzdem erlösend und stellte eine intensive Verbindung zwischen beiden her. Wichtig war, dass die Dame nicht das Gefühl vermittelt

bekam, dass sich jemand über sie lustig macht. Und immerhin ließ sie sich dazu bewegen, an der Therapiestunde teilzunehmen. Ähnlich wie in dem Film »Und täglich grüßt das Murmeltier«, in dem der Ablauf eines ganzen Tages immer wiederkehrt, kann dies auch im Umgang mit Demenzkranken geschehen. Da nützt es wenig zu antworten: Das habe ich dir doch gerade erklärt. Begleitende müssen sich darauf einrichten, dass Demente gewisse Fragen oft wiederholen. Als Begleitende können wir dann verschiedene Antworten ausprobieren, was amüsant sein kann.

Der Sinn für Humor bleibt bei den meisten Demenz- und Alzheimererkrankten lange erhalten. Manchmal wird er eben anders. Wie die meisten älteren Menschen können Demenzkranke herzhaft lachen und andere mit ihrer Heiterkeit anstecken. In jedem seelischen und körperlichen Zustand ist Lachen möglich. Pflegeforscher raten in diesem Zusammenhang, beizeiten Erinnerungen zu sammeln und festzuhalten, was einem Demenzkranken in der Kindheit Spaß bereitet hat. Das später anzusprechen, hilft, positive Emotionen zu wecken, die glücklich machen. Hierzu gehört natürlich die freudvolle Erinnerung an Musik.

TIPP

Legen Sie sich ein kleines Humor-Notizbuch an. Sammeln Sie Erlebnisse und Erkenntnisse über Humor, Freude und Lachen. Notieren Sie Witze, Wortspiele, Situationen. Wann, wo und worüber habe ich gelacht? Mit wem? Worüber lachen andere? Was finde ich gar nicht lustig? So ein Notizbüchlein wird zur Inspirationsquelle und zur tröstenden Kraft. Wenn Sie traurig sind, hilft ein Blick hinein und Sie erinnern sich an freudvolle Momente.

SCHERZ GEGEN SCHMERZ

»Jeder Witz ist eine kleine Erkenntnis.«
Arthur Schopenhauer

Sai Ong ist ein geschickter Pferdezüchter, doch eines Tages läuft sein schönstes Pferd davon. Alle Nachbarn bedauern Sai Ong und beklagen den Verlust.

Nur Sai Ongs Vater sagt: »Unglück? Wer weiß?«

Nach einigen Tagen kommt Sai Ongs Pferd zurück und mit ihm einige Wildpferde. Die Nachbarn beglückwünschen Sai Ong.

Sein Vater aber sagt: »Glück? Wer weiß?«

Als sein Sohn eines der Wildpferde zähmen will, wird er abgeworfen und bricht sich ein Bein. Wieder klagen die Nachbarn und sprechen von einem großen Unglück.

Der Bauer sagt: »Unglück? Wer weiß?«

Kurz darauf kommen die Soldaten des Kaisers, um junge Männer für den Krieg zu rekrutieren. Da Sai Ong sein Bein gebrochen hat, taugt er nicht für den Krieg und kann daheim bleiben. Die Nachbarn beglückwünschten Sai Ong und seinen Vater.

Dieser sagt: »Glück? Wer weiß?«
Und so weiter, und so weiter.

Diese Geschichte ist ein Klassiker des Daoismus und lebt von
einem sanften Humor, er erlaubt, die Dinge aus einer ungewohn-
ten Perspektive zu betrachten. So entstand das Sprichwort: »Sai
Ong verliert ein Pferd. Wer weiß, ob das kein Segen ist?« Sai Ongs
Vater ist durch schlechte Nachrichten nicht wirklich betrübt und
durch gute Nachrichten nicht übermäßig euphorisch. Er bleibt in
einer Balance, kann sich aber trotzdem freuen und traurig sein.
Aus solcher Distanz entstehen gelassene Freude, Heiterkeit und
die Erkenntnis: In jedem Unglück steckt der Samen für zukünfti-
ges Glück. Und in jedem Glück liegt der verdeckte Grund für zu-
künftiges Unglück. Das gilt auch für die letzte Phase des Lebens.

Diese Geschichte lese ich Frau Erhardt vor, einer Ur-Berlinern,
die über ein Jahr im Hospiz lebte und beim Fußball-Länderspiel
über den Gang brüllte: »Jetzt schieß doch endlich, du Flasche!«
Mit Buddhismus, Daoismus oder überhaupt Religion hat sie nichts
am Hut, trotzdem schätzt jeder die Weisheit dieser Frau, die früher
einmal ein Schreibwarengeschäft geführt hat. Sie geht von Zimmer
zu Zimmer, besucht ihre Leidensgenossen, hat für jede und jeden
ein gutes Wort. Wenn sie zwei Mitstreiter gefunden hat, wird im
Wintergarten Skat gespielt. Allerdings haben die Skatgruppen nie
lange Bestand. Die Geschichte von Sai Ong gefällt ihr, sie lacht und
sagt: »Ja, so isset! Glück oder Unglück, det weesste sowieso nie!«

Humorvolle Geschichten sind ein wirkungsvolles Humor-Instrument: Witze, Parabeln, Cartoons, Filme bieten einen reichen
Schatz an Weisheit und Trost, aber auch heilsame Provokation und
Herausforderung. Ihre Wirkung ist vielfältig, denn sie
• lenken ab vom schwermütigen Grübeln und von Schmerzen.
• bringen zum Lachen und sorgen für körperliche und geistige

Erholung. Lustvolles, freudvolles Lachen führt zu einer direkten Schmerzlinderung, was – wie schon berichtet – experimentell belegt ist.

- eröffnen originelle Sichtweisen und helfen so, leidvolle Lebenssituationen neu zu bewerten. Da Schmerz nicht nur die Folge einer körperlichen Verletzung oder Krankheit ist, sondern auch psychische Ursachen hat, beeinflusst eine neue Sichtweise die Verarbeitung des Schmerzes.

- verbinden Erzähler und Zuhörer. Gemeinsames Schmunzeln, Freuen, Lachen bauen Vertrauen auf und Ängste ab.

Natürlich müssen Humor-Geschichten zur Zielgruppe und zur jeweiligen Situation passen. Alter, Beruf, Hobbys spielen eine Rolle, sowie die Fähigkeit, Geschichten überhaupt zu verstehen und Freude daran zu haben. Wie bei allen Humor-Instrumenten muss man vorher in Erfahrung bringen, was geeignet ist.

Herr Michel, Ende dreißig, dreht den Spieß gerne um. Wenn ich ihn besuche, präsentiert er mir Storys, die er im Internet entdeckt hat: »Wissen Sie, was der neueste Abhörskandal ist?« Ich schüttle den Kopf. Stolz präsentiert er mir das Foto von einem Arzt, der mit einen Stethoskop einen Patienten abhört. »Habe ich mehrfach erlebt«, fügt er grinsend hinzu.

Der Philosoph Epiktet unterscheidet zwischen den Ereignissen und unseren Vorstellungen davon. Das ist eine wichtige Erkenntnis, denn Ängste wachsen aus unseren gedanklichen Entwürfen. Witze, Geschichten, aber auch Cartoons setzen neue Bilder für Bekanntes dagegen und sind deshalb wichtige Kraftquellen, die helfen, Krankheit und Sterben in einem größeren Zusammenhang zu betrachten. Genau deshalb haben Parabeln in allen Kulturen einen hohen Stellenwert. Mögen sie auch der Unterhaltung dienen, so sind sie trotzdem in erster Linie philosophische und religiöse Lehrgeschichten. Jeder Muslim kennt die Geschichten des weisen

Narren Nasreddin Hodscha, dessen Reden oft verstörend, doch von großer Weisheit ist:

Der große und ehrwürdige Sufi Mullah Nasreddin ritt einst auf seinem Esel durch Bagdad und galoppierte so schnell, wie das arme Tier ihn nur tragen konnte. Jedermann geriet in Aufregung, und das Volk stürzte auf die Straße, um herauszufinden, weshalb er so in Eile war. »Was suchst du Mullah?« schrie jemand. »Ich suche meinen Esel!«, antwortete Nasreddin.

Menschen jagen ein Leben lang ihrem Glück hinterher, ohne zu bemerken, dass es, wie der Esel in dieser Geschichte, längst bei ihnen ist. Natürlich erheitern auch selbst erlebte Geschichten. Besonderes Potenzial liegt in Missgeschicken, an die man zurückdenkt. Wer seinen Sinn für Humor entwickelt und gut pflegt, hat mehr Chancen, in Situationen mit negativem Stress seine Gelassenheit zu bewahren. Dazu gehört die Fähigkeit, sich von Gedanken und Gefühlen nicht überrollen zu lassen, also nicht unmittelbar mit Aggression oder Frust zu reagieren, sondern das Geschehen achtsam zu betrachten. Dann fällt es viel leichter, die Situation aus einem anderen Blickwinkel zu betrachten und schon entdeckt man neue, überraschende oder auch witzige Aspekte.

Über lustige Geschichten zu lachen hilft, mit Schmerzen besser umzugehen. Das Wissen über die Behandlung von Schmerzen hat sich in den letzten Jahren immens erweitert. Heute weiß man, dass eine multimodale Schmerztherapie, also die Kombination aus Medikation, körperlichen Übungen und seelischer Begleitung, die besten Resultate erzielt. In Kliniken, wie beispielsweise der Rehaklink Zurzach in der Schweiz wird Humortherapie bei der Behandlung von Schmerzpatienten seit Jahren eingesetzt. Lachen und Humor allein werden keine Schmerzen besiegen, bewähren sich jedoch als wichtige Bausteine in einer multimodalen Schmerztherapie.

So wie bei der 79-jährigen Frau Fischer, die in Zimmer 12 des Hospizes wohnt. Sie war Chefärztin in einer Klinik und hat jetzt weit fortgeschrittenen Darmkrebs mit Metastasen. Das Pflegepersonal tritt ihr mit Respekt gegenüber, denn Frau Fischer weiß sehr genau, was sie will und was nicht. Und wehe, man richtet sich nicht danach. Dann kann es schon passieren, dass sie ungebetene Besucher aus dem Zimmer weist. Als ich das erste Mal, etwas eingeschüchtert von ihrem Ruf, vorsichtig ihr Zimmer betrete, empfängt mich eine lächelnde Dame, die im Lehnstuhl am geöffneten Fenster sitzt. Sie trägt Wollmütze, Schal und Mantel, denn es ist tiefster Winter. In ihren Händen, die in dicken Skihandschuhen stecken, hält sie ein Buch, über dessen Inhalt sie schmunzelt. Fröstelnd frage ich, was sie da lese und lächelnd antwortet sie: »Ringelnatz. Immer wieder!«

Wie sich herausstellt, liebt Frau Fischer die Welt des Humors, aber intelligenter Humor müsse es sein, wie sie betont. Im Laufe der nächsten Wochen besuche ich sie regelmäßig, eingepackt in Schal, Wollmütze und Skianorak sitze ich bei ihr am geöffneten Fenster und trotze der eisigen Winterluft. Frau Fischer empfängt mich, einer Gräfin gleich, und lädt mich zu einem Glas besten Weins ein, den sie von ihren Arztkollegen geschenkt bekommen hat. Sie selbst genehmigt sich gerne auch zwei oder mehr Gläser. »Eine tolle Kombi zusammen mit dem Morphium«, schwärmt sie. Und ich lausche ihren Lesungen. Hier ist es mal umgekehrt, nicht ein Ehrenamtlicher liest vor, sondern sie rezitiert und das oft auswendig. Über humorvolle Geschichten gelangen wir zum Thema Sterben und Trauer und Frau Fischer sagte: »Vor dem Tod habe ich sowieso keine Angst. Nur vor den Schmerzen. Ich habe so viele Menschen im Sterben begleitet, habe meinen Großvater, meinen Vater, meine Mutter begraben. Dann werde ich es wohl auch hinkriegen! Ich weiß ja genau, was mir blüht. Ich gucke mir als Ärztin und Wissenschaftlerin ja selbst beim Sterben zu. Das hat was Faszinierendes. Ich wünsche mir nur, dass ich wenig Schmerzen haben werde.«

Gerne erzählt sie Geschichten, so z.B. die, wie sie als Oberärztin in ein Krankenzimmer stürmte, dabei aber eine Schranktür erwischte und in einen Stapel Wäsche rauschte. Dann lacht sie herzhaft und das Lachen übertönt das Piepsen der Schmerzpumpe, die regelmäßig Morphium appliziert. Sie zeigt auch beißenden Humor. Als eine Praktikantin ohne zu klopfen ins Zimmer stürmt, kommentiert Frau Fischer dies mit einem süffisanten Lächeln: »Sie haben wohl keine Türen zuhause.«

Zwei Tage vor ihrem Tod trägt sie mir folgendes Gedicht vor, auswendig:

An M.
Der du meine Wege mit mir gehst,
Jede Laune meiner Wimper spürst,
Meine Schlechtigkeiten duldest und verstehst –
Weißt du wohl, wie heiß du mich oft rührst?
Wenn ich tot bin, darfst du gar nicht trauern.
Meine Liebe wird mich überdauern
und in fremden Kleidern dir begegnen
Und dich segnen.
Lebe, lache gut!
Mache deine Sache gut!
Joachim Ringelnatz

Als sie das rezitiert, lächelt und weint sie gleichzeitig. Es hilft ihr (und mir) anzunehmen, was sich nicht ändern lässt. Ihr Wunsch geht in Erfüllung, sie stirbt friedlich und nahezu ohne Schmerzen.

Der Auswahl von humorvollen Geschichten, Cartoons und Filmen sind keine Grenzen gesetzt (im Anhang finden Sie eine kleine Liste). Wirkungsvoll sind Stilblüten, Aphorismen, Zitate etc. Und natürlich eigene lustige Geschichten von Missgeschicken. Sammeln Sie die Ereignisse im Humor-Notizbuch, dass sie nicht in Vergessenheit geraten. Über die eigenen Erlebnisse, über die Tragik des eigenen Lebens zu lachen, ist besonders erlösend. Auch dies lässt sich erfragen, z.B.: »Erinnern Sie sich an ein Missgeschick, das Ihnen passiert ist und worüber Sie heute lachen können?«

Selbst bei Sterbehilfe kann ein Witz noch trösten. Der Autor Steffen Küssner berichtet, wie er seinen Vater in die Schweiz begleitete. Dieser erkrankte mit 68 Jahren an ALS und entschied, selbstbestimmt zu sterben. In einem Zimmer in Bern sitzt die Familie nun zusammen, Ehefrau, Kinder, Enkel und die Sterbehelferin der Sterbehilfeorganisation »Ex International«. Herr Küssner wird noch einmal von einem Arzt besucht, der sehr langsam und sorgsam seine Untersuchung vornimmt. Ein typischer Berner eben, sagt Herr Küssner und fragt seine Familie, ob er noch mal den Witz von dem langsamen Berner erzählen soll. Wie soll man darauf reagieren, wenn einem der Vater kurz vor seiner Selbsttötung noch einen Witz erzählen will? Also: Ein Berner kommt ins Krankenhaus, weil er sich ein Bein gebrochen hat. Der Arzt fragt ihn, wie das passiert sei.

»Ich bin auf einer Schnecke ausgerutscht.« »Auf einer Schnecke, das ist aber ungewöhnlich! Haben Sie die denn nicht gesehen?« »Nein, das ging nicht.« »Wieso nicht?« »Sie kam so schnell von hinten.«

Herr Küssner lacht herzlich und seine Familie mit ihm. Er hat sich seinen Humor trotz der Krankheit bewahrt. Der Witz entspannt die fast unerträgliche Situation und nachdem er verklungen ist, weint Herr Küssner. Und alle mit ihm. Die Sterbehelferin reicht ihm das tödliche Getränk. Herr Küssner leert das Glas und stirbt.[19]

DIE LETZTE PARTIE

»Eine Stunde mit einem Menschen spielen,
erzählt mehr,
als einen Tag mit ihm reden.«

Er ist tot. Klar, im Hospiz stirbt man. Trotzdem tut es weh. Einmal pro Woche haben Herr Schneider und ich Schach gespielt und er hat meistens gewonnen.

Herr Schneider, Anfang achtzig, von Beruf Werkzeugmacher, ist ein feiner Mensch. Immer piekfein gekleidet erscheint er in der Gemeinschaftsküche zum Essen. In seinem Zimmer geht es ordentlich zu, Wecker, Brille, Fotos, Zeitschriften, Gläser, alles hat seinen genauen Platz. Schon Stunden vor meinem Besuch bei Herrn Schneider packt mich die Vorfreude auf unser Spiel. Bei den Partien muss ich allerdings wegen meiner Rückenschmerzen immer wieder vom Stuhl aufstehen. Dann lacht er und ruft: »Da sitzen aber zwei Krüppel zusammen.« Ich lache mit und vergesse für einen Moment meine Pein.

Sonst reden wir eher wenig. Wir spielen. Selbst eine Woche vor seinem Tod will er eine Schachpartie mit mir, obwohl der Pfleger Steffan sagt, heute würde er das nicht mehr packen. Aber er schafft es, sitzt im Sessel, die Beine bandagiert, die Schmerzpumpe auf dem Bauch und lächelt mich erwartungsvoll an. Aber wie soll ich spielen? Ich kann wohl kaum mit vollem Siegeswillen gegen einen Sterbenden antreten. Doch sich zu verstellen käme einer Lüge gleich. Was also tun? Mein Blick fällt auf eine eingerahmte Fotografie seiner Frau, die vor einigen Monaten verstorben ist. Sie lächelt und ich habe das Gefühl, als wolle sie mir sagen: Mach einfach! Nachdem Herr Schneider seinen Zug getan hat, nickt er ein. Ich bewege meinen Turm, wecke ihn und er fragt grinsend: »Was hast du gezogen?« Ich zeige auf meinen Turm und er überlegt, setzt eine Figur. Jeder Zug dauert lange, sehr lange. In den drei Stunden gewinnt er drei Mal hintereinander. Und ich habe mich echt angestrengt zu gewinnen.

Spielen ist ein wunderbares Humor-Instrument. Am großen Tisch im Wintergarten des Hospizes wird häufig gezockt, Kartenspiele, Mensch ärgere dich nicht, Monopoly, Scrabble. Spielen ist Ablenkung, Freude. Man lacht gemeinsam. Spielen kann verbissen und sehr humorlos sein, wenn es mit dem Ziel betrieben wird, unbedingt gewinnen zu wollen. Das führt zu Frust und Stress. Am Lebensende geht es aber den wenigsten darum, »Mensch-ärgeredich-nicht« zu gewinnen, sondern um die Glücks-Erfahrung. Wenn der Sieg Ansporn ist, aber kein Muss, dann spielt man um des Spielens willen, um Spaß zu haben und das Leben in diesem Moment zu genießen. Freudvolles Spielen erinnert an die schönen Momente der Kinderzeit. Natürlich bedarf es für die meisten Spiele geistiger Ressourcen. Solange diese vorhanden sind, ist es heilsam, den Spiel-Trieb zu aktivieren. Bei vielen Erwachsenen ist er verschüttet, insbesondere in der letzten Lebensphase. Als Begleitende sind wir aufgefordert, dann kreativ zu sein und Angebote zu machen. Am besten einfach nachfragen, was jemand früher gerne gespielt hat. Zum Einsatz kommen neben Brett- und Kartenspielen auch Mikado, Kreuzworträtsel, Sudoku, Puzzle, Ballspiele, Computerspiele.

Bewegungsspiele und Tanzen bringen gleichzeitig mit dem Körper auch unser Inneres in Bewegung – und damit den Sinn für Humor. Außerdem bietet körperliche Betätigung immer wieder Gelegenheit für Situationskomik. Auch im Bett lassen sich Bewegungen mit Musik ausführen. Gerade bei Patienten mit Demenz sind Bewegung, Lachen und Musik essenziell für das Zulassen und Erleben von Emotionen. Manche Menschen spielen gerne am Computer. Haustiere sind wunderbare Spielpartner, zum einen weil sie selbst verspielt sind, aber auch, weil sie ohne Worte mit uns kommunizieren und unsere Gefühle ansprechen. So fällt es leicht, sich ins Kind-Sein zurückzuversetzen, sich abzulenken und Spaß zu haben. Hunde, Katzen und Vögel sind ja auch deshalb so beliebt, weil sie Wärme und Mitgefühl ausstrahlen.

»In der Schweiz wurde ich nach dem Grundsatz erzogen: arbeiten, arbeiten, arbeiten. Du bist nur ein wertvoller Mensch, wenn du arbeitest. Dies ist grundfalsch. Halb arbeiten, halb tanzen. Das ist die richtige Mischung! Ich selbst habe zu wenig getanzt und zu wenig gespielt.«
ELISABETH KÜBLER-ROSS

Viele Hospizbewohner, sogar Männer, schätzen Plüschtiere. Ich erinnere mich an eine Bewohnerin, die mit Hingabe Pullover und Schals für ihre zahlreichen Teddybären strickte und bis zu ihrem Tod große Freude daran hatte. Im Bett einer anderen Bewohnerin lag eine große schwarz-weiße Stoffkatze, die zur innigsten Begleiterin wurde und nicht nur die Bewohnerin, sondern auch die Besucher zum Lächeln brachte. Kuscheltiere werden zu Gesprächspartnern, die Freude und Trost spenden. Häufig begegnet mir bei Patienten der »Lachende Buddha«, jener sympathische buddhistische Glücksbringer, meistens in glänzender Goldfarbe, kugelrund und lachend. Zum Spielen laden Humor-Artikel ein. Allerdings sind diese nicht jedermanns Sache. Furzkissen, Lach-Sack, Smileys, Perücken, übergroße Brillen, bunte Servietten, Luftballons, Totenköpfe etc. funktionieren ganz ohne Worte. Man kann sie aber nicht bei jedem Menschen anwenden und muss genau hinsehen, sonst geht die Sache nach hinten los. In meinem Humor-Fundus findet sich ein Skelett, das zu Musik mit den Hüften kreist, sich um die eigene Achse dreht und die Sense schwingt. Makaber? Auf jeden Fall – aber der Renner bei Workshops.

Auch ganz andere Dinge können Humorartikel sein. So berichtet der Clown und Schmerztherapeut Pello, der in der Rehaklinik Zurzach Humorgruppen anleitet, wie inspirierend eine Feder sein kann. Einem unruhigen Patienten reicht er eine Vogelfeder und ermutigt ihn, damit zu spielen: Die Feder fliegen lassen, damit sanft über die Hand, den Arm, das Gesicht streichen, in die Luft pusten, sich und andere kitzeln. Dies ist nicht vordergründig komisch, aber auf eine sanfte Art erheiternd und lustig, weckt Lust, lenkt ab vom grübelnden Denken.

Spielen hilft besonders Kindern, mit Sterben und Tod umzugehen. Der vierjährige Kevin zerrt an dem kleinen Modell-Fahrrad, das sein Vater in den Händen hält. Doch der will es nicht hergeben. Warum bloß? Papi ist doch sonst immer so lieb und spielt mit ihm, gut, in letzter Zeit nicht mehr so, da hat sich Papi irgendwie schlecht gefühlt. Aber trotzdem, was ist los? Kevins Mutter und

Oma kämpfen mit den Tränen, versuchen den Kleinen von seinem Vorhaben abzubringen. Kevins Bruder, der achtjährige Erik, sitzt verschüchtert auf einem Stuhl und weint still. Kevins Papi, Herr Michel, ist heute Nacht mit 39 Jahren an einem Hirntumor gestorben. Mit einem lachenden und einem weinenden Auge erinnere ich mich daran, wie er mir die Geschichte vom Abhörskandal mit Stethoskop erzählte, wie wir über witzige youtube-Videos gemeinsam mit seiner Mutter lachten. Nun liegt er in seinem Zimmer im Hospiz auf dem Bett, trägt ein weißes Hemd, lächelt friedlich, kreideweiß sind seine Finger, in denen das Fahrrad steckt. Die Ehefrau gab es ihm mit auf den letzten Weg, ihr Mann war begeisterter Mountainbiker. Doch Kevin gibt nicht auf, zieht weiter am Rad in den Händen seines Papis und bekommt es schließlich. Nun freut er sich und spielt damit, plötzlich fällt es herunter und zerspringt. Kevin weint herzzerreißend. Auf dem Boden kriechend, unter das Bett (auf dem der tote Herr Michel liegt) krabbelnd, suchen wir die winzigen Teile, bis alles gefunden ist. Kevins Mutter steckt das Plastik wieder zusammen, Kevins Gesicht hellt sich auf und nun findet er es doch eine gute Idee, es dem Papi zurückzugeben. »Damit kann er im Himmel Rad fahren«, sagt die Mutter. Kevin nickt. Danach sitzen die beiden Jungs im Wintergarten auf dem Boden und spielen quietschvergnügt mit ihren Modellautos.

Sind Kinder herzlos? Natürlich nicht. Nur: Je jünger sie sind, umso mehr leben sie im Augenblick. Sterben und Tod haben für sie eine andere Bedeutung als für Erwachsene. Und spielen hilft, sich abzulenken. Für sie ist der Tod nichts Endgültiges, er ist wie schlafen. Da Kinder vieles wörtlich nehmen, folgen logische Fragen: Gibt es im Himmel auch Nutella? Wie viele Menschen passen in den Himmel? Und fällt der Opa runter, wenn er so dick ist? Solche Fragen haben etwas Erlösendes, denn Erwachsene stellen im Grunde die gleichen Fragen, trauen sich aber nicht, sie auszusprechen. Wenn Kinder sterben, geht es nicht nur traurig zu, im Gegenteil, Leben und Lachen bleiben, bei allem Leid und Schmerz, bis zum letzten Moment erhalten. Eltern und Pflegekräfte äußern immer wieder, wie viel sie von Kindern zurückbekommen und für ihr eigenes Leben lernen durch den Lebenswillen, den Optimismus, den Glauben, durch die Freude, das Lachen und das Weinen.

> Oma macht sich fertig, um mit dem Rad wegzufahren. Fragt Klein Erna: »Wo fährst du denn hin?«
> »Zum Friedhof, mein Kind.«
> »Und wer bringt das Rad wieder nach Hause?«

Irgendwann geht eben jedes Spiel verloren oder zumindest zu Ende. Es war kein leichtes Sterben, wird mir vom Pflegeteam gesagt. Über ein Jahr war es Herrn Schneider trotz seiner Krebserkrankung im Hospiz recht gut gegangen. In den letzten Tagen hatte er aber trotz Morphium viel und laut geschrien. Als ich einige Tage nach unserem letzten Spiel in sein Zimmer komme, um zu schauen, ob vielleicht doch noch eine Partie drin ist, sitzt er schwer atmend auf der Bettkante. Ich begrüße ihn leise und sage, ich sei nun da. Er reagiert nicht, macht einen tiefen Atemzug. Leise verlasse ich das Zimmer. Einige Minuten später erfahre ich, dass er tot ist. Vielleicht habe ich seinen letzten Atemzug miterlebt.

Kurz danach sitze ich traurig im Mitarbeiterzimmer. Wie schnell doch eine Beziehung entsteht und wie groß die Leere nach ihrem Ende sein kann. Aber ich bin ja Sterbebegleiter und im Dienst, also sollte ich damit professionell umgehen. Da kommt Achim, ein Pflegepraktikant herein und wirft die laut ratternde Espressomaschine an. Im selben Moment ertönt die Klingel, ein Bewohner braucht Hilfe. Achim ruft genervt: »Mann, hat man denn in diesem Hospiz nie seine Ruhe? Das piepst ja wie bei Mc

Donald's, wenn die Pommes durch sind.« Ich muss laut lachen, schüttle mich geradezu, denn so etwas Absurdes habe ich hier auf Station noch nie gehört. Achim lacht mit, etwas überrascht, dass ich vor Lachen fast vom Stuhl kippe. Und so lachen wir gemeinsam. Das ist tröstend und tut so gut. Obwohl die Welt in diesem Moment voller Trauer ist, fühle ich auch so etwas wie Freude, dass Herr Schneider es geschafft hat. Tränen fließen, meine Trauer bleibt, aber sie bekommt ein Gegengewicht.

FAKE IT!

»*... until you make it!"*
Madan Kataria

Als die Teilnehmer des Lach-Yoga Kongresses auf fünfzehn Jahre Lach-Yoga Erfahrung zurückblicken, stellen sie fest: Viele der Lachenden sind mittlerweile verstorben. Nicht, weil sie besonders alt gewesen wären oder sich totgelacht hätten. Vielmehr waren sie zum Lach-Yoga gekommen, weil sie schwer erkrankt gewesen waren, sich aber entschieden hatten, das Lachen noch einmal zu lernen und zu üben. So wie Helga, mit der ich eine Lach-Yoga Gruppe in Berlin anleitete. An Brustkrebs und Metastasen erkrankt, lachten wir zunächst in einer Gruppe. Im Laufe der Monate ging es Helga schlechter, wir verlegten die Lach-Gruppe zu ihr nach Hause ins Wohnzimmer. Nach einigen Wochen war sie so schwach, dass sie nur noch auf dem Sofa liegen konnte, doch sie bestand darauf, dass die Gruppe weiter zusammenhielt. Dann guckte sie zu, lachte manchmal kurz mit oder lächelte. Und so lachten wir noch gemeinsam bis zu ihrem Tod. Und damit nicht genug, Helga verfügte, dass bei ihrer Beerdigung an ihrem Grab noch eine Lach-Yoga Übung gemacht werden sollte. Und so geschah es.

Herzhaftes Lachen ist ein wunderbares Humor-Instrument, steckt an und erfrischt. Warum es also nicht üben? Lach-Übungen helfen dabei, für sich selbst zu sorgen, sich zu stärken, führen zu körperlicher und geistiger Entspannung und Freude. Und sie verlangen nach der Fähigkeit, albern zu sein und sich selbst nicht allzu ernst zu nehmen. Viele finden Lach-Yoga deshalb anstrengend. Doch gerade diese Erfahrung für einige Minuten wieder kindlich sein zu dürfen, ist das Inspirierende. Lach-Yoga funktioniert besonders gut bei Menschen, die den Wert des Lachens mental und emotional für sich entdeckt und tief in ihrem Inneren verstanden haben. Lachen kann sozusagen einleuchten, als freudvolle, spirituelle, beglückende Erfahrung. Man taucht ein in den Augenblick und gibt sich dem Lachen hin. Wie bei einer Meditation tauchen Gedanken, Vorbehalte und Beurteilungen auf und verschwinden wieder.

»Lachen ist eine laute Kurzmeditation!«
DR. MADAN KATARIA, ARZT UND INITIATOR
DES LACH-YOGA

Als ich einen Lach-Yoga Workshop einer evangelischen Akademie mit Pfarrerinnen und Pfarrern anleitete, hatte ich meine Bedenken. Würden Hochwürden lachen? Die einfachen Lach-Übungen wie das verschämte Lachen funktionierten noch gut. Aber würde auch das Hühnerlachen klappen? Immerhin sollten die Teilnehmerinnen mit den Armen Flügel nachahmen und wie aufgescheuchte, gackernd-lachende Hühner durch den Raum rennen. Eine echte Herausforderung für Menschen, die gerne Würde ausstrahlen und die Kontrolle behalten wollen. Zwar hatten sich Priester beim Osterlachen im Mittelalter, als der Pfarrer wie eine Gans schnatternd durch die Kirche sauste und die Gemeinde zum

Ablachen brachte, so verhalten. Aber heute und das unter Kollegen?

Ich imitiere also ein Huhn, rase unter Aufbringung all meiner Kräfte wie ein Federvieh durch den Raum und staune. Nach anfänglicher Irritation brechen die Kleriker in begeistertes Gegackere aus, der enge Raum wird zum glucksenden Indoor-Gehege für lachende Diener Gottes. Einige hüpfen zum geöffneten Fenster und ich fürchte, sie versuchen, hinaus zu flattern. Aber alle bleiben drinnen und unverletzt und haben ihre göttliche Freude daran.

Lachen ist tiefes, erfüllendes Atmen. Lach-Yoga macht daraus ein Spiel. Beim Milchshake-Lachen wird beispielsweise das Lachen von einem imaginären Glas in das andere gegossen und wie ein Milch-Shake genossen. Beim Löwen-Lachen darf mit heraushängender Zunge und gespreizten Fingern gelacht werden. Eine besondere Herausforderung ist das Lachen über sich selbst, bei dem Lach-Yogis mit dem Finger auf sich zeigen und dabei in Lachen ausbrechen. Lach-Yoga und Yoga werden dabei miteinander kombiniert. Der Atem ist nach indischer Philosophie die Verbindung mit der Energie des Universums, Ausdruck des Prahna, des kosmischen Prinzips. Es gibt zahlreiche Weisen zu Atmen: Nasenatmung, Reinigungsatmung, Übungen zum Heben der Lungenflügel, Zwerchfellatmung, Bauchatmung und so weiter. Für das Lach-Yoga muss man diese Atemtechniken nicht erlernen, einige werden beim Lachen ganz automatisch ausgeführt. Lach-Yoga ist somit eine Schulung der Atmung, insbesondere der schnellen Zwerchfellatmung.

Ein anfangs künstliches Lachen stimuliert das emotionale Potenzial des Übenden so lange, bis er aufgibt oder – sich herzhaftes Lachen einstellt, eine Form von Rückkopplung. Die Idee des Lach-Yoga beruht auf der Annahme, dass der Körper nicht zwischen einem künstlichen und echten Lachen unterscheiden kann. Also wird solange absichtlich gelacht, bis daraus freudvolles Lachen entsteht, eben: »Fake it, until you make it«, »Tu' so als ob, bis es echt wird.« Dazu braucht es keine Witze, weshalb Lach-Yoga ein »Lachen ohne Grund« ist. Das Lachen kann sich allein durch Motorik und Emotionen einstellen, ohne Nachdenken über einen Witz. Wichtig ist dabei, dass die Teilnehmer im Lachen visuell und akustisch miteinander Verbindung aufnehmen. Beim künstlichen Lach-Gesicht stimulieren die Gesichtsmuskeln Akkupressurpunkte und Nervenbahnen, welche Signale an das Gehirn senden. Das Gehirn folgert: Das Gesicht meines Körpers befindet sich in einer lachenden Form, also könnte da etwas lustig sein. Natürlich funktioniert das nicht immer und bei jedem, aber doch immer wieder. Es braucht nur die Entscheidung: Ich will lachen. Damit werden Menschen aktiv, die sich sonst eher in der Opferrolle sehen. Schon das willkürliche Lachen bringt Spaß, lässt tiefer atmen, belüftet die Lungen und entspannt. Wenn dann noch der Spaß dazu kommt, umso besser. Mittlerweile wird Lach-Yoga erfolgreich in Krankenhäusern, Pflegeeinrichtungen, Reha-Kliniken, Palliativ-Stationen und Hospizen angeboten, zur Erholung und Freude von Patienten, Angehörigen und Mitarbeitern. Weltweit werden rund 6000 Lach-Clubs gezählt. Z.B. auch in Israel, wo Juden, Christen und Muslime gemeinsam lachen. Beim Weltlachtag an jedem ersten Sonntag im Mai wird weltweit gemeinsam für drei Minuten gelacht. Die besondere Herausforderung liegt darin, seine Konzepte für einige Minuten fallen zu lassen und Albernheit zulassen zu können. Wenn das gelingt, dann ist Lach-Yoga ein großes Vergnügen, das trainiert und entspannt.

ÜBUNG: BUDDHA-LACHEN

Eine wunderbare Atemübung, verbunden mit Lächeln oder
Lachen. Stellen Sie sich aufrecht, die Füße hüftbreit ausein-
ander. Hände in Bauchhöhe ineinander legen.
Führen Sie die Hände nach oben, dabei tief durch die Nase
in den Bauch atmen.
Die Arme strecken, die Hände ganz hoch bis über den Kopf.
Nun die Hände wie Engelsflügel nach außen führen und da-
bei durch den Mund ausatmen. Das Ausatmen mit einem
Lachen verbinden. Leise oder laut, intensiv, zart, je nach
Stimmung und Laune.
Das Buddha-Lachen lässt sich in der Gruppe, aber auch
wunderbar alleine machen. Einfach mal so als Lach-Snack
zwischendurch.

ZITRONELLA UND CARBONARA

»Ertrage die Clowns!«
Joachim Fest

Herr Fischer leidet unter hartnäckiger Verstopfung. Starke Bauchschmerzen quälen ihn. Abhilfe könnte ein sanfter Einlauf schaffen, doch Herr Fischer schämt sich und verweigert jeden Versuch. Lieber leiden. Davon hört Dr. Kittel, ausgebildeter Clown für die Geriatrie, kurz Geri-Clown vom Dienst, und fragt das Pflegeteam, ob er denn mal nach Herrn Fischer schauen dürfe. Die Pflegedienstleitung ist einverstanden, schaden kann es bestimmt nicht. Vielleicht ist ja mit Humor was zu machen. Dr. Kittel kennt Herrn Fischer und weiß, dass er sich bei ihm was einfallen lassen muss. Also besorgt er sich Gartenschlauch mit Eimer und betritt das Zimmer. Beim Anblick der Utensilien erschrickt Herr Fischer derart, dass er sich auf der Toilette einschließt und nicht wieder rauskommen will. Dr. Kittel versucht alles, um ihn umzustimmen, singt ein Lied, fragt, ob er helfen könne. Nichts zu machen, diese Humorintervention geht daneben. Als die Krankenschwester kommt, kann sie sich vor Lachen nicht mehr halten. Es sieht einfach zu komisch aus: ein verdatterter Dr. Clown mit Eimer und Schlauch vor der versperrten Klotür. Mit Mühe kann sie Herrn Fischer überzeugen, dass er nichts zu befürchten habe. Und am Ende muss er selbst auch lachen und stimmt dem Einlauf zu, schließlich sei er ja schon auf der Toilette.

Auch Klinik-Clowns dürfen scheitern, es gehört zu ihrem Job, es zuzulassen und was daraus zu machen. Sie verkörpern die Unvollkommenheit und das macht ihr Wirken in Krankenhaus und Pflegeeinrichtung so wertvoll. Nachdem wir nun Humor-Instrumente näher betrachtet haben, werfen wir einen Blick darauf, wie Profis sie einsetzen. Klinik-Clowns spielen souverän (oder auch nicht) auf zahlreichen Humor-Instrumenten. Zwar sind die meisten von uns keine Clowns, aber trotzdem können wir uns einiges von ihnen abgucken.

Als Kind mochte ich Clowns nicht. Meine Eltern versuchten zwar ihr Bestes und schleiften mich in einen Zirkus. Aber die Clowns waren mir zu schrill, zu albern, ich fand sie blöd, ja, noch mehr, ich gruselte mich vor dem Spaßvogel, der mit seiner geschminkten Fratze auf mich zutorkelte. Natürlich gibt es viele Kinder, die Clowns hinreißend finden, doch einigen machen sie Angst. Mein Eindruck änderte sich, als ich viele Jahre später Klinik-Clowns kennenlernte. In einer Rheumaklinik begleitete ich Doris, eine Freundin, die Clownin ist. Klecksi, so ihr Profi-Name, ist kaum geschminkt, ein bisschen Farbe und eine rote Nase reichen. Und sie ist eine Clownin, die vorsichtig und empathisch, oft leise, agiert. Ihr Kollege Kalle ist schon wieder etwas heftiger, stärker geschminkt, mit großen Schuhen, doch auch bei ihm empfinde ich keine Grobheit, sondern Empathie. Ich bin sofort fasziniert, wie Klecksi und Kalle die Kinder zum Lachen bringen, z.B. die 9-jährige Grit, die an schwerem Rheuma erkrankt ist und nur noch unter Qualen die Finger bewegen kann. Gerade hatte sie einen schmerzhaften Schub und ihr ist gar nicht nach Lachen zumute. Kalle spürt das und fragt mit einer Geste, ob sie Lust habe, Trompete zu blasen. Grit schüttelt den Kopf. Kalle gibt nicht auf, trompetet mit Mund und Händen, was das Zeug hält. Grit gibt sich geschlagen, holt ihre Trompete aus dem Kleiderschrank und legt gemeinsam mit Kalle los.

Klecksi erklärt mir, dass die rote Nase eine Maske ist, die ihr erlaubt, ihr normales Ich hinter sich zu lassen und anders zu sein, anderes zu spielen, anders zu empfinden. Doch die Nase ist nicht nur Maske, sie ist auch eine Befreiung von einer Maske der Konventionen, nämlich von der Rolle, die wir im Alltag spielen müssen.

Klinik-Clowns besuchen Kinder und ebenso Erwachsene. Auch hier steht die Empathie, das Einfühlen in eine Situation und einen Menschen ganz oben. Clownin Zitronella und Clown Carbonara gehen auch zu Patienten, die im Wach-Koma liegen. Zunächst finde ich das ein wenig gruselig, denn die Patienten können ja nicht kundtun, ob es ihnen gefällt. Scheinbar jedenfalls nicht. Doch als Zitronella und Carbonara sich an ein Bett setzen, beobachte ich, wie sich eine Kommunikation jenseits der Worte entspinnt. Sie streichen dem Mann sanft über seinen Arm, singen ein Lied, sprechen mit ihm und sein Gesicht reagiert, seine Gesichtszüge scheinen sich zu entspannen. Einbildung? In einem anderen Zimmer besuchen die Clowns Frau Keller, die am Tisch in ihrem Zimmer sitzt. Neben ihr an der Wand hängt ein Spiegel, mit dem sie sich unterhält. Frau Keller sagt zu den Clowns, da drüben säße ihr Mann. Dort ist keine weitere Person, aber die Clowns erkennen schnell, dass Frau Keller ihr eigenes Spiegelbild meint. Also unterhalten sie sich zu viert. Zitronella und Carbonara gehen sanft auf Frau Keller ein, wenden sich direkt an den Spiegel und lachen mit ihrem Ehemann, als sei es das Natürlichste auf der Welt.

Außenstehenden mag so etwas befremdlich erscheinen, doch die Situationen zeigen, wie wichtig es ist, sich auf die Welt von Menschen am Lebensende einzulassen, ja, sich in diese hinein zu begeben. Entscheidend ist dabei, dass kein Machtgefälle entsteht, das heißt, dass sich der vermeintlich »Normale« nicht über den »Ver-rückten« erhebt und lustig macht. Bei Demenz ist überhaupt nicht Schluss mit lustig, im Gegenteil. Demenzkranke und Clowns sind seelenverwandt, denn beide überraschen mit einer neuen Sicht auf die Welt. Dabei wollen Klinik-Clowns Menschen keinesfalls auf Teufel komm raus bespaßen. Ein Klinik-Clown lebt von der sensiblen Wahrnehmung einer Situation. Mal sind Freude und Lachen angesagt, ein anderes Mal Ruhe und Nachdenklichkeit. Das innere Kind, die freudvolle Energie, die sich aus der Lust am Leben speist und am Ende des Lebens schwer zu wecken ist, darf herausgekitzelt werden. Ein Beitrag des Clowns ist seine emotionale Hingabe. Außerdem hilft er dabei, eine Vogelperspektive einzunehmen, aus der heraus das Spiel von Leben und Tod, Entstehen und Vergehen erkennbar wird. Oft entstehen daraus ein kathartisches Durchleben und die Einsicht in ein größeres Bild, was nachhaltig therapeutisch wirkt. Das mag nicht jeder. Manchen ist der Clown zu blöd, zu albern und kindisch. Und das ist natürlich auch völlig in Ordnung.

> »Ich bin überzeugt, dass der Umgang mit Humor eines der ernsthaftesten Themen darstellt, mit denen sich Pflegepersonal beschäftigen kann.«
> GERI-CLOWN MARCEL BRIAND

Was können wir uns nun von Klinik-Clowns für die Anwendung von Humor-Instrumenten abgucken?

- Klinik-Clowns tragen bunte Kleidung, auffällige Schuhe, Mütze, in den meisten Fällen die rote Nase (einige Klinik-Clowns arbeiten lieber ohne rote Nase und Schminke, haben aber bunte Kleidung. Oder umgekehrt: rote Nase und weißer Kittel). Warum also nicht selbst bei der Begleitung von Menschen am Lebensende mal etwas Buntes anziehen?

Eine rote Nase ist auch für mich mittlerweile ein unerlässliches Humor-Instrument geworden. Nicht, weil ich sie aufsetze, sondern, weil ich sie wie einen kleinen Schatz immer bei mir trage. Meine Clownsnase steckt in der Tasche meiner Jacke oder meiner Hose. Und immer, wenn ich zufällig auf sie stoße, gibt sie mir einen Impuls, das, was mich gerade beschäftigt aus einer ganz anderen Perspektive zu sehen. Ich ärgere mich über die ewig lange Schlange im Supermarkt, greife in die Jackentasche auf der Suche nach meinem Geldbeutel und finde zuerst einmal meine Nase. Überraschung! Ich muss kurz grinsen, halte inne. Na ja, das Warten kann auch spannend sein, andere Leute beobachten, eine Atemübung machen. Verblüffend ist es, wenn sich das Gummiband der Nase im Schlüsselbund verheddert und ich diesen aus der Tasche ziehe, um mein Fahrrad aufzuschließen. Dann schießt die Nase schon mal durch die Gegend, sehr zum Erstaunen anderer.

ÜBUNG:

Kaufen Sie eine rote Clowns-Nase. Es gibt sie aus Plastik mit Gummiband oder aus weichem Schaumstoff. Nehmen Sie die rote Nase mit, in der Hosentasche, Handtasche, im Rucksack. Überlassen Sie es dem Zufall, wann sie darauf stoßen und was das mit Ihnen macht.

- Klinik-Clowns musizieren und singen. Nicht nur auf Instrumenten wie Ukulele, Akkordeon, Trompete, sondern eigentlich auf allem, was Töne von sich gibt. Sie spielen Lieder, die den Patienten bekannt sind und Erinnerungen auslösen. Wunderbar ist es, wenn gemeinsam gesungen und getanzt werden kann. Musik öffnet die Herzen.
- Klinik-Clowns erzählen Geschichten, lieben Übertreibung und Untertreibung, Wortspiele, Verfremdungen etc. Das kann durchaus provokativ sein. Ein Klinik-Clown erzählte, wie er eine Bewohnerin im Hospiz zum Lachen brachte. Als er ihr Zimmer betrat, war sie sehr unglücklich und jammerte, dass sie sofort sterben wolle. Was würde ein Pfleger, Arzt oder Seelsorger, was würden Sie machen? Empathisch zuhören, das Gefühl von Wertschätzung geben, um zu ergründen, warum die Frau sterben will. Was macht der Klinik-Clown?
Patientin: »Ich bin so unglücklich, ich will sterben.«
Klinik-Clown: »Da kann ich Ihnen helfen. Sie halten die Luft an. Oder wir springen zusammen aus dem Fenster, allerdings ist hier nur der erste Stock.«

Die Frau war über diese Antwort so verblüfft, dass sie in herzhaftes Lachen ausbrach. Sie hatte erwartet, dass der Clown versuchen würde, ihr zu widersprechen. Doch er tat genau das Gegenteil: Er gab ihr Recht. Trotzdem fühlte sie sich nicht verspottet, denn sie musste es ja nicht ernst nehmen. Aber: So etwas funktioniert nur, wenn Mitgefühl im Spiel ist.

- Klinik-Clowns haben immer etwas zum Spielen dabei, z.B. Jonglierbälle, Furzkissen, Handpuppen, Seifenblasen, Sticker, Lach-Sack, Smileys, Perücken, übergroße Brillen, Luftballons etc.

- Klinik-Clowns sind empathisch und achtsam, versuchen, sich in die Welt des Patienten hineinzuversetzen. Grundhaltung ist die Wertschätzung des Gegenübers.

- Klinik-Clowns erlauben sich das Scheitern. Damit sind sie Vorbild für Menschen am Lebensende, Angehörige und Pflegekräfte. Sie kreieren daraus eine Kunst, gemäß dem Wahlspruch: »Ich habe schon so viel aus meinen Fehlern gelernt, dass ich noch mehr mache.« Klinik-Clowns zeigen, dass Scheitern zum Leben gehört; ohne Fehler gäbe es keine Entwicklung. Clowns haben die Aufgabe, das Thema »Scheitern« immer wieder anzugehen und sich dem Perfektionismus zu verweigern.

- Klinik-Clowns entdecken den »Inneren Clown«, die ursprüngliche, kindliche Energie, die sich am albernen Spiel erfreut. Das Wechselspiel zwischen Annehmen und Distanz. Klinik-Clowns leben ihre kindlichen Emotionen. Natürlich will niemand von Lachen oder Weinen überwältigt durch die Gegend taumeln. Doch Gefühle zu zeigen und zu leben, ist ein Grundbedürfnis des Menschen. Der Clown nimmt sich das Recht zu Freude, Trauer, Begeisterung, Niedergeschlagenheit, Euphorie, Tanz, Jubilieren, Schniefen etc. Klinik-Clowns erinnern an Momente der Kinderzeit, als Albernheit und Respektlosigkeit erlaubt waren. Wie ein Kind leben sie freudvoll das »Lustprinzip« aus, das heißt, sie machen das, was Spaß macht, egal, wie andere das bewerten. Damit ecken sie an, treten von einem Fettnäpfchen ins andere. Aber anstatt sich dafür zu schämen, tun sie alles lachend und lustvoll. Der Clown vermag, nach hingebungsvoller Trauer und zähneklappernder Angst wieder aufzustehen und sich genau darüber lustig zu machen, indem er mit großer Geste zu sterben beginnt. Er kann das Geschehen annehmen, noch mehr, er verwandelt sich durch einen Rollenwechsel vom Spielball des Schicksals zum dramatischen Akteur, der gleichzeitig sein eigenes Publikum ist. Aus all dem wächst eine zutiefst menschliche und heilende Kraft. Die Verbindung mit einer Lebensenergie, das spielerische Agieren jenseits der gesellschaftlichen Konventionen und das Eingeständnis eigener Missgeschicke helfen dabei, uns und andere leichter anzunehmen.

CLOWN-ÜBUNG: NASE LADEN

Sie besitzen eine rote Nase? Prima! Setzen Sie die Nase in einem kleinen Ritual auf, verwandeln Sie sich in einen Clown. Profis nennen dies »Nase laden«. Nehmen Sie bewusst wahr, was die Nase mit Ihnen macht. Sie müssen nicht witzig sein, nicht lustig, nicht komisch! Machen Sie erst mal gar nichts und fühlen Sie, wie sich das Nichtstun anfühlt.
Gehen Sie durch den Raum und suchen Sie sich einen Gegenstand, eine Flasche, CD oder Blume etc. und betrachten sie ihn mit den Augen des Clowns, als hätten sie ihn noch nie gesehen.
Setzen Sie die Nase wieder bewusst ab und kehren Sie in Ihre gewohnte Welt zurück.
Spüren Sie nach: Was hat die Nase mit Ihnen gemacht? Wie fühlt es sich an: Vorher, dabei, danach?

HUMOR – DAS WORKOUT

Wie kann ich Lachen und Humor trainieren?

1. Hintergrundwissen: Beschäftigen Sie sich mit der Gelotologie, mit dem Wesen von Lachen und Humor. Wie wirkt Lachen auf Körper, Seele und Geist? Wie hilft Humor dabei, eine neue, heilsame Sicht auf die Welt zu finden?

2. Humor-Anamnese (siehe S. 128): Es ist aufschlussreich, sich selbst über die eigenen Humorerlebnisse zu befragen.

3. Sammeln: Legen Sie sich ein kleines Humor-Notizbuch an, in das Sie alle Erkenntnisse, Witze, Wortspiele, Beobachtungen etc. notieren und so immer griffbereit haben. Wann, wo und worüber habe ich gelacht? Was war gar nicht lustig? Dies liefert Impulse und hilft ungemein dabei, den Sinn für Humor zu erweitern.

4. Üben Sie sich im Witze erzählen. Das mag eine große Herausforderung sein. Es gibt Menschen, die können eben Witze so spannend erzählen, dass man ihnen sofort zuhört. Anderen fällt es schwerer. Aber nicht verzagen. Außerdem trainieren Sie dabei Ihr Gedächtnis.

5. Erlauben Sie sich das Lachen und schaffen Sie sich Gelegenheiten z.B. durch Witze, lustige Situationen, Lachübungen. Dazu gehört eine gehörige Portion Mut, denn wer lacht, kann sich auch lächerlich machen. Und manchmal lacht man eben an der falschen Stelle. Shit happens!

6. Schulen Sie den Blick für das Komische. Im Alltag finden sich immer wieder Situationen, die als lustig interpretierbar sind. Auch bei einem Begräbnis können lustige Dinge passieren.

7. Richten Sie den Blick auf das Naheliegende, auf kleine Erfolge im Alltag. Niemand kann und muss perfekt sein. Dankbarkeit für das bisher Erlebte und Erreichte gehört zu den kraftvollsten Mitteln, um sich eine humorvolle Lebenseinstellung anzueignen.

8. Lächeln Sie in herausfordernden Situationen und konzentrieren Sie sich dabei auf den Atem. Das bringt Sie in den Augenblick zurück.

9. Üben Sie die Lust am Scheitern und an der eigenen Lächerlichkeit nach dem Vorbild des Clowns. Den inneren Clown entdecken und pflegen: lachen, weinen, albern sein, spielen, sich blamieren!

10. Versuchen Sie, den Wandel zu akzeptieren, ja, sich sogar an ihm zu erfreuen – da wir ihn sowieso nicht verhindern können: »Ein jegliches hat seine Zeit: Weinen hat seine Zeit, Lachen hat seine Zeit.« (Prediger Salomo) Was uns gefällt, verändert sich, ebenso das, was uns belastet.

11. Besorgen Sie sich eine Clowns-Nase und stecken Sie diese in die Tasche. Sie müssen Sie nicht aufsetzen (dürfen es aber).

12. Üben Sie sich in Achtsamkeit, um generell den Raum für Humor und Gelassenheit zu schaffen und zu erweitern.

6. SENSENMANN UND ALTER KUMPEL – BILDER VON TOD UND JENSEITS

WENN SKELETTE ROCKEN

»Alle wollen in den Himmel,
aber keiner will sterben.«
Verfasser unbekannt

Klar hat er ihn gekannt, den Benno. »Der ging bei mir ein und aus, bis er abgeknallt wurde«. Herr Fricke ist ein, wie er sagt, junger Alt-68er, besitzt eine Kneipe und ein eigenes Taxi. Er trägt graues Wuschelhaar, einen ebenso grauen Bart und eine randlose Brille. »Na ja«, meint er, »ich habe schon viel Mist in meinem Leben gebaut.« »Und welchen?«, frage ich. Herr Fricke grinst mich vielsagend an. »Na ja, mit den Frauen. Kinder wollte ich nicht. Hab mich sterilisieren lassen. Wilde Zeiten eben.« Das Rauchen hat er nicht aufgegeben, allerdings ist er auf E-Zigaretten umgestiegen. In seinem Nachttisch sammeln sich die Akkus und Verdampfer. Und die dazugehörigen Aromen, mit denen die Geräte geladen werden. Genussliquids mit Apfelgeschmack, Lakritz, Blaubeere, Cappuccino, natürlich Jamaica Tabak und die ganz speziellen, die bringt ihm sein Dealer. Na klar, Hanftropfen nimmt er sowieso, aber er will eben auch was rauchen. Und warum auch nicht, im Hospiz ist so etwas erlaubt. Dazu hin und wieder ein Bierchen, das ich ihm vom Kiosk hole. Dann erzählt er von den Zeiten, als sie alle in seiner Kneipe waren, der und der. Aber jetzt habe er damit seinen Frieden gemacht. Dazu brauche er keine Religion. »Ne, ick bin bekennender Atheist!« So lebt Herr Fricke sein Sterben, der Darmkrebs ist nicht mehr zu stoppen, und Herr Fricke wird von Tag zu Tag dünner. An seinem Geburtstag gibt es bei strahlendem Sonnenschein auf der Dachterrasse des Hospizes Kaffee, Kuchen und Schlagsahne. Herr Fricke langt richtig zu. Die Westberliner Kommunarden und Dealer, einige Verflossene und sein Bruder haben sich um ihn versammelt, erzählen Geschichten, feiern Geburtstag und Abschied zugleich. Ein paar DVDs hat Herr Fricke geschenkt bekommen, denn er zieht sich gerne Thriller rein, wie er sagt. Als er mich zum Gucken einlädt, erlebe ich einen Bildschirmschoner der besonderen Art. Auf seinem Laptop rockt ein Skelett. Wenn der Schoner sich einschaltet, wippt das Skelett mit den Hüften, dreht sich und lacht scheppernd. Herr Fricke grinst. »Sieht doch gar nicht so bedrohlich aus. Der ist mein Kumpel!«

In diesem Kapitel soll es um Vorstellungen vom Tod gehen, die gerade auch in der Nähe des eigenen Sterbens heilsame Humor-Ressourcen bieten können. Solche Vorstellungen, Geschichten oder auch Mythen finden sich in allen Kulturen der Welt und in ganz verschiedenen Bereichen dieser Kulturen, in religiösen Traditionen ebenso wie in Philosophie, Kunst oder Unterhaltung. Bilder und Geschichten sind für viele Menschen essenzielle Kraftquellen, die Vertrauen und Gelassenheit in der letzten Lebensphase fördern oder eine entspannende Distanz zu dem, was geschieht, ohne dass sie darauf Einfluss nehmen können. Dass es in diesen Bildern und Geschichten nicht nur ernst und bedrückend, sondern im Gegenteil, auch heiter, witzig und durchaus sarkastisch zugehen kann, soll dieses Kapitel zeigen. So wie bei der Karikatur, die diesem Kapitel vorangestellt ist. Ein erschöpfter Tod, dem ein Jogger davonrennt. Eigentlich kennen wir den Tod als bedrohlichen Schnitter, als Sensenmann und Skelett, das sich den Menschen krallt. Ganz anders wirkt dagegen das Bild eines Todes, der nicht listig, sondern lustig daher kommt, ein bisschen trottelig eben. Der Tod wird verniedlicht. Dies ist komisch, denn wir wissen, letztlich gewinnt der Tod immer. Aber wegen seiner tatsächlichen Übermacht wirkt ein putzig dargestellter Tod witzig.

Das Sterben wird erlebt, der Tod auch? Was ist überhaupt der Tod? Zunächst einmal ein brillanter Unterhalter, mit dem sich gut Kasse machen lässt. Krimi-, Kriegs-, Horrorstorys sind ein Milliardengeschäft. Der Tod eines Promis ist immer eine Schlagzeile wert. »Death sells – Tod bringt Geld« – solange es um den Tod eines anderen geht. Doch auch mit dem eigenen Sterben lässt sich noch verdienen, wie z.B. diverse gut verkaufte Bücher zeigen. Wer kann es sich auch leisten, sich nicht für den Tod zu interessieren?

Nach medizinischer Definition tritt der Tod in dem Moment ein, wo Stammhirn und Großhirn keinen Impuls mehr abgeben, bei einem EEG, der Messung der Gehirnströme, also die Nulllinie zeigen. Diese Definition ist umstritten, denn einiges spricht dafür, den Tod nicht mit einem Zeitpunkt, sondern mit einem Prozess zu beschreiben, und dann ist die Nulllinie des EEG eigentlich noch kein Zeichen für den Tod, sondern ein Zeichen für eine bestimmte Phase im Sterbeprozess. Noch nie aber konnte jemand, der tot war, vom Tot-Sein berichten. Natürlich gibt es Nahtoderfahrungen, aber waren die Menschen, die sie machten, wirklich tot? Wir werden es wohl nie genau wissen.

Indem Menschen eine Vorstellung vom Tod entwickeln, geben sie ihm eine Form und machen ihn, den Mysteriösen und Unbegreiflichen, zu etwas Greifbarerem. Der Tod bedroht unser Leben, denn er löst das Leben ab, und im Zustand des Tot-Seins ist das uns gewohnte Leben vorbei. Trotzdem taucht der Tod in unseren Vorstellungen nicht nur als Bedrohung auf, sondern auch als etwas Freud- und Humorvolles.

An der Wohnungstür eines Mannes klopft es und eine laute tiefe Stimmer erklingt: »Ich bin der Tod. Öffne!«
Der Mann bekommt Angst.
Wieder ruft es: »Ich bin der Tod. Öffne!«
Schlotternd öffnet der Mann. Niemand zu sehen.
Doch wieder die Stimme: »Ich bin der Tod! Lass mich rein!«
Da entdeckt der Mann auf dem Boden stehend, einen kleinen Tod mit einer Sichel, der ruft: »Keine Angst, ich komme wegen des Kanarienvogels.«

Der Tod wird im jüdisch-christlichen Kulturkreis mit End-losigkeit in Verbindung gebracht. Dies rührt daher, so erkannte der Philosoph Immanuel Kant, dass die Fähigkeit des Menschen, etwas wahrzunehmen und intellektuell zu erfassen, an Raum, Zeit und Kausalität gebunden ist. Deshalb sei es unmöglich, sich Raum- oder Zeitlosigkeit oder ein Ereignis ohne Ursache vorzu-stellen. Genauso unmöglich sei es, sich ein Ende oder ein Nichts vorzustellen. Eine Erkenntnis, die sich leicht überprüfen lässt: Versuchen Sie einmal, den Urknall in ihrer Phantasie erscheinen zu lassen, vor dem angeblich weder Zeit noch Raum existierten. Vielleicht werden Sie das Bild eines winzigen Etwas vor Augen ha-ben, das explodiert. Doch woher kommt dieses Etwas? Aus dem Nichts? Hier gelangt das menschliche Vorstellungsvermögen an seine Grenzen. Denn das Nichts können wir uns nicht vorstellen. Genauso wenig wie einen unendlichen Raum oder eine unendli-che Strecke. Die menschliche Vorstellungskraft ist an die Grenzen von begrenztem Raum und befristeter Zeit gebunden. Etwas, das da nicht hinein passt, wie eben der Tod, muss, damit es überhaupt irgendwie fassbar wird, in Bildern passend gemacht werden. Heraus kommt dann eine Welt nach dem Tod, eine Vorstellung vom Jenseits oder eben – ein Männchen.

Und so reüssiert der Tod zum Comedy-Star. »Tod im Waschsalon!« lautet eine Ankündigung für einen Act in der Comedy-Show »nightwash«. Auf die Bühne schlurft eine Gestalt mit düsterer Mönchskutte, so wie man sich den Tod eben vorstellt: Unheimlich, beängstigend. Doch zur Überraschung der Zuschauer plappert der Tod mit piepsender Stimme: »Hallo. Mein Name ist der Tod und ich soll hier für Stimmung sorgen.« Das Publikum grinst. Was in Karikaturen und Cartoons funktioniert, zündet auch auf der Bühne. Der Tod schrumpft zum tragischen Buddy. »Seit ich auf der Bühne stehe, hat sich in meinem Leben einiges verändert. Die Leute erkennen mich auf der Straße. Kann ich Sie mal mit meiner Frau fotografieren? Kinder sagen: Wenn ich mal groß bin, möchte ich auch Tod sein.« Der Tod wirft nun mit Konfetti: »Und gestern war ich auf einem Junggesellenabschied.« Die Zuschauer schmeißen sich weg vor Lachen. Tosender Beifall.

Der Trend stammt aus den USA. Der Tod als Comedy-Star, den man knuddeln möchte. In manchen Momenten blitzt aber auch die Fratze des Sensenmannes auf. Die Zuschauer dürfen sich gruseln und kreischend ablachen. Emotionen pur. Der Sensenmann als gemeinschaftliches Event, das die Zuschauer schaudern und sich freuen lässt. Schwarzer Humor, der verbindet. Dies erinnert an Halloween, an dem Kinder und Erwachsene in Kostüme von Untoten und Skeletten schlüpfen, um andere das Gruseln zu lehren und darüber zu lachen.

Komik als Weg, um ein wenig Macht über das Unbegreifbare zu bekommen. Für die einen ist solch schwarzer Humor spaßig, für die anderen geschmacklos. Bruce Jay Friedman, auf den der Begriff zurückgeht, definiert schwarzen Humor als: »Die sarkastische Betonung des Absurden, die uns lachen lässt, damit wir nicht weinen müssen.«[20] So wie das tanzende Skelett von Herrn Fricke, mit dem er sich Luft verschafft angesichts des herannahenden eigenen Todes.

Herr Fricke braucht auf andere Sterbende keine besondere Rücksicht zu nehmen. Auch für die Angehörigen kann dies befreiend sein, denn sie erkennen: Man muss nicht um den heißen Brei herumreden, der Tod ist ein Thema, wenigstens für einen Witz und in diesem Moment. Sein Humor ist Galgenhumor, der das Sterben in den Tanz eines Skelettes ummünzt, eine sarkastische, makabre Form des Humors, verbunden mit Todesverachtung, wie ein Hilfeschrei. Und kann deshalb so gut tun.

Findet hier nun eine Auseinandersetzung mit dem Tod statt oder geht es nicht vielmehr nur um den reinen Spaß am Tabubruch? Es ist kaum zu erwarten, dass der spaßige Tod zu einer tiefschürfenden Beschäftigung mit dem Wandel und der eigenen Sterblichkeit motiviert. Aber muss das denn immer sein? Immerhin lässt sich sagen, dass auch das Lachen über einen verniedlichten und lächerlichen Tod eine Konfrontation mit einem tabuisierten Thema darstellt, wenn auch auf sehr distanzierte Weise. Ein witziger Tod berührt das Tabu, sich über das eigene Leid und das Leid anderer Menschen nicht lustig machen zu dürfen. Gerade deshalb entsteht, wenn man es tut, eine diebische Freude. In gewisser Weise wird eine Gegenillusion aufgebaut, ein lustiger Tod eben, der sich dem Bild eines grauenvollen Schnitters entgegenstellt. Denn sowohl der erheiternde als auch der schreckliche Tod bleiben eine Idee, ein Bild, das der Mensch geschaffen hat. Die Beschäftigung mit einem komischen Tod kann als eine Flucht nach vorne betrachtet werden. Wenn ich schon nichts weiß über den Tod, dann kann ich ihn mir auch lustig und kumpelhaft vorstellen. Der Tod wird zu einer Projektionsfläche für positive Eigenschaften und nicht für das Böse und Bedrohliche. Sigmund Freud nennt dies eine Form der Verdrängung, die er letztlich aber als eine positive Abwehrleistung gegen die Angst würdigt. Denn ob eine intensive Beschäftigung mit Sterben und Tod zu einem sanfteren Tod führt, dies dürfen wir zwar hoffen – aber bewiesen ist das nicht.

Es finden sich also zwei Wege, Bilder, Vorstellungen und Geschichten vom Tod als Humor-Instrumente einzusetzen:

- den Tod in Cartoons, Geschichten, Filmen lächerlich machen.
- dem Tod durch freud- und humorvolle Glaubensinhalte Sinn geben. Dies ist der Weg von Glaube, Religion und Philosophie.

Beide Wege ermöglichen es, Distanz zu der drohenden, leidvoll empfundenen Ungewissheit herzustellen und damit Angst zu lindern. Todesvorstellungen werden so zu Ressourcen für Humor und Freude, wenigstens für einen Moment. So gelingt es, den Tod als Freund oder wenigstens nicht mehr als Feind zu betrachten.

WER'S GLAUBT, WIRD SELIG

»Ich glaube, dass ich irgendwann wiederkomme,
als Tisch, als Autoreifen oder als Schrank.«
Dieter Hildebrandt

Falls es ein Jenseits gibt, dann möchte ich dort nicht unbedingt meinem Nachbarn begegnen, der nachts seine Techno-Hammermusik dermaßen aufdreht, dass meine Matratze vibriert. Und eigentlich auch nicht meinem Chemielehrer, der mich jahrelang mit sadistischer Freude an die Tafel zitierte. Dafür aber gerne Annette und, na ja ... Aus solchen Überlegungen entstehen unter Umständen ziemliche Interessenskonflikte: Jenseits und Wiedergeburt gerne, aber bitte ohne Überraschungen im Kleingedruckten. »Wenn es den Tod nicht geben würde, bräuchte es auch keine Religion«, meinte Friedrich Nietzsche. Religion ist das Versprechen, dass mit dem Tod noch nicht Schluss ist. Wie wir in den folgenden Abschnitten sehen werden, auch nicht Schluss mit lustig. Wenn man den Religionen glaubt, dann können wir uns im Sterben auf etwas Schönes freuen. Doch darf man diesem Versprechen Glauben schenken?

Ein Rabbi trifft einen anderen Rabbi, der gerade aus der Synagoge kommt. »Ich dachte, du glaubst nicht mehr an Gott und den Himmel?«
Darauf der andere: »Tue ich auch nicht. Aber sag, kann man sich sicher sein?«

Nein, weder kann man sich sicher sein, dass es ein Jenseits (respektive eine Wiedergeburt) gibt, noch, dass es keines gibt. Was also tun? Dieses Dilemma versuchte der Mathematiker und Philosoph Blaise Pascal zu lösen. Er argumentierte, dass Gott, Himmel und Jenseits nicht vernunftmäßig beweisbar seien, vielleicht erfahrbar, aber – sehr wohl gewollt. Denn will nicht jeder Mensch glücklich sein? Pascal stellte der Forderung nach einem Beweis für die Existenz Gottes den menschlichen Willen zur Glückseligkeit gegenüber. Er formulierte einen fiktiven Wettstreit, in dem zwei Kontrahenten argumentieren, ob es besser sei an einen göttlichen Himmel zu glauben – oder nicht. Der Einsatz ist das eigene glückliche Leben. Rein logisch existiert eine fifty-fifty Chance. Entweder ein Himmel existiert oder er existiert nicht. Mit Blick auf das Lebensglück gewinnt nach Pascal aber der, der auf den Himmel setzt. Warum? Der Dialog geht in etwa so:

Zwei Männer unterhalten sich.
»Glaubst du, dass mit dem Tod alles aus ist oder glaubst du an einen Himmel?«, fragt der eine.
Darauf der andere: »Klar glaube ich an einen Himmel.«
»Aber wenn es keinen gibt?«

»Pass auf, es ist doch so: Wenn ich an einen Himmel glaube, dann kann ich mich schon jetzt auf etwas freuen und es geht mir gut. Auch bin ich nicht so fertig, wenn es jemand vor mir erwischt. Vielleicht sieht man sich ja wieder. Und es gibt da was, zu dem ich beten kann und was mich tröstet. Gibt es also einen Himmel, wunderbar.

Gibt es keinen, so habe ich zwar Pech gehabt, kriege davon aber eh' nichts mit, weil ich ja tot bin, wenn ich meinen Irrtum bemerken könnte, habe also nichts verloren.

Glaube ich aber nicht daran, bin ich zum einen jetzt schon deprimiert, weil ich mich auf nichts freuen kann.

Und zum anderen, gibt es dann doch einen Himmel, werde ich bestimmt sagen: So ein Mist, hättest schon vorher dran glauben können, wärste glücklicher gewesen.

Und wenn ich jetzt unglücklich bin und es gibt auch keinen Himmel. Davon habe ich auch nichts. Also, was meinst du, ist klüger?«

Vorfreude ist die schönste Freude. Man muss nicht an Gott glauben, um zu ihm zu beten; und auch nicht an ein Jenseits oder eine Wiedergeburt, um sich durch die Vorstellung davon trösten zu lassen. Was zählt, ist, den Glauben zulassen zu können, ihn sogar zu wollen, dann wirkt es auch. Für Blaise Pascal lässt sich in diesem Sinne der Glaube üben, denn, so der Philosoph, »das Herz hat seine Vernunft, die der Verstand nicht kennt.«[21] Vielleicht ist das ein Grund dafür, dass in der letzten Lebensphase für viele Menschen das Thema Glaube und Spiritualität so wichtig wird.

Schon in der griechischen und römischen Antike war man der Meinung, dass der Glaube an ein Jenseits von Vorteil wäre. Sokrates meinte, durchaus mit einem Augenzwinkern: »... denn schön ist dieses Wagnis, und wir brauchen ja so etwas, gleichsam um uns damit zu bezaubern.« Deshalb gehöre zu einer weisen Lebensführung die bewusste Auseinandersetzung mit der Endlichkeit. Wer verstehe, so Sokrates, dass das Diesseitige flüchtig und leidvoll, das Jenseitige aber ewig und glücklich sei, habe keine Angst mehr vor dem Tod. Die Vergegenwärtigung des Todes als Tür zum Jenseits lasse die Herzen höher schlagen.

In Mythologien und Religionen bedeutet »Totsein« ein »Tot-Sein«, eine Weiterexistenz im Tod, in einem Jenseits, Paradies oder Totenreich zwischen den Wiedergeburten. Mythen erschließen eine andere Welt als die Welt des Tagesbewusstseins, die Welt des Traumes und des Unbewussten (übrigens wie der Humor, den Sigmund Freud deshalb mit dem Traum vergleicht). Diese Bilder enthalten Wünsche, Hoffnungen und Ängste, die auf das Jenseits projiziert werden. Der Tod wird zum Spiegel der eigenen Existenz. Das menschliche Leben (und vielleicht auch das bestimmter Tierarten) zeichnet sich dadurch aus, dass das Bewusstsein entdeckt, sterblich zu sein. Diese Gewissheit führt zur Suche nach einem Ausweg und verbindet Menschen. Wir wissen, dass wir kommen und gehen und erleben unsere Vergänglichkeit bei vollem Bewusstsein. Es macht die menschliche Würde aus, dies auszuhalten. Die Vorstellung vom Tod kann also Trost bedeuten in Form der Hoffnung auf eine Erfüllung des Lebens und eine glückliche Weiterexistenz. Aber sie vermag auch Angst auszulösen, ob dort etwas Schönes oder Schreckliches auf uns wartet. Sowohl in diesen Vorstellungen, als auch in dem Leer-Raum, in Un-Sicherheit und Nicht-Wissen lässt sich, wie wir nun beleuchten werden, großes Potenzial für Witz und Humor und damit Freude und Trost finden.

ÜBUNG:

Notieren Sie möglichst schnell und ohne lange darüber nachzudenken. Welche Vorstellung haben Sie, was mit Ihnen im Moment des eingetretenen Todes (nicht beim Sterben) und danach geschieht?

1.
2.
3.

Welche Gefühle werden dabei wach?

1.
2.
3.

ESEL UND GANS IM KIRCHENSCHIFF

»Die, die ihr jetzt weinet,
ihr werdet lachen!«
Jesus von Nazareth

»Ich saß mit meiner Oma im Wohnzimmer vor dem Fernseher und wir amüsierten uns über den Karnevalsumzug. Da rollte ein Wagen vorbei, auf dem ein riesiger Norbert Blüm als Pappfigur thronte, mit einer riesigen Nase. Das war echt komisch und wir lachten gemeinsam. Meine Oma konnte so richtig herzhaft lachen. Ich ging in die Küche. Plötzlich war es so seltsam still. Ich rief noch: ›Oma, alles okay?‹ Als ich aus der Küche kam, da lag sie tot im Sessel. Herzinfarkt. Für mich ein Schock. Aber heute denke ich, was für ein schöner Tod, oder?«

Diese Geschichte erzählte mir eine Bewohnerin im Hospiz. Auch wenn diese Wirkung wohl kaum von den Jecken geplant war, so steht der Karneval doch in Bezug zu Sterben und Tod. Die Zeit des »carne vale«, des »Fleisch lebe wohl« erlaubt den Gläubigen mit Freude und Lachen vor Fastenzeit und Karfreitag noch einmal die Sau rauszulassen und das Leben zu genießen. Im Paris des 12. Jahrhunderts wurden Eselsmessen gefeiert, Pfarrer trugen Narrenkostüme, Diakone verkleideten sich als Frauen, als Dirnen, Kuppler und Musikanten, lachten und tanzten im Gottesdienst. Nach dem Gottesdienst entkleideten sich die Geistlichen und tanzten nackt auf den Stufen des Altars. Der Bischof von Paris war für ein paar Tage entmachtet, die Narren hatten die Herrschaft übernommen. Und so gab es einen eigens gewählten Narren-Bischof: den ehrwürdigen Abt Pater Esel, der kirchliche Rituale, sogar den Papst parodierte und obszöne Geschichten erzählte. Der Narrenfigur kommt eine zentrale Bedeutung zu, sie stellt alles auf den Kopf und kündet von einer kindlichen und lustvollen Welt, die ganz aus dem Moment lebt, ohne Angst vor dem Tod. Im Mittelalter stand die

Narrenfigur für »Vanitas«, die Vergänglichkeit, und der Narr hatte die Aufgabe, seinen Herrn an dessen Vergänglichkeit zu erinnern. Symbol dafür ist der Spiegel, der zum einen die Eitelkeit des Narren zeigt, zum anderen das Verhalten der anderen Menschen wiedergibt, wie sie in ihrer Selbstgefälligkeit nicht an die Vergänglichkeit denken. Dabei stellt der Narr die Fratze des Todes dar, indem er von der Flüchtigkeit auch von Gewissheit und Wahrheit kündet.

Karneval hat etwas von dieser narrenhaften Lust an der Verdrängung des Sterbens, von dem Willen, angesichts der eigenen Endlichkeit, den Moment zu genießen. Im Mittelalter konnte dies in hemmungslosen Orgien münden, so dass nicht nur Theologen zur Mäßigung aufriefen. Die Kirchenoberen betrachteten den Karneval ohnehin misstrauisch, allerdings mit einem gewissen Kalkül. Einmal im Jahr wurde den Menschen für ein paar Tage erlaubt, sich ungestraft auszutoben. Sozusagen Dampf abzulassen, um ab Aschermittwoch wieder mit großem Eifer zum Gottesdienst zurückzukehren.

Und es gibt im Christentum noch eine weitere Tradition, angesichts des Todes zu lachen: Im Anschluss an den Auferstehungsgottesdienst am Ostermorgen darf gelacht werden. Wir Lach-Yoga-Trainer leiten in der Emmaus-Kirche in Berlin-Kreuzberg auch heute Übungen dazu an. Und siehe da, die Gottesdienstbesucher prusten im Gottesdienst freudig drauf los, allen voran der Herr Pfarrer. Unterm Kreuz wird gegackert, zum Vergnügen der zahlreichen Kinder, die hüpfen und toben, dass es eine Freude ist. Laut und kraftvoll hallt das Lachen von den Wänden. Die Gemeinde tanzt. Die ganze Gemeinde? Nein, einige bleiben ernst. Nicht jeder hält die Kirche für den geeigneten Ort zum Lustigsein.

Dabei war das Lachen am Ostersonntag im späten Mittelalter fester Bestandteil der österlichen Liturgie wie am Ostersonntag im Jahre 1518 im vollbesetzten Basler Münster. Der Pfarrer auf der

Kanzel quiekte lauthals und grunzte wie ein Schwein. Er kam von der Kanzel herunter und spurtete hüpfend und schnatternd wie eine Gans durch die ganze Kirche. Er machte sich zum Narren und die ganze Gemeinde schüttete sich aus vor Lachen. Skandal in der Messe? Nein, Ostern im Mittelalter. Diese Freude über das Evangelium wurde am Ostersonntag mit Lachen gefeiert. Die Menschen im christlichen Mittelalter erlebten den Tod viel unmittelbarer als wir heute. Er war in einer Welt, in der das Durchschnittsalter zwischen 30 und 40 Jahren lag, immer zugegen. Dies zeigt sich im Basler Totentanz, der im 15. Jahrhundert auf die Friedhofsmauer bei der Predigerkirche in Basel gemalt wurde.

Was steckte aber hinter dem Osterlachen? Zunächst einmal der Genuss daran, die Obrigkeit, den Klerus und die Pfarrer so richtig auslachen zu dürfen. Wie erholsam muss das gewesen sein und welche Größe von den Pfarrern, sich zum Narren zu machen. Sehr gerne würde ich heute einen Pfarrer, eine Pfarrerin erleben, die sich absichtlich zur Gans macht. Vielleicht sogar einen Kardinal oder einen katholischen Bischof, der wie ein Schwein grunzend durch die Kirche hüpft? Wo bleibt denn hier die Würde, werden Sie vielleicht fragen. Im Basler Münster scheint das kein Problem gewesen zu sein. Im Gegenteil, wer in der Lage war, sich so auslachen zu lassen, der hatte Respekt verdient.

Das Ostergelächter sollte auch daran erinnern, dass Jesus nicht im Grab geblieben war, sondern dass er auferstanden ist. Das Ostergelächter gab der Freude darüber Ausdruck, dass der Tod nicht das Ende bedeutete, sondern einen Übergang in ein neues Leben der mit Christus Auferstandenen. Denn im Evangelium, der Frohen Botschaft, wird davon berichtet, dass Jesus am Kreuz unendliches Leid ertragen musste. Für viele Menschen ist dies ein kraftvolles, zutiefst tröstendes Symbol, das in der Lage ist, eigenes Leid zu mildern. Denn bei all dem Schmerz ist es nicht geblieben. Die christliche Bibel berichtet, dass Jesus Schmerz, Sterben und Tod entkommen und dem Grab entronnen ist. Jesus tröstet den Christen mit der Versicherung: »Ich bin die Auferstehung und das Leben.« Der Tod als Ende ist besiegt, Jesus verspricht den Gläubigen: »Wahrlich, ich sage dir: Heute wirst du mit mir im Paradies sein.« Paradies, das bedeutet ein ewiges Leben ohne Schmerz. »Gott wird jede Träne abwischen, und der Tod wird nicht mehr sein, noch Trauer, noch Geschrei, noch Schmerz wird mehr sein«, heißt es in der Offenbarung des Johannes, dem letzten Buch der Neuen Testaments. Diese Aussicht ist ein Grund zur Freude, eine Kraftquelle, die den Gläubigen hilft, das Lachen zu bewahren.

Hat Jesus auch gelacht? Als lebensbejahender Rabbi, als »Fresser und Weinsäufer« wie ihn dem Evangelium zufolge seine Feinde nennen, dürfte Lachen Teil seines Lebens und nichts Anstößiges für ihn gewesen sein. Doch in der christlichen Bibel wird nicht ausdrücklich davon erzählt, dass Jesus lachte. Deshalb sind manche Christen der Meinung, dass angesichts des Martyriums Christi am Kreuz nicht gelacht werden dürfe. Lachen bedeutet Lautstärke, Lust, Körperlichkeit, ja, Sexualität. Davon fühlen sich Gläubige bedroht, denn der Körper wird im Christentum negativ beurteilt, er ist vergänglich, sterblich, Ursache der Versuchung – im Gegensatz zur unsterblichen Seele. Körperfeindlichkeit ist ein Grund für das Misstrauen gegenüber dem Lachen. Ein Lachanfall in einer hallenden Kirche, gar während einer Predigt, schwer vorstellbar. Aber wie zahlreiche biblische Textstellen dokumentieren, hat sich Jesus gefreut. Das Evangelium heißt schließlich die Frohe Botschaft, meint die Freude auf das Reich Gottes auf Erden, die Erlösung im Paradies. Und die drückt sich in der Bergpredigt so aus: »Siehe, die ihr da weinet, ihr werdet lachen.«

Die Geistlichen imitierten beim Osterlachen nicht nur Tiere, sondern erzählten auch komische und obszöne Geschichten, die so genannten »Ostermärlein«.

Maria und Josef bitten in Bethlehem um ein Quartier.
Gastwirt: »Ich habe kein Zimmer frei.«
Josef, auf Marias Bauch zeigend: »Sehen Sie denn nicht, in wel-
chem Zustand sie ist.«
Gastwirt unwirsch: »Dafür kann ich doch nichts.«
Josef entrüstet: »Ich vielleicht?«

Die Gemeinde brüllte vor Lachen. Glaube, Lachen und Sexualität kommen zusammen. Die »frohe Botschaft« einmal ganz direkt
und lebensnah verkündet. Mit der Reformation wurde das Ende
des Ostergelächters und Karnevals eingeläutet. Der Gottesdienst
war nun vom Heiligen Geist inspiriert und der kennt keinen Spaß.
Allzu albern und spottend ging es für die Protestanten im Karneval zu. Auch wenn Luther selbst noch Humor bewies, als er fest-
stellte: »Aus einem traurigen Arsch kommt kein fröhlicher Furz.«
Aber das Ostergelächter hat er trotzdem abgelehnt. Der Karneval
ist erfolgreich zurückgekehrt, das Osterlachen nur vereinzelt.

Der englische Staatsmann Thomas Morus betete sogar um Humor:

»Schenke mir eine gute Verdauung,
Herr, und auch etwas zum Verdauen.
Herr, schenke mir Sinn für Humor,
gib mir die Gnade, einen Scherz zu verstehen,
damit ich ein wenig Glück kenne im Leben
und anderen davon mitteile.«

Sein Gebet wurde offenbar erhört. Als er, weil er sich für die
Katholische Kirche eingesetzt hatte, zum Tode verurteilt wurde
und aufs Schafott ging, bewies Morus Humor. Beim Zuschlagen
mit dem Beil solle der Henker bitte auf Morus' Bart achten, denn
dieser habe keinen Hochverrat begangen.

Doch die Frage bleibt offen: Lässt sich der Tod auslachen? Und:
Wer lacht zuletzt?

BEIM OSTERLACHEN WURDE DER TOD AUSGELACHT, WEIL IHN DER AUFERSTANDENE JESUS BESIEGT HATTE!

UND WER STEHT IM LADEN?

»Da fiel Sarah
auf ihr Angesicht
und lachte.«
1. Mose, 18,12

Ariel Kohn, Inhaber eines bescheidenen Ladens, liegt im Sterben.
Sein Augenlicht ist bereits fast ganz erloschen. Ehrfürchtig hat
sich seine Familie um das Sterbebett versammelt.
Mit schwacher Stimme fragt Ariel: »Rebecca, mein Weib, bist du
da?«
»Ja, Ariel, ich bin bei dir!«
»Und Jossele, mein Sohn, bist du da?«
»Ja, ich bin da!«
»Sarah, geliebte Schwiegertochter, bist du da?«
»Ja, ich bin da!«

»David, bist du da?«
»Ja, mein geliebter Bruder, sicher bin ich bei dir!«
Da richtet sich Ariel mit letzter Kraft auf und ruft zornig: »Und
wer steht dann unten im Laden?«

Diese Geschichte deutet an, dass es im Judentum mehr auf das Diesseits als auf das Jenseits ankommt. Die Schöpfung wird als Geschenk Gottes für ein Leben im Jetzt angenommen und nicht als Vorspiel zum eigentlich besseren Leben danach. Die Freuden genießen und sie in den Dienst Gottes stellen lautet das Motto. Und so heißt es bei den Chassidim: »Dienet dem Ewigen in Freuden. Gott will frohe Menschen, der Satan will traurige.«

Witze zum Thema Tod haben im Judentum eine lange Tradition und sind sehr beliebt – auch bei Nicht-Juden. Wie bei der oben stehenden Episode wird sogar die Trauer der Angehörigen aufs Korn genommen. Es ist ja schön und gut, wenn sich alle am Bett des Sterbenden einfinden, aber irgendwer muss sich um die Lebenden kümmern. Wie hilfreich Geschichten als Humorinstrument sind, haben wir bereits beleuchtet. Dies gilt ganz besonders für Witze aus der jüdischen Tradition, sie sind Gold wert, können sie uns doch auf einzigartige Weise trösten, zum Lachen bringen, zum Nachdenken und Nachfühlen. Und das auf erfrischende Weise mit schwarzem Humor.

Kurz bevor der Jude Samuel starb, rief er nach einem katholischen Priester. Alle waren bestürzt, aber es war der letzte Wunsch des Sterbenden und so holte man einen Priester. Samuel wünschte sich, getauft zu werden und der Priester führte die Zeremonie auch sofort durch.
Danach fragten ihn alle: »Samuel, was sollte das?«
Samuel erklärte: »Ich hab mir gedacht, wenn ich schon sterben muss, soll es wenigstens einen von denen erwischen!«

Auch hier werden die Erwartungen, Sterbende wären milde und auf Versöhnung bedacht, durch einen überraschenden Perspektivenwechsel ausgehebelt.

Ursprünglich war den Israeliten der Gedanke fremd, es gäbe eine Existenz im Tod, gar eine Wiedergeburt oder fleischliche Auferstehung. Es existierte keine eindeutigen Vorstellung vom Tod und dem Geschehen im Jenseits, keine Hölle und kein Himmel. Das irdische Leben hatte keinen Einfluss auf das Jenseits. Strafe oder Belohnung für die Taten im Diesseits ereilten einen auch im Diesseits.

Trotzdem kam man auch als gläubiger Jude nicht umhin, sich Gedanken darüber zu machen, was im Tode geschieht. Und so entwickelten sich verschiedene Konzepte. Zum einen die Vorstellung der Auferstehung der Toten in der messianischen Zeit, ein Wohnen im Lande der Verheißung. Die Hoffnung auf einen Messias, der kommen wird, um alle Menschen zu erlösen, sie vom Leiden und vom Bösen zu befreien, ist das Herzstück des jüdischen Glaubens. Die Mehrzahl der orthodoxen und konservativen Juden bekennt sich zu dieser Erwartung. Daraus folgt auch eine Lehre von Lohn und Strafe, der zufolge unsere Verdienste oder Fehler in der kommenden Welt entsprechend vergolten werden. Aber weiß man's?

Ein Jude liegt im Sterben. Da sagt er: »Lachen möchte' ich, wenn ich da oben ankomme – und da is nix!«

Im progressiven Judentum hält man nicht an der Vorstellung von der Auferstehung des Leibes fest, sondern glaubt an die Unsterblichkeit der Seele. Der genaue Wesenszustand der Seele nach dem Tod des Körpers wird nicht näher beschrieben. Eine solche Existenz liegt jenseits des menschlichen Verstehenshorizontes und jede Aussage darüber kann nur spekulativen Charakter haben. Da Einzelheiten unbekannt sind, ist es die beste Einstellung, sich auf die Verdienste der uns bekannten Welt zu konzentrieren und das Leben hier vollständig zu nutzen. Die Aufgabe liegt nicht darin, über ein Jenseits zu meditieren, sondern Gott im Jetzt zu suchen und zu verehren. Wer so im Glauben lebt, darf darauf hoffen, 175 Jahre alt zu werden und lebenssatt zu sterben, so wie Abraham.

IM PARADIES SIND ALLE JUNG

»Und dass Gott es ist,
der Lachen und Weinen erschaffen hat.«
Koran, Sure 53:43

Herr Navid kommt aufgeregt in die Wohn-Küche des Hospizes gerannt und ruft: »Also, wenn ich jetzt nicht sofort und auf der Stelle einen Kaffee bekomme, dann sterbe ich hier vor Langeweile!« Worauf die Köchin und ich, nach einem Moment der Verblüffung, laut loslachen.

Auch wenn jeder Gast im Hospiz seine ganz eigene Geschichte hat, so berühren mich bestimmte Schicksale besonders. Dazu gehört das von Herrn Navid. Ist Herr Navid Muslim oder Anhänger der zarathustrischen Religion oder ein Atheist? Ich würde sagen, er ist von allem etwas, je nachdem, was ihm gerade passend erscheint. Herr Navid stammt aus dem Iran und verbringt nach seiner Krebsdiagnose über ein Jahr im Hospiz, weil er sich hier sehr wohl fühlt. Er ist von zierlicher Gestalt und bescheidener Art, verfügt über eine Menge Wissen und ist sehr beliebt. Von Beruf Stoffhändler hat er viel erlebt und eine große Familie, die ihn liebt und regelmäßig besucht. Als Hospizhelfer besucht man Herrn Navid nicht so einfach, nein, er lädt zu einem Glas Tee oder einer Tasse Kaffee. Und er fragt mich, selbst als er kraftlos auf dem Bett liegt: »Wie geht es Ihnen?«, gefolgt von einem: »Schön, Sie zu sehen.« Oft sprechen wir über die Religionen, über den Propheten

Mohammed, den Herr Navid für einen überaus weisen Propheten hält. Ebenso wie Nasreddin Hodscha. Herr Navid liebt die Poesie der islamischen Mystik und deshalb Nasreddin. So erzählt er mir folgende Geschichte:

Nasreddin versieht zum ersten Mal das Amt des Richters. Zwei Männer kommen zu ihm und klagen einander an. Der Kläger argumentiert so überzeugend, dass Nasreddin ausruft: »Ja, Sie haben Recht!«

Der Gerichtsschreiber mahnt Mullah Nasreddin, sich zurückzuhalten, schließlich sei der Angeklagte ja noch nicht gehört worden. Dann tritt die Person, über die sich der erste Mann beschwert hat, vor und argumentiert genauso überzeugend. Nasreddin wird von der Beredsamkeit des Angeklagten so mitgerissen, dass er, kaum hat der Mann seine Aussage beendet, ausruft: »Ja, Sie haben Recht!«

Der Gerichtsschreiber kann das nicht zulassen: »Euer Ehren, in einem Prozess kann nicht der Kläger und der Beklagte im Recht sein.«

Nasreddin entgegnet: »Das nenne ich den Nagel auf den Kopf treffen. Ja, Sie haben Recht!«

Für Herrn Navid ist klar, dass der weise Narr aus dem Iran stamme, denn dort gäbe es ja auch ein Grab von ihm. Dass es Dutzende weiterer Gräber gibt, z.B. in Anatolien, stört Herrn Navid nicht. Als er mich wieder einmal einlädt, beginnen wir über das Jenseits zu philosophieren.

»Für das Diesseits«, so Herr Navid, »gilt für mich die Weisheit der Sufis: Stirb, bevor du stirbst.«

Um sich auf den Tod vorzubereiten, sei es notwendig, das Ich, insbesondere die aus dem Ego resultierende Gier, sterben zu lassen. Und so im Jenseits Teil der allumfassenden Einheit Gottes zu werden. Für ihn ist es ein trostvoller Gedanke, im Paradies, so wie es im Koran steht, Flüsse voller Milch und Honig zu erwarten. Auch wenn er sich nicht ganz sicher ist, so schade es doch nicht, sagt er, an so etwas Schönes zu glauben, das mache das Leben doch viel erträglicher.

Als ich ihn frage, ob er denn dort auch die 72 Jungfrauen erwarte, antwortet er lachend: »Gott bewahre, ich habe eine einzige Ehefrau, die reicht mir völlig!«

Auch der Islam setzt sich mit Sterben und Tod auseinander und dabei darf gelacht werden, sogar vom Propheten Mohammed selbst, der kein Kind von Traurigkeit war. In den Hadithen, den Aufzeichnungen von den Worten und Taten des Propheten Mohammed, wird an Dutzenden Stellen vom Lachen und Scherzen des Stifters des Islams berichtet. So ist folgende Geschichte überliefert:

Einmal kam eine alte Frau zu dem Propheten Mohammed und bat ihn eindringlich, er möge Gott bitten, dass sie ins Paradies gelänge.
Daraufhin entgegnete der Prophet ganz ernst: »Ins Paradies kommen keine greisen Frauen, nur junge.«
Erschrocken von dieser Antwort wandte sich die Frau traurig ab und weinte bitterlich. Der Prophet lachte, ließ die Frau zurückholen und beruhigte sie: »Weißt du denn nicht, dass alle Menschen im Paradies jung sind und jung bleiben?«

Ein Witz im Dienste der Wahrheit, der die Frau erschreckte, dann aber mit dem Lachen Mohammeds zu der Einsicht führte, dass all unsere Vorstellungen vom Paradies letztlich Vorstellungen sein müssen. Die Wahrheit Gottes bleibt unergründlich. Unbeantwortet bleibt auch die Frage, wie laut Mohammed gelacht hat. Darüber streiten muslimische Theologen. Weise und kontrolliert, so dass man seine Vorderzähne sah? Oder so lustvoll, dass seine

Weisheitszähne sichtbar wurden? Dies könnte einen großen Religionsstifter lächerlich machen. Mohammed gilt nicht wie Jesus als Sohn Gottes, sondern als Prophet, zu dem Gott gesprochen hat, wie, so heißt es im Koran, zuvor zu 120.000 anderen Propheten. Obwohl Prophet, wird Mohammed, wie alle Menschen, als sterblich gesehen. Als seine Tochter zu ihm kam und weinte, da ihr Sohn gestorben war, tröstet Mohammed sie mit den Worten: »Gott hat genommen, was Ihm gehört, so wie er gegeben hat, was sein war. Alles, geschieht so, wie Er es bestimmt hat.« Mohammed betont immer wieder, dass der Gläubige auf Gott vertrauen kann, ganz gleich, was geschieht, denn es ist zum Besten des Gläubigen. Diese Demut gegenüber dem Willen Gottes drückt sich in der Formel aus: »Inschallah«, »so Gott will«.

Nach islamischen Glauben sind Todesort und Todesstunde eines jeden Menschen schon vor der Geburt vorherbestimmt. So heißt es in Sure 4 im Koran: »Wo ihr auch seid, wird euch der Tod erreichen, und wäret ihr in hoch gebauten Türmen.« Wie in allen Religionen, wird auch im Islam die Reflektion über die Vergänglichkeit der irdischen Existenz empfohlen. Gott schenkt und nimmt das Leben, wie es ihm gefällt. Im Leben müssen sich Muslime bewähren, denn Gott fordert eines Tages Rechenschaft. Trotzdem ist der Tod nichts Negatives und keine Strafe, sondern bietet die Aussicht auf ein glückliches Leben in der Obhut Gottes. Der Mensch darf aus dem irdischen Leben, der »Stätte der Vergänglichkeit« hinüber gehen zur »Stätte des Bleibens«. Das Diesseits ist kurz bemessen, das Jenseits ist der Ort der Hoffnungen. Hat ein Muslim gesündigt, so wartet auf ihn die Hölle, in deren Feuer er aber geläutert wird. Ist er ein Ungläubiger, so glauben orthodoxe Muslime, muss er ewig die Qualen der Hölle ertragen.

Auf den Gerechten wartet ein Paradies, eine Art Schlaraffenland, eine Wohnstätte des Friedens. Diese Vorstellung stammt aus dem Arabien des siebten Jahrhunderts. In den Gärten der Ewigkeit und Wonne erhalten die Seligen alles, was Sie ersehnen. Die Freuden werden im Koran detailliert beschrieben. Klare Wasserbäche fließen durch üppige Gärten. Die Erlösten sitzen »auf kostbaren Teppichen«. Sie verkehren »mit schönen Jungfrauen«. Sie essen von goldenen Tellern, trinken »Wein, der nicht zu Kopfe steigt«. Das Paradies als ein Ort des Todes, der dem Sterbenden Hoffnung gibt. Denn dort wird er seinem Schöpfer gegenübertreten. Für alle Seelen, egal ob im Paradies oder Hölle, beginnt nun die Wartezeit auf das Jüngste Gericht, den Tag der Abrechnung, an dem Gott der Herr allein richtet. Doch da er ein gerechter und barmherziger Richter ist, wird er zunächst die Engel, dann seinen Prophet Mohammed und schließlich alle Geschöpfe zu neuem Leben erwecken.

Wie in allen Religionen gibt es auch im Islam Strömungen, die den Glauben an das Paradies als durchaus hilfreich ansehen, gleichzeitig aber kein Dogma daraus machen. Dazu noch eine der Lieblingsgeschichten von Herrn Navid:

Nasreddin saß am Flussufer, als jemand vom anderen Ufer aus rief: »Wie komme ich denn hier auf die andere Seite?«
Darauf antwortete Nasreddin: »Du bist auf der anderen Seite!«

Herr Navid verbringt eine lange und erfüllte Zeit im Hospiz. Die letzten zwei Wochen bedeuten für ihn eine große Herausforderung, er stürzt, bricht sich die Schulter und kämpft mit starken Schmerzen und Ängsten. Doch auch das geht vorüber und Herr Navid fällt in einen tiefen Schlaf, aus dem er nur noch kurz erwacht. Herr Navid wird an einem sonnigen Herbsttag auf dem muslimischen Friedhof beerdigt, nachdem Söhne und Brüder seinen Körper gewaschen und in ein weißes Tuch gehüllt haben.

DIE KUNST DER WIEDERGEBURT

»Mein liebstes Hobby?
Lachen!«
Dalai Lama

In Frau Triebels Zimmer sieht es aus wie in einem tibetisch-buddhistischen Tempel. Statuen von Buddha und buddhistischen Gottheiten stehen auf dem Regal, daneben Bilder ihrer buddhistischen Lehrer. Sie zeigt mir einen Ordner mit Schriften auf Sanskrit, Mantren, die sie rezitiert. Regelmäßig wird sie von mehreren buddhistischen Mönchen besucht, die mit ihr meditieren und sich mit ihr über Sterben und Tod unterhalten. »Da wird es manchmal ein bisschen eng in meinem Zimmer, bei so viel Herren Mönchen«, erzählt Frau Triebel mit einem verschmitzten Lächeln. Sie ist überzeugt, dass sie nach dem Tod in das Bardo gelangen wird, in den Zwischenzustand zwischen diesem und dem nächsten Leben. »Höchstens, ich schaffe es hier im Hospiz noch, die Erleuchtung zu erlangen, wer weiß?«, sagt sie und zwinkert mir dabei freudig zu. Auf ihrem Regal steht auch die dicke holzgeschnitzte Figur von Hotai, dem lachenden buddhistischen Mönch, als »Lachender Buddha« bezeichnet. »So möchte ich mal werden«, sagt Frau Triebel, »voller Freude! Wenn der hingefallen ist, hat er gelacht und ist dann eingeschlafen.«

Die Welt ist nach der Philosophie des Buddhismus und auch des Hinduismus ein Kreislauf von Wiedergeburten und wenn wir Glück haben, dürfen wir diesen Kreislauf verlassen und in die Ewigkeit eingehen. Die Hindus nennen dies »Moksha«, die Buddhisten »Erwachen«. Bis dahin werde man wiedergeboren. Das kann viele Kalpas, so eine buddhistische Zeiteinheit, also viele tausend Jahre dauern. Buddha sprach davon, dass jeder Mensch schon so viele Wiedergeburten erlebt habe, dass jede/r schon Mutter, Vater, Tochter, Sohn, Bruder, Schwester, Ehemann, Ehefrau, Tante, Onkel, Freundin, Freund etc. war. Unsere Existenzen sind flüchtig, denn laut hinduistischem und buddhistischem Glauben befindet sich alles in stetem Wandel. Ausgenommen eine letzte Wirklichkeit, für die Hindus die Weltseele Brahma, mit der die Einzelseele Atman verschmelzen wird. Die Buddhisten sprechen vom Nirwana als letzte Wirklichkeit, hinter der Shunyata, die Leerheit steht. Wer dies nicht so richtig versteht, ist in bester Gesellschaft. Von Buddha ist überliefert, er habe gesagt, Nirvana und Wiedergeburt könne man mit menschlichem Denken nicht wirklich erfassen.

Doch wie in allen Religionen gibt es auch im Hinduismus und Buddhismus zwei Qualitäten des Seins: Eine vergängliche und eine ewige. Im Mittelpunkt steht die Einsicht, dass alles Zusammengesetzte vergänglich ist. Aber nicht nur die sichtbare Welt, auch Gedanken und Gefühle sind Kompositionen und deshalb flüchtig. Wenn wir Körper und Geist achtsam erforschen, werden wir keinen beständigen Kern finden. Sie existieren nur vorübergehend. Buddha betont, Körper und Geist seien von ständigem Wandel bestimmt. Wie Licht, das zwischen Körper und Energie wechselt. Daraus folge: Nicht der Körper und der Geist verursachen Leiden, sondern die falschen Vorstellungen davon. Das einzige, auf das wir uns verlassen können, sei die Veränderung. Und nicht einmal das stimme, denn was entsteht, wenn die Veränderung sich verändert? Diese Ratlosigkeit zu erkennen, darüber zu Staunen, sei ein Teil des Weges.

Doch für den Buddhisten gibt es etwas, das nicht zusammengesetzt, und deshalb nicht entstanden und nicht vergänglich ist, eine Wirklichkeit hinter der Wirklichkeit, die »Leerheit« (Sanskrit: »Shunyata«). Für Zen-Buddhisten ist Shunyata ohne Inhalt, unbeschreibbar, nichts. Die Tibeter sprechen vom klaren Licht. Der eigentliche Geist ist nach tibetisch-buddhistischem Glauben hell, freudig und friedvoll. Im Sterben beginnt sich dieser Geist vom Körper zu lösen um im Tod den Körper wie ein Fahrzeug zurückzulassen. Diese Vorstellung einer jedem Wesen innewohnende Geistqualität spendet dem Buddhisten Hoffnung und Trost.

Buddha verlangte eben nicht, dass man dem Konzept von Leerheit einfach folgen soll. Im Gegenteil, zum einen machte er deutlich, dass diese Vorstellung letztlich vom Menschen logisch und diskursiv nicht erfasst werden könne. Also mache es nur begrenzt Sinn, derartige Konzepte ergründen zu wollen. Zum anderen wies er darauf hin, man solle seine Worte genau überprüfen und keinesfalls nur deshalb annehmen, weil er sie gesagt habe. Auch dies würde dem Menschen nichts nützen. Es gehe darum, gewisse Dinge zu verstehen, um sie zu üben und zu erfahren und letztlich darauf zu vertrauen – oder eben nicht. Aus den geschilderten Vorstellungen gewinnen buddhistische Gläubige eine tiefe Freude und Dankbarkeit für die Fülle und den Wert des Lebens. Sterben wird für sie zu einer naturgegebenen Transformation mit Zukunft. Ich muss und darf sterben, darf scheitern in dem Vorhaben, ewig, gesund und glücklich zu leben. Denn der Tod ist nicht das Ende.

Bei der Ausbreitung des Buddhismus in Tibet erfolgte eine Verbindung mit dem Tantrismus und der schamanistischen Bön-Religion der Tibeter. Hier entwickelte sich eine Vorstellung, die dem Wunsch entspringt, den Bereich zwischen den Wiedergeburten kontrollieren zu können. Es reichte den Tibetern nicht, über die Vergänglichkeit zu meditieren. Sie versuchten, die weitere Entwicklung zu beeinflussen. Im Totenbuch der Tibeter wird das Bardo, der Zwischenzustand detailliert beschrieben. Schon zu Lebzeiten soll der Mensch sich darauf vorbereiten, um im Moment des Todes die im Bardo wartenden bedrohlichen Mächte als Teil des eigenen Bewusstseins entlarven zu können. Ziel ist es, die Erleuchtung oder eine günstige Wiedergeburt zu erlangen.

Für den tibetischen Lehrer Sogyal Rinpoche spielt dabei der Humor eine wichtige Rolle. In seinem Bestseller »Das tibetische Buch vom Leben und Sterben«, einer Interpretation der Lehren des Tibetischen Totenbuches, schreibt er: »Ich habe gelernt, dass im Sterbeprozess – wie in allen anderen, schwierigen Lebenssituationen – zwei Dinge besonders wichtig sind: Gesunder Menschenverstand und Sinn für Humor. Humor hat die wunderbare Eigenschaft, die Atmosphäre aufzuhellen. Humor hilft, den Prozess des Sterbens in seine wahre, universelle Perspektive zu rücken und die übertriebene Ernsthaftigkeit und Spannung der Situation aufzulockern. Setzen Sie daher Humor so geschickt und einfühlsam wie möglich ein.«[22]

Wie lässt sich buddhistischer Humor also einsetzen? Ewiges Thema sind die Illusionen, der irrige Glaube an Beständigkeit, insbesondere eines Ichs: Nicht nur, dass ich mir etwas einbilde, sondern dass ich mir ein Ich einbilde. Also ich mir ein »Mich« einbilde. Aus diesem Beharren ergeben sich immer wieder komische Situationen.

Ein älterer Mönch ist allein im Tempel. Er wirft sich zu Boden, schlägt sich auf die Brust und murmelt: »Ich bin ein Nichts, ich bin ein Nichts, ich bin ein Nichts ...«

Da betritt ein junger Novize den Tempel, sieht den Mönch, kniet neben ihm nieder und stimmt ein: »Ich bin ein Nichts, ich bin ein Nichts, ich bin ein Nichts ...«

Da kommt ein Laie, der für die Reinigung zuständig ist, um den Boden zu fegen. Und während er beim Fegen den Besen im Takt bewegt, murmelt er mit den anderen: »Ich bin ein Nichts, ich bin ein Nichts, ich bin ein Nichts ...«

Der Mönch stößt den Novizen an: »Schau, wer sich einbildet, ein Nichts zu sein.«

Wie jeder gute Witz bietet sich auch hier die Möglichkeit, sich über die Handlungen der Protagonisten zu amüsieren – und den eigenen Geist zu erforschen. Die Story wirkt auf mehreren Ebenen. Sie baut eine Erwartung auf, was in einem Kloster geschieht, nämlich etwas Würdevolles. Doch die Pointe offenbart: Die Bemerkung des erfahrenen Mönches ist alles andere als heilig, sie zeugt von Neid und einer gewissen Überheblichkeit – ist also allzu menschlich. Als Zuhörer freuen wir uns daran, dass selbst ein erfahrener Mönch nicht frei von Konzepten und Eitelkeiten ist, so wie wir selbst. Ein überraschender Perspektivenwechsel und daraus resultierend Hochgefühl, Energiegewinn und ein lustvolles Gefühl. Ein weiterer Widerspruch, der belustigt, ist der zwischen unserer Vorstellung vom Nichts und der Welt. Das Denken setzt voraus, dass das Nichts ja eben per Definition nichts ist. In diesem Witz wird es aber zur heiligen Kuh, die angeblich nicht jedem zusteht.

So ein Witz lädt ein, nicht alles unmittelbar und aus leidvoller Sicht zu beurteilen, sondern sich Achtsamkeit und heitere Gelassenheit zu bewahren. Das ist eine Art Grundton, den wir uns erarbeiten und erhalten können. Dabei hilft die Vergegenwärtigung unserer Vergänglichkeit.

Eine besondere, nicht unbedingt sanfte Art mit Tod und Sterben umzugehen, findet sich im Zen-Buddhismus, bei dem es um das praktische Üben und weniger um die Theorie geht. Dabei wird gerne darüber gelacht, dass Menschen nicht verstehen (wollen), dass auch die heiligste Wahrheit ein von Menschen geschaffenes Dogma bleibt. Erkenntnisse seien wie der Finger, der auf den Mond der Wahrheit zeigt. Der Finger könne nicht der Mond sein, viele sähen aber nur den Finger und beteten ihn an. Der Mond bleibe letztlich ein Geheimnis. Die Lehre wird als ein Floß gesehen, das den Suchenden über den Fluss setzt, gerade gut genug, es am anderen Ufer zurückzulassen. Denn es stelle sich die Frage: Wenn, wie Buddha postulierte, unser Ich zusammengesetzt ist, wenn keine beständige Identität existiert, was wird dann überhaupt wiedergeboren? Im Gegensatz zu einer Seelenwanderung, wie sie im Hinduismus bekannt ist, sprechen Buddhisten von einem Impuls, der von Inkarnation zu Inkarnation weitergegeben wird; eine Form der Energie. Das Bild der Flamme illustriert, dass das Leben wie eine Flamme ist, die von einer Kerze zur anderen springt, von einer Inkarnation zur nächsten übergeht. Ist es die gleiche oder eine andere Flamme, das gleiche oder ein anderes Leben? Letztlich wohl beides, all das bleibt aber Spekulation und deshalb darf sich für den Zen-Adepten jegliche Vorstellung auflösen, auch die von Sterben und Tod.

Ein Mönch fragte den Zen-Meister Zenji: »Wie ist es, wenn der Tod kommt?«
Zenji antwortete: »Gibt man mir Tee, so trinke ich ihn. Gibt man mir Speise, so esse ich sie.«
Der Mönch fragte weiter: »Wer nimmt die Gabe an?«
Der Meister sagte: »Räume deine Mönchsschale auf!«

Solche Zen-Dialoge sind ziemlich rätselhaft, aber auch heiter. Auf die zutiefst menschliche Frage nach dem Tod erfolgt eine rätselhafte Erwiderung, die auf den ersten Blick keine Antwort ist. Unsere Erwartung läuft ins Leere. Der Frager beharrt nicht auf einer Antwort, sondern stellt eine neue, rätselhafte Frage. Darauf folgt eine neue Erwiderung, die ähnlich der ersten die Antwort nicht auf logischer Ebene liefert. Ein Kontrast zwischen der schwergewichtigen Bedeutung der Fragen und den spielerischen Reaktionen, die sich ganz einfach auf die Verrichtung alltäglicher Dinge beziehen. Wir fühlen intuitiv, darin liegt die Antwort. Es gibt keine und es gibt doch eine, verrichte dein Tagesgeschäft. Dies befreit vom logischen Grübeln, entspannt und amüsiert. Der Tod wird letztlich als ein Problem des Ich behandelt, das nach einer Lösung giert.

Ein Mönch fragte Zenji: »Der Tod ist gekommen. Wie kann man ihm entgehen?«
Zenji antwortete: »Wo gibt es ihn überhaupt?«

Hier wird die Absurdität der Frage durch eine Gegenfrage offenbart. Der Frager ist davon überzeugt, dass es den Tod gibt und sucht einen Weg, ihm zu entrinnen. Als Leser folgen wir der Frage und bauen eine Erwartung auf. Was wird der Meister antworten? Dieser stellt aber den Versuch, dem Tod zu entrinnen, auf den Kopf, indem er fragt, ob es den Tod überhaupt gibt. Ein radikaler Perspektivenwechsel, der ausdrückt: Der Tod bleibt eine Vorstellung der Lebenden und damit ein Problem für die, die über ihn nachdenken, nicht für die Toten.

Witze werden zu Koans, zu unlösbaren Rätseln, drücken Widersprüche aus, die das Denken nicht auflösen kann. Sie führen zu einer körperlichen Reaktion, entweder zu Angst, Zorn und Weinen oder zu spontanem Grinsen, vielleicht sogar herzhaftem Lachen – als Zeichen einer tiefen Einsicht, die jenseits der Worte liegt. In beiden Witzen zeigt sich, wie die Spannung der Suche und die Erwartung der Wahrheit sich in Nichts verwandelt. Wobei das Nichts genau der unbeschreibbare Bereich ist, in den der Zen-Adept vorstoßen möchte.

Das Lachen des Zen-Meisters kann zynisch und brutal sein und so manch ein kontrolliertes Lächeln zerfetzen.

Ein Schüler kam mit heiterem Lächeln zu seinem Meister: »Meister, ich habe es verstanden, alles ist leer! Alles ist leer! Alles ist leer!«
Da boxte der Meister den Schüler auf den Arm.
Verblüfft schrie der Schüler vor Schmerz auf.
Der Meister lachte: »Ich dachte, alles ist leer, aber dein Arm ist ja immer noch da.«

ÜBUNG:

Schließen Sie für einen Moment die Augen, achten Sie auf
Ihren Atem.
Stellen Sie sich Ihr Sterben vor, die letzten Momente, fühlen
Sie hinein.
Versuchen Sie gleichzeitig ihre Vorstellungen von Sterben
und Tod loszulassen.

ENGEL ...

»... sind flexibel ...«
Wolfgang J. Reus

Als ich bei einem Arzt wegen meiner Rückenschmerzen in
Behandlung bin, berichte ich auf seine Frage, was ich arbeite, von
meinem Buch zum Thema Humor und Sterben. Daraufhin be-

ginnt er lachend zu erzählen, dass er gar nicht verstehe, warum die Berliner solche Angst vor dem Tod hätten. Er käme aus Köln, sei katholisch und habe keine Angst: »Ich bin mir sicher, dass der ljebe Jott es jut mit mir meint und im Himmel alles jut wird!« Und dann erzählt er mir folgenden Witz, während ich, mit Akupunkturnadeln gespickt, zum Zuhören gezwungen bin.

Drei Männer stehen in Paris auf dem Eifelturm.
Sagt einer von ihnen: »Heute ist eine so gute Thermik, da macht das Fliegen richtig Spaß.« Und schon hat er sich über das Geländer geschwungen und fliegt in großen Bögen langsam nach unten.
»Wo er Recht hat, hat er Recht«, sagt der Zweite, »ein tolles Flugwetter.« Er steigt über das Geländer, springt und fliegt dem ersten hinterher.
Der dritte Mann zögert. Doch dann gibt er sich einen Ruck, steigt auf das Geländer, springt und fällt wie ein Stein hinunter.
Sagt der Erste, der gesprungen ist, zu dem Zweiten, während sie in einem großen Bogen nebeneinander fliegen: »Für Engel sind wir manchmal schon ganz schön fies ...«

Der Witz spielt wunderbar mit der Erwartung, Engel seien ausnahmslos heilige, gute Wesen. In der Pointe erfahren wir: Es gibt auch richtig fiese. Damit findet (für manche Menschen) ein Tabubruch statt, der eine Spannung aufbaut und sich im Perspektivenwechsel Luft verschafft: In diesem Witz darf man über gemeine Engel lachen und damit z.B. auch über Engelkitsch. Der katholische Arzt schüttelt sich vor Lachen, ich grinse mit, soweit das mit eben eingestochenen Akupunkturnadeln möglich ist. Immerhin beweist er als Katholik Selbstironie. Ob er an Engel glaube, frage ich. »Natürlich«, kommt prompt zurück. »Was wäre die Welt ohne Engel?« Wohl dem, der wie der Herr Doktor aus seinem Glauben frohe Botschaft, Trost und Zuversicht schöpfen kann – und das mit Freude und Selbstironie. Für dieses Gottvertrauen darf man ihn bewundern.

Jesus, Buddha, Mohammed, Gott sind, wie wir gehört haben, Glaubensinhalte, die uns helfen können, Zuversicht zu gewinnen. Für manche Menschen sind andere Vorstellungen hilfreich: Engel, Feen, Zwerge, Geistwesen, für Muslime Dschinns. Immerhin glauben 43 % der Frauen und 26 % der Männer in Deutschland an Engel. Für sie sind Engel Kraftquellen, die beschützen, trösten und Orientierung geben. Daraus kann eine tiefe Freude erwachsen. Der Glaube an Engel ist auch in der Sterbebegleitung eine wichtige Ressource. Engel sind positiv besetzt, haben etwas Kraftvolles, manchmal auch etwas Kindliches, gelten als rein und meistens asexuell und sind deshalb für viele ein Objekt, auf das der Geist sich leicht fokussieren kann. In dem berühmten Bild von Hieronymus Bosch, »Der Flug zum Himmel«, warten Engel innerhalb des Tunnels auf die Sterbenden. Daraus entsteht Hoffnung.

Bevor ich Frau Lessings Zimmer betrete, nehme ich noch einen kräftigen Atemzug, denn nun erwartet mich dicke Luft. Frau Lessing, Mitte sechzig, liegt im Bett und freut sich, dass sie nun rauchen darf. Rauchen ist im Hospiz, jedenfalls wenn der Gast im Bett liegt, nur in Begleitung erlaubt. Frau Lessing zieht ihre Zigaretten aus dem Nachttisch, jongliert eine in den Mund und wartet darauf, dass ich sie anzünde.

Sie nimmt einen tiefen Zug, grinst und blickt aus dem Fenster: »Schauen Sie, der Spatz, der kommt immer wieder und besucht mich. Und der Himmel, da habe ich gerade einen Engel gesehen. Der hat mir zugelächelt.«

Dass Frau Lessing Engel mag, ist unübersehbar, trotz des Qualms. Das Zimmer ist sozusagen ein Landeplatz für Engel. Engelsfiguren stehen auf ihrem Nachttisch, sitzen im Regal und hängen neben dem Fernseher. Ich entdecke das Bild eines prächtigen Engels mit rostfarbenen Flügeln.

»Was für ein Engel ist das? Der sieht toll aus!«

»Das ist mein Lieblingsengel, Raphael«, sagt sie. »Der Engel der Heilung und Freude.«

Ein kleiner, weißer Engel mit goldenen Flügeln, einem Jungen gleich, sitzt keck auf der Kante eines Regalbrettes und scheint mit geschürzten Lippen in höchsten Tönen zu singen.

»Der sieht aber besonders aus, als würde er auch gleich loslachen.«

»Und wie der lachen kann. Der erinnert mich immer daran, dass ich nicht alles so ernst nehmen muss. Und, der wird mich begleiten, wenn es so weit ist.«

Frau Lessing nimmt einen kräftigen Zug, lächelt nachdenklich, dann schaut sie mich wieder mit strahlenden Augen an. »Ja, so ist es.«

Die Vorstellung von helfenden Engeln ist verbunden mit der Überzeugung, dass im Tode Licht und Freude auf uns warten. Als Beweis gelten Nahtoderfahrungen. Raymond Moody und Elisabeth-Kübler Ross schrieben Bestseller darüber. Die Medizin geht davon aus, dass noch nie jemand, der tot war, ins Leben zurückgekehrt ist und berichtet hat, was er dabei erlebt hat. Dem widersprechen Menschen, die klinisch tot waren und wiederbelebt wurden. Sie berichten detailliert von Ereignissen z.B. im Zusammenhang mit dem Unfall, der sie dem Tode nahe brachte, die für sie gar nicht sicht- oder hörbar gewesen sein können. Endorphinrausch aufgrund von Sauerstoffmangel oder der Kontakt zum Jenseits? Und geht es dabei auch lustig zu? Elisabeth-Kübler Ross schreibt, dass ein Patient nach seiner Wiederbelebung einen Witz der Ärzte wiedergegeben habe. Diesen hatten sie zum Besten gegeben, als sein EEG eine Null-Linie angezeigt hatte, das Gehirn also tot war. Der Mann hätte den Witz nicht mehr hören können.

Dass er dies doch vermochte und berichten könne, sei nur damit erklärbar, dass Menschen im Tod weiter zu Wahrnehmung fähig seien. Leider protokollierte Elisabeth-Kübler Ross nicht, um welchen Witz es sich handelte.

Wissenschaftler und Ärzte, wie der Kardiologe Pim van Lommel sprechen von einem Bewusstsein, das losgelöst vom Körper existiert und in das wir eintauchen. Keinesfalls alle Nahtoderlebnisse werden dabei von Licht und freundlichen Engeln begleitet. Auch düstere, beängstigende Erlebnisse werden geschildert. Doch die Mehrzahl der wiederbelebten Patienten sprechen von unermesslicher Freude. Diese Berichte machen Hoffnung und sorgen für Entspannung, die wiederum Humor und Lachen möglich machen. Bei der Begleitung von Menschen am Lebensende ist es hilfreich, diese Bilder stehen zu lassen, auch wenn wir als Begleitende anderer Meinung sind.

Vielleicht lautete der Witz ja so:

Es klopft an die Himmelspforte. Petrus öffnet. Vor ihm steht ein bleicher Mann und ruft: »Hallo, ich bin der Hub ...«
Zack, ist der Mann verschwunden. Petrus schließt die Tür. Nach einigen Momenten klopft es wieder. Petrus öffnet abermals.
Und wieder steht der Mann davor: »Hallo, ich bin der Hub ...«
Zack, ist der Mann verschwunden.
Petrus weiß nicht, was er machen soll, schließt die Tür. Nach einigen Momenten klopft es wieder. Petrus öffnet abermals.
Und wieder steht der Mann davor: »Hallo, ich bin der Hub ...«
Zack, ist der Mann verschwunden. Nun wird es Petrus zu bunt. Wütend knallt er die Tür zu. Da kommt der liebe Gott und fragt, was los sei.
Petrus erzählt, was passiert ist und der liebe Gott antwortet: »Ach, das ist der Huber Sepp, der wird gerade reanimiert.«

SPAGHETTIMONSTER

»*Ich glaube an die Piraterie,*
Die heilige pastafarische Kirche,
Die Gemeinschaft der Spaghettigenießer,
Die Erderwärmung,
Bedingt durch den Tod der Piraten,
Und das nudlige Leben.
Ramen!«
(Aus dem Glaubensbekenntnis der Pastafari)

Im Jenseits freuen sich die Gläubigen auf einen Biervulkan und
eine Stripper- und Stripperinnenfabrik. So steht es im Evangelium des fliegenden Spaghettimonsters, einer satirischen Religion,
die der US-amerikanische Physiker Bobby Henderson ins Leben
rief. Hier gibt es die Vorstellung von einem Gott, der aussieht, wie
eine große Portion Spaghetti mit zwei Fleischbällchen. Anlass für
die Religionsgründung war eine Auseinandersetzung in US-ame-
rikanischen Schulen, bei der es um die Frage geht, wie die Welt

erschaffen wurde. Zwei Ansichten stehen sich ziemlich humorlos und unversöhnlich gegenüber. Die einen verfechten den Glauben an einen Gott, der die Welt nach einem eigenen Plan erschaffen hat – Intelligent Design. Die anderen bevorzugen Darwins Evolutionstheorie. Bobby Henderson wünscht, wenn Intelligent Design unterrichtet werde, dann doch bitte auch der Glaube an das Fliegende Spaghettimonster. Denn Gott könnte schließlich das Spaghettimonster sein. Dass dies bei einigen Christen zu wütenden Protesten, zum Vorwurf der Blasphemie, führt, liegt auf der Hand. Die Anhängerschaft des Pastamonsters, deren Mitglieder sich Pastafari nennen, soll mittlerweile weltweit auf zehn Millionen angewachsen sein und untermauert ihr Anliegen mit folgendem Angebot: Wer es schafft, zu beweisen, dass Jesus nicht der Sohn des Fliegenden Spaghettimonster ist, bekommt ein Preisgeld von einer Million Dollar. Das Geld ist noch zu haben.

Die Pastafaris haben acht Gebote, die sich »Mir wär's wirklich lieber, Du würdest nicht ...« nennen. Ein Gebot lautet: »Mir wär's wirklich lieber, Du würdest nicht meine Existenz als Mittel benutzen, zu unterdrücken, jemanden zu deckeln, zu bestrafen, fertigzumachen und/oder du weißt schon. Ich verlange keine und benötige keine Opfer. Und Reinheit ist was für Trinkwasser, nicht für Menschen.«[23] Der heiligste Feiertag ist der Freitag, welcher jede Woche stattfindet. An diesem Tag darf man es ruhig angehen lassen und sich mit Sterben und Tod beschäftigen, oder auch mit Biervulkan und Strippermanufaktur.

Die Pastafaris nehmen eine gute Portion religiöser Dogmen aus dem christlichen und jüdischen Kontext auf die Schippe. Erwartungen, wie eine Religion zu sein hat, werden ausgehebelt. Tabubrüche am laufenden Band, denn religiöse Inhalte sind für viele Gläubige nicht verhandelbar. Doch hier wird auf bissige Weise demonstriert: Gottesbilder werden von Menschen gemacht, entstehen und vergehen mit denen, die sie sich ausdenken. Dies finde ich aufklärerisch und erfrischend. Und ganz im Sinne der Religion, denn die Anregung dazu findet sich an prominenter Stelle im 5. Buch Mose: »Du sollst dir kein Bildnis machen.« Dies bedeutet trotzdem, Trost und Freude im Glauben zu erleben, man muss nicht von der Existenz Gottes und Jesu überzeugt sein, um in einem Gebet Hoffnung und Zuversicht zu finden. Ob den Anhängern die Vorstellung vom Spaghettimonster und Biervulkan im Jenseits als Kraftquellen im Sterben wirklich hilfreich ist, weiß ich nicht. Aber warum eigentlich nicht? Ein Gott, der gut schmeckt, kann so falsch nicht sein. Auch beim Abendmahl wird ja der Leib Jesu gegessen und sein Blut getrunken.

7. TRAUER

HERZLICHEN GLÜCKWUNSCH!

»Leuchtende Tage – Nicht weinen,
dass sie vergangen, sondern lächeln,
dass sie gewesen.
Denn ich hab' sie gelebt.«
Tagore

Im Hospiz-Café sind die Trauernden nicht allein. Viele kommen noch Monate später, nachdem ihre Angehörigen gestorben sind, denn Trauer braucht eben ihre Zeit. Es hilft, sich auszutauschen, zu erfahren, wie andere mit Schmerz, aber auch mit Freude umgehen. Denn hier wird nicht nur getrauert, sondern auch gelacht. In der Zeit der Trauer hört das Leben nicht auf, komisch zu sein und das Lachen hilft dabei, den Verlust anzunehmen.

So wie bei Herrn Bremer. Über vierzig Jahre waren sie verheiratet und nun ist seine Frau Hannelore Bremer gestorben. »Das Bett im Pflegeheim war leer«, erzählt er, »die Bestatter haben sie gerade abgeholt. Ich war so traurig und wütend, ich hab das Kopfkissen vom Bett gerissen und durchs Zimmer gepfeffert! Leider ein bisschen kräftig, weil, es ist direkt aus dem Fenster gesegelt. Aus dem 12. Stock. Die ehrenamtliche Sterbebegleiterin und ich sind sofort zum Fenster. Das Kissen hing nun unten in den Ästen von einem Baum. Was tun? Die Ehrenamtliche ist runter und hat versucht, auf den Baum zu klettern. Vergeblich. Dann hat sie zwei Jugendliche entdeckt. Die sind den Baum rauf und haben das Kissen aus den Zweigen geangelt. Dann hat sie das Kissen zurück ins Zimmer gebracht. Wir haben beide so lachen müssen. Und ich dachte: Darüber hätte sich meine Hannelore bestimmt auch gefreut. Vielleicht hat sie das ja sogar beobachtet!«

Als Herr Bremer dies mit Tränen in den Augen im Hospiz-Café erzählt, steckt er die anderen Trauernden mit seinem Lachen an. Auch diejenigen, die in ihrem Schmerz gefangen sind, beginnen zu lächeln. Und für Herrn Bremer bleibt diese Erfahrung so etwas wie eine kleine Kraftquelle und eine Erinnerung an seine Frau, denn die hatte, so sagt er lächelnd, bestimmt ihre Finger mit ihm Spiel.

Wie können uns also Lachen, Humor und Freude im Trauerprozess unterstützen, so dass ein Verlust in das Leben integriert werden kann? Auch hier stehen uns die beschriebenen Humor-Ressourcen und Humor-Instrumente zu Verfügung.

Was geschieht überhaupt, wenn wir trauern? Die erste Reaktion auf den Tod ist der Schock. Die einen reagieren mit Erstarren, die anderen wie Herr Bremer mit Wut und erleben dabei sogar noch etwas Tröstliches. Trauer ist eine komplexe Reaktion auf Verluste, ein intensiver Gefühlsprozess, der sich in einer Vielzahl von Emotionen äußert. Im Trauerprozess liegt damit die Chance, mit Gefühlen in Kontakt zu kommen, die uns sonst verschlossen bleiben. Dabei hilft es, den Kummer nicht als unerwünschte Krankheit zu verstehen, sondern als natürliche Reaktion auf einen Verlust. Kummer lenkt die Aufmerksamkeit nach innen, ermöglicht es, Bilanz zu ziehen und lässt Tränen fließen. Dinge, Erfahrungen ordnen sich neu. Wissenschaftliche Untersuchungen zeigen, dass Kummer die Konzentration und tiefgehendes Denken fördert. Von daher ist es hilfreich, Kummer nicht wegzulächeln oder abstellen zu wollen. Damit würde die kostbare Möglichkeit eingeschränkt, nach innen zu schauen, Gefühle und Leid auszuhalten und in das eigene Leben zu integrieren.

> »Ein jegliches hat seine Zeit. Lachen hat seine Zeit. Weinen hat seine Zeit.«
> PREDIGER SALOMO, BUCH KOHELET

In der Zeit der Trauer entstehen aber nicht nur Traurigkeit, Wut und Depression, sondern auch Gefühle wie Freude und Glück, die einen ebenso wichtigen Stellenwert im Trauerprozess einnehmen. Sobald das Weinen seine Zeit bekommt, wie es der Prediger Salomo ausdrückt, kann eine Phase des Trostes und auch der Freude und des Lachens folgen.

So wie bei Frau Fischer, die im Hospiz-Café erzählt, dass am Grab ihres Mannes ein Bekannter ihr die Hand schüttelte. »Der hat mir mit ›Herzlichen Glückwunsch!‹ gratuliert. Ein Versprecher, klar wollte er ›Herzliches Beileid‹ sagen, war aber so aufgeregt, dass ihm das passiert ist. Ich konnte einfach nicht anders, ich musste am offenen Grab von meinem Mann so was von lachen. Und das hat so gut getan.«

Einer der ersten, der sich systematisch mit der Trauer beschäftigte, war Sigmund Freud, der die Aufgabe im Trauerprozess darin sah, sich nach und nach vom verlorenen Objekt zu lösen mit dem Ziel, die Trauer zu bewältigen. Diesen Vorgang bezeichnete Freud als Trauerarbeit, da es nicht um ein passives Erleben, sondern um ein aktives Tun des Trauernden geht. Berücksichtigen muss man dabei, dass zu Zeiten Freuds die gesellschaftliche Konvention es nicht vorsah, Trauer zu zeigen. Es galt, sich zu beherrschen und die Seelenschmerzen zu verbergen.

Vermiedene Trauer aber kann zu Erkrankungen führen. Deshalb ist es sinnvoll, zu trauern und das Trauern zu lernen. Trauer ist Ausdruck des Leidens an einem erlittenen Verlust. Gingen Psychologen früher davon aus, dass Trauer nur eine gewisse Zeit zu dauern habe, wird der Trauerprozess heute anders bewertet. Trauer braucht so lange, wie sie braucht. Sie ist der Preis, den man bezahlen muss, wenn eine intensive Bindung abbricht. Manche Menschen sind, insbesondere beim Verlust eines Kindes oder einem plötzlich Unfall, einfach untröstlich. Die Psychologin Verena Kast spricht hier vom Verlust des Beziehungsselbst. Das Beziehungsselbst ist wie eine dritte Person, die sich aus einem Menschen und seinem Gegenüber in der Beziehung gebildet hat. Nahe Angehörige sind ein Teil der eigenen Identität. Der Verlust reißt nicht nur eine Lücke, sondern mit dem Verlust stirbt auch das eigene Leben, so wie es war. Daraus entsteht eine Identitätskrise, in der das eigene Selbst sich neu strukturiert. Wenn wir mit oder um einen nahestehenden Menschen trauern, trauern wir auch um unser eigenes Leben, das mitgestorben unwiederbringlich verloren ist. Wir müssen uns dann neu (er)finden. Dazu braucht es die Möglichkeit des Rückzuges und Zeit.

Das ist vernunftmäßig nur begrenzt verstehbar. Trauer ist ein Geschehen im Bereich der Gefühle. Sätze, wie »Das Leben geht weiter« mögen gut gemeint sein, können aber nicht trösten und signalisieren dem Trauernden, er mache etwas verkehrt. Das Leben geht eben nicht mehr so weiter, wie es war. Das Fatale liegt dabei in dem »du musst«. Es gibt keine Regeln, was ein trauernder Mensch »tun muss«. Die Ansichten, wie man sich zu verhalten habe, können durchaus unterschiedlich sein:

Die Ehefrau von David ist gestorben. Auch David ist nicht mehr der Jüngste und trauert, gemeinsam mit seinem Sohn. Nach einigen Tagen sieht sein Sohn, wie sein Vater sich nachts in das Zimmer des Dienstmädchens schleicht. Am nächsten Morgen stellt er seinen Vater zur Rede, wie er das tun könne, schließlich sei die Mutter erst gerade begraben worden.

Darauf antwortet David: »Weiß ich, was ich alles in meinem Schmerz tu?«

Manche Menschen trauern ihr Leben lang um einen Verlust und das ist, solange sich daraus keine psychischen und physischen Krankheiten ergeben, eine Art zu leben. Der verlorene Mensch wird zu jemandem, der im Inneren weiter existiert. Wenn die Trauer durchgestanden ist, kann der Verlust akzeptiert und in ein neues Leben integriert werden. Dabei trauern Menschen auf individuelle Weise. Der plötzliche Verlust eines Angehörigen durch einen Unfall oder einen Suizid lässt uns anders trauern als das Sterben eines alten Menschen, mit dessen Tod zu rechnen war. Hier begleitet der Trauerprozess schon das Sterben und bekommt seine Zeit. Auch bedeutet der Verlust eines Kindes einen besonders schweren Trauerprozess.

Zahlreiche Modelle wurden entwickelt, um den Trauerprozess zu erfassen. Verena Kast unterscheidet vier Phasen:

1. Schock und Verneinung: Wir wollen es nicht wahrhaben, dass wir jemanden verloren haben oder verlieren. Diese Phase kann kurz sein, aber auch Wochen oder Monate andauern.
2. Aufbrechende Gefühle: Wut, Verzweiflung, Schmerz, Schuldgefühle entstehen und können uns überwältigen.
3. Suchen: Wir suchen den Kontakt zum Verstorbenen. Gefühle wechseln sich ab, Verneinung und Trauer, aber auch Freude und Trost.

4. Entwicklung eines neuen Selbst- und Weltbezugs: Der Tod des geliebten Menschen wird akzeptiert. Eine neue, eigene Identität entsteht und ein Neuanfang wird möglich.[24]

Solch ein Modell ist hilfreich, um überhaupt auf die Idee zu kommen, dass die Verarbeitung eines Verlustes ein Prozess ist. Verena Kast weist darauf hin, dass dies aber nur eine Orientierung ist. Die Stufen müssen nicht zwangsläufig durchschritten werden. Manche Trauernde erleben die Phasen mehrfach und auch nicht in immer der gleichen Reihenfolge.

Der Trauerforscher George Bonnano spricht nicht von Phasen, sondern von wechselnden Gefühlen, die sich wie Wellen abwechseln. Neben dem Gefühl von Traurigkeit und Depression gehören seiner Meinung nach auch Freude und Lachen, ja sogar Euphorie-Wellen zur Trauer. Bonnano betont, wie wichtig positive Gefühle im Trauerprozess sind. Denn diese aktivieren und stärken die Resilienz, also die Fähigkeit, schwere Lebensumstände oder Schicksalsschläge zu verarbeiten. Analog zu den von Elisabeth Kübler-Ross beschriebenen Sterbephasen lassen sich verschiedene Humorarten finden. Beispielsweise können Zorn und Wut über das Geschehen zu schwarzem Humor, zu Sarkasmus und Zynismus führen. Das kann entlastend sein. Sowohl Kummer als auch Freude sind spontane und natürliche Reaktionen auf einen Verlust. Da Trauer sich für Bonnano in Wellen vollzieht, dürfen im Trauerprozess Traurigkeit und auch Freude erlebt werden. In einer Studie zeigt Bonnano, dass positive Emotionen bei der psychischen Bewältigung eines Verlustes helfen. Die Probanden, die während der ersten Monate nach dem Tod ihres Lebenspartners lachen, sind während der ersten beiden Jahre der Trauer psychisch gesünder als die, die nach dem Tod des Partners zu keinen freudvollen Emotionen fähig sind. Der Grund dafür ist einfach: Lächeln und Lachen erlauben den Hinterbliebenen eine Pause von der Trauer und helfen, neue Kräfte zu sammeln.[25]

Dies hat nichts mit erzwungenem positiven Denken zu tun, sondern gefühlte Freude im Trauerprozess ist eine natürliche Reaktion, die unterstützt, Verlust anzunehmen. Freude hilft, nicht in der Trauer zu versinken, sondern auch die Kraft des Lebens zu empfinden. Für viele Trauernde ist das alles andere als selbstverständlich, denn oft wird Lachen mit Verdrängung, Flucht, Pietätlosigkeit und Kaltherzigkeit in Verbindung gebracht. So war es bis vor wenigen Jahrzehnten allgemein üblich, dass nahe Angehörige nach dem Tod eines Menschen ein Trauerjahr einhielten, in dem sie sich jeder Freude enthalten sollten. Da dies natürlich kaum durchzuhalten ist, können Schuldgefühle die Folge sein, wenn man der »Pflicht zur Trauer« nicht nachkommt. Denn auch in der Trauerzeit hört das Leben ja nicht auf, komische Seiten zu zeigen. Diese zuzulassen und sich das Lachen zu erlauben, ermöglicht Inseln der Selbstfürsorge und Entspannung.

Auch in der Begleitung von Menschen in der Trauerphase steht uns das Humor-Instrument der Befragung zur Verfügung. Einfache Fragen sind hilfreich, um positive Emotionen zu aktivieren:
- An welche schönen Momente können Sie sich erinnern, die Sie mit Ihrem Angehörigen geteilt haben? Worüber haben Sie sich gemeinsam gefreut? Worüber konnten Sie gemeinsam lachen?

Oft neigen Trauernde dazu, die Vergangenheit zu verklären. Hier eignen sich folgende Fragen:
- Was hat Sie denn auch mal so richtig geärgert, was Ihr Angehöriger gemacht hat? Was hat Sie auch mal genervt?

Oft entsteht daraus ein Lachen, denn es sind alltägliche Dinge, die uns am anderen anstrengen. Herr Kaiser erzählt, dass er seine verstorbene Frau unendlich vermisse. Aber dann fügt er hinzu: »Etwas Gutes hat es ja, dass meine Frau gestorben ist. Ich kann endlich beim Frühstücken meine Morgenzeitung in Ruhe lesen.

Da hat sie immer gemeckert.« Die anderen Trauernden am Tisch lachen. Auch er lacht, ein Moment der Entlastung. Gleichzeitig, so berichtet er, habe er Schuldgefühle, weil er sich verurteile, dem Tod seiner Frau auch etwas Positives abgewinnen zu können.

Solche Fragen kann man sich im Trauerprozess selbst stellen. Die Erinnerung an freudvolle Momente bewirkt Dankbarkeit für das Erlebte. Trauerarbeit bedeutet, den Verstorbenen nicht zu idealisieren, sondern auch Schattenseiten benennen zu können. Das ist keine Herzlosigkeit, kein Mangel von Liebe oder Pietät, sondern der realistische Blick auf das Leben. Auch wenn viele das nicht sagen wollen, durch den Tod eines geliebten Menschen wird neue Freiheit gewonnen.

KURZ DANACH

»Habt ihr schon gemerkt?
Ich bilde euch gerade zu Hinterbliebenen aus.«
Bewohner im Hospiz
lachend zu seinen Angehörigen

Vom Angehörigen zum Hinterbliebenen zu werden, ist eine Karriere, die man sich nicht wünscht, die aber unvermeidlich ist. Es ist nur schwer zu erfassen, dass das Leben nun endgültig aus einem Körper entwichen ist. Deshalb ist die Begegnung mit der Leiche so wichtig. Es wird sichtbar: Dieser Mensch ist tot. Durch die Wahrnehmung, das Sehen, das Berühren der Leiche wird das Unbegreifliche ein wenig begreif-bar – durchaus im wörtlichen Sinne. Die Leiche sieht anders aus als der Mensch, den man kannte. Dadurch wird es leichter, Abschied zu nehmen.

Das Hospiz ist ein Ort, an dem Trauerrituale einen Platz haben dürfen. Wenn Bewohner es wünschen, können Verstorbene in ihrem Zimmer aufgebahrt bleiben. Für die Hospizleitung ist dies

Anliegen und Dilemma zugleich. Auf der Warteliste stehen Menschen, die dringend auf ein Zimmer im Hospiz warten und das wird nun von einer Leiche blockiert. Aber so ist es eben im Hospiz. Der Moment des Ablebens ist nicht das Ende. Es gilt, einen Weg zu finden, der für beide Seiten hilfreich ist. Und so bleiben manche Verstorbene noch 36 Stunden aufgebahrt, so lange wie es der Gesetzgeber maximal erlaubt. Nach dem Tod eines Bewohners werden eine Kerze und eine Blume vor das Zimmer gestellt. Es gibt Tage, an denen steht dieses Arrangement vor drei oder mehr Zimmern. Die oder der Verstorbene wird vom Pflegepersonal gewaschen und gebettet, damit die Angehörigen, auch Mitarbeiter Abschied nehmen können. Bei der Dienstübergabe zum Schichtwechsel gedenkt das Personal der Verstorbenen. Auch wenn die Zeit knapp ist, erzählen sich die Pflegekräfte traurige und lustige Geschichten. Dies hilft, Abschied zu nehmen, denn Pflegekräfte befinden sich, je inniger die Beziehung ist, auch in einem Trauerprozess. Sie können nicht mit jedem Bewohner mitsterben.

Herr und Frau Liebmann erzählen im Hospiz-Café von ihrer Tochter Sabine, die mit Ende vierzig gestorben ist. Auch sie kommen regelmäßig in die Trauergruppe, denn ein Kind zu verlieren, sei, so sagt Herr Liebmann, das Schlimmste, das ihm je passiert sei. Er leide unter schweren Schlafstörungen und Depressionen, könne es einfach noch nicht wirklich fassen.

Etwa ein halbes Jahr wohnte Sabine Liebmann im Hospiz, dazwischen im Krankenhaus, dann wieder im Hospiz. Sie nahm an einer Studie teil, in der ein neues Medikament getestet wird, war glücklich, dabei sein zu dürfen und die neue, noch nicht zugelassene Medizin zu bekommen. Ein Strohhalm der Hoffnung. Doch der Krebs in der Bauchhöhle war stärker, fraß sich durch. In den letzten Tagen kam der Darmverschluss, sie erbrach ihren eigenen Stuhl. Für die Menschen, die sie besuchten heftete sie einen Zettel an ihre Tür: »Das Erbrechen belastet mich nicht, also sollte es euch auch nicht belasten.«

Bei der Abschiedsfeier im Hospiz hatten sich an ihrem Bett ihr Vater, mehrere Freundinnen, eine Pflegerin, eine buddhistische Sterbebegleiterin versammelt. Und ich, was nicht selbstverständlich ist. Sabine Liebmann war lesbisch und ihre Freundinnen mussten erst diskutieren, ob Männer zum Abschiedsritual zugelassen sind. Aber ihr Vater und ich dürfen dabei sein, Frau Liebmann hätte es so gewollt, meint ihre Freundin. Sabine hat sich ein buddhistisches Abschiedsritual gewünscht. Über ihrem Bett hängt ein Foto von Tara, einer weiblichen Gottheit aus dem tibetischen Buddhismus. Die Sterbebegleiterin liest einen buddhistischen Text vor, wir singen ein Mantra. Jede und jeder zündet eine Kerze an, stellt sie auf ein Tablett und erzählt. Traurige, nachdenkliche, lustige Episoden, z.B. die von dem Begrüßungsritual. Herr Liebmann erzählt, dass seine Tochter den blinden, sprachbehinderten Stoffmaulwurf aus dem Kabarettprogramm von René Marik liebte. Als eine Pflegerin erwähnte, dass sie den kleinen »Maulwurfn« auch so urig finde, ergab sich daraus ein Running-Gag. Die beiden begrüßten sich nun nur noch auf Maulwurfart mit: »Ja, ja, ja? Ne? Äh, nee, nee?« und lachten sich gemeinsam schief – bis zuletzt. Kurz vor ihrem Tod schenkte Sabine der Pflegerin zum Abschied ihren eigenen kleinen Stoff-Maulwurf. Als Herrn Liebmann sich am Totenbett daran erinnert und davon erzählt, lachen wir, vor Schmerz und Freude. Für Herr Liebmann ist dieses Weinen und Lachen am Bett seiner verstorbenen Tochter bis heute eine trostvolle Erinnerung. Mit dem Tod ist die Begegnung mit einem Menschen nicht zu Ende. Solange der Mensch in Erinnerung bleibt, existiert er weiter, im Guten wie im Schlechten.

BEGRÄBNIS MIT EXPLOSION

*»Wir sind alle auf dem gleichen Weg -
zum Friedhof.
Warum sich also beeilen?«*
Ayya Khema

Auch in der Zeit der Trauer hört das Leben nicht auf, komisch zu sein. Besonders Situationskomik kann etwas Tröstendes haben. Es ist dann, als würde das Leben dafür sorgen, dass wir nicht in Trauer versinken und für einen Moment die Freude des Lachens spüren dürfen.

Angeführt von einem Pastor bewegt sich ein Trauerzug langsam und würdevoll über den Friedhof. Die Familie nimmt Abschied von Frau Müller, die mit 67 an Krebs verstarb. Ihr Ehemann und die beiden Kinder, Schwester, Bruder, Verwandte und Freunde geben Frau Müller das letzte Geleit. Doch plötzlich bremst der Geistliche. Wo ist das Grab? Er blickt um sich und erkennt mit Schrecken: Er muss den Friedhof verwechselt haben. Der gesamte

Trauerzug samt Sarg ist von der Kapelle aus in die falsche Richtung marschiert. Kein Wunder, im Berliner Wedding liegen zwei evangelische Friedhöfe dicht beieinander. Da kann es schon mal vorkommen, dass man die verwechselt. Dem Pastor bleibt nichts anderes übrig, als seinen Fehler einzugestehen. Die Trauernden reagieren fassungslos, einige schütteln entsetzt den Kopf, einige wenige kichern verhalten. Was tun? Glücklicherweise erinnert sich der Kirchenmann an ein bereits ausgehobenes Grab auf dem Friedhof. Frau Müller wird in die fremde Grube hinunter gelassen, die nun ihre ist. Der Pastor ist erleichtert, der Witwer kann nicht anders, er bricht in Lachen aus. Das Lachen ist ein Ventil, das Spannung abbaut und der Verzweiflung Raum gibt. Er fügt hinzu: »Typisch meine Sabine, die konnte sich noch nie entscheiden!« Beim Leichenschmaus kommt die Trauergesellschaft aus dem Lachen nur noch schwer heraus. Es entstehen tröstende Momente.

Manchen scheint ein Grab nicht der richtige Ort für die letzte Ruhe zu sein. Und weil Deutschland das einzige Land ist, in dem noch Friedhofszwang herrscht, weichen sie in andere Regionen aus. Frau Thomas will ihren Sohn so bestatten, wie er es sich zu Lebzeiten gewünscht hat: In einer Modellrakete. Er war leidenschaftlicher Pilot von Modellflugzeugen und wollte, dass seine Asche mit einer Rakete in den Himmel geschossen wird. Und so buchten die Hinterbliebenen bei einem deutschen Bestatter ein Gesamtpaket in Kooperation mit einem tschechischen Kollegen. Verbrennung inklusive Trauerfeier mit anschließendem Raketenstart. Andreas Asche soll im Himmel zerstäuben und sanft zur Erde rieseln. Mutter und Freunde reisen an einem kalten Wintertag mit einem Kleinbus, der extra für sie gemietet wird, in die Umgebung eines kleinen Dorfes in der Nähe von Prag. An einem matschigen Feld wartet schon der ortsansässige Bestatter mit der, wie er versichert, professionell konstruierten Modellrakete, in der sich die Asche von Andreas befindet. Der Bruder hält eine Rede, die Mutter weint. Die roten Lichter der Videokameras blinken. Alle erwarteten den großen Moment. Die Rakete wird gezündet, erhebt sich pfeifend. Was dann geschieht, lässt allen den Atem stocken: Die Rakete dreht ruckartig in etwa zehn Meter Höhe und fliegt auf die Trauergemeinde zu. Instinktiv gehen alle in Deckung. Nur die Mutter bleibt aufrecht. Die Rakete pfeift knapp an ihr vorbei und kracht mit lautem Getöse in den Kleinbus. Die Hülle explodiert, die Asche von Andreas ergießt sich auf die Trauernden. Fassungslosigkeit und dann – lautes Gelächter. Selbst die Mutter stammelt lachend unter Tränen: »Typisch Andreas, bei dem hat ja nie was geklappt, seine Flieger sind auch immer zu Bruch gegangen!« Der Bruder nimmt seine Mutter in den Arm und ergänzt: »Ach Mama, das hätte Andreas bestimmt gefallen. Er hätte sich weggeschmissen!«

WAS UNS BLEIBT

»*Gemeinsam stirbt es sich leichter.*«
Tolstoi

Lachen muss auch in der Zeit der Trauer nicht nur zufällig geschehen. Um das Lachen zu befördern helfen Rituale, bei denen gelacht werden darf. Trauerreden dürfen Lustiges enthalten, aber darf am Grab gelacht werden? Andrea, eine Lach-Yogi aus einer Lach-Yoga-Gruppe verfügt das jedenfalls testamentarisch. Bei ihrem Begräbnis auf einem Frankfurter Friedhof sollen Lachübungen durchgeführt werden. Nach der Trauerrede des Pastors versammeln sich die Freunde aus dem Lach-Club. Man macht das Jammerlachen, schaufelt mit Armen und Händen imaginäres Leid auf den Boden, um es dann mit einem Lachen zum Himmel zu schicken. Es folgt das Buddhalachen und als krönender Abschluss die Lachrakete, ganz ohne Schwarzpulver, bei der alle lachend ihre Arme gen Himmel werfen und ein herzhaftes Lachen an den Kosmos senden – und sich für Andrea freuen, so wie sie es sich wünschte. Die Friedhofsverwaltung hatte nichts dagegen einzuwenden, denn die Lach-Community hatte das Lachen vorher angemeldet und versprochen, die Lautstärke nach Vorgaben der Umweltschutzbehörde unter 76 Dezibel zu halten.

Wer aber die Regelungen, die auf deutschen Friedhöfen gelten, nicht einhält, hat schlechte Karten. Die katholische Afrikanerin Augustine va Kintimba will nach heimatlichem Brauch beerdigt werden, allerdings in Aachen. Die ganze Familie der alten Dame ist versammelt, Geschwister, Kinder, Enkel und Urenkel. Eine Band begleitet den Trauerzug mit Trommeln und Trompeten zur Grabstätte. Die deutschen Friedhofsmitarbeiter staunen nicht schlecht über das, was sie da zu sehen bekommen. Wie es in Ghana Sitte ist, tragen die Hinterbliebenen bunte Kleidung, lachen, tanzen, schmettern freudige und traurige Lieder. Denn die Tote ist für sie nun von Schmerzen erlöst und in einer besseren Welt und das Lachen verbindet die Trauernden.

»Die Leiter des Todes erklimmt niemand allein.«
AFRIKANISCHES SPRICHWORT

Die Angehörigen selbst tragen den Sarg auf Seilen. Nun können die Friedhofsarbeiter etwas beobachten, was ihnen die Sprache verschlägt. Mit einem lautem »Yeah« wird der Sarg im Rhythmus der Musik in die Höhe geworfen, immer wieder und glücklicherweise auch immer wieder aufgefangen. Dann wird der Sarg mit lautem Trommeln in die Grube gelassen. Jeder darf dabei sein, wenn die Erde darauf geschaufelt wird. Es wird noch ausgelassener getanzt und zuhause die ganze Nacht gefeiert.

So etwas hat der Aachener Friedhof noch nicht erlebt. Was ist die Folge? Die Stadtverwaltung verhängt ein Bußgeld wegen Verstoßes gegen die kommunale Bestattungsverordnung.

»Die Beisetzung unter Trommelbegleitung erfolgte nicht in der Form eines ruhigen Trauerzuges, sondern tanzenderweise, wobei der Sarg mehrmals hochgeworfen wurde.«
STRAFBEFEHL DER JUSTIZBEHÖRDE AACHEN

Ein tröstendes Ritual, bei dem gelacht werden darf, ob absichtlich oder unfreiwillig, ist der Leichenschmaus. Dieser Brauch, auch Beerdigungskaffee, Leidessen, Trauerbrot, Tröster oder ›das Fell versaufen‹ genannt, hilft dabei, den Tod des Verstorbenen zu verarbeiten. Geschichten, deftige Storys und Witze über das Leben des Verstorbenen werden zum Besten gegeben. Durch das Lachen löst sich die Anspannung. Es wird signalisiert: Das Leben geht weiter, wenn auch anders als zuvor. Eigentlich schade, dass die Verstorbenen von der guten Stimmung nichts haben. Mancher versucht deshalb, den Leichenschmaus noch selber zu genießen. So geschah es 2007 bei dem Engländer Peter Housten. Er hatte erfahren, dass er unheilbar an Lungenkrebs erkrankt war. Daraufhin lud er seine Freunde und Bekannten zu einem Leichenschmaus in seine Stammkneipe ein. 150 Leute kamen und feierten gemeinsam mit ihm. Dabei sammelten sie auch noch für eine Kinderkrebshilfe. Drei Monate später verstarb er. Daraufhin gab es einen weiteren Leichenschmaus – diesmall allerdings ohne Peter Housten.

Als meine Mutter starb und wir uns zum Beerdigungskaffee versammelt hatten, präsentierte ihre Schwester ein Büchlein mit Anekdoten, das meiner Mutter gehörte. Ihre Lieblingsgeschichten hatte sie mit Ausrufezeichen markiert. Und so kamen wir auf die Idee, daraus vorzulesen, z.B. folgende Geschichte:

Lange nach Jesu Tod und Auferstehung erzählten sich die Christen immer neue Geschichten von seinen Wundertaten. »Ich will euch einmal berichten, was ich selbst erlebt habe«, meinte ein alter Mann. »Ein Gelähmter kam auf Krücken zum Messias und bat ihn, ein Wunder zu tun. Jesus segnete ihn und rief: Wirf deine Krücken fort! Und? fragten die Zuhörer gespannt. »Was soll ich euch sagen – hingefallen ist der Mann!« »Aber das ist doch kein Wunder!« »Wunder ist es keins, aber ich bin dabei gewesen.«

Wir alle lachten und wollten noch eine hören und noch eine. Gemeinsam zu lachen und dabei zugleich Rückschau zu halten, auf das, was die Verstorbene geliebt hatte, war ungeheuer tröstlich.

ICH BIN UMGEZOGEN

»Wenn du im Sarg liegst,
haben sie dich das letzte Mal reingelegt.«
Unbekannt

Humor-Instrumente helfen uns, einen spielerischen Perspektivenwechsel durchzuführen. Solche Hilfsmittel können Witze, Geschichten – oder auch Traueranzeigen sein. Hierbei zeichnet sich ein Trend ab. Waren früher Traueranzeigen fast durchgehend ernst gehalten, finden sich heute regelmäßig humorvolle Todesanzeigen, die sogar prämiert werden.

»Ich bin umgezogen.
Neue Adresse: Friedhofstr. 51, Bremen.
Ich freue mich über Besuch.«

Diese Anzeige erschien im Juli 2012 und wurde von 30.000 Lesern des Internet-Portals www.ruheinfrieden.de auf Platz eins der lustigsten Traueranzeigen gewählt.

Auch die Abrechnung mit einem Krankenhaus kann auf diesem Weg mit bitterer Ironie erfolgen, wie der 2. Platz zeigt: »Uwe F. Der Tod kommt auf leisen Sohlen, denn die Schuhe eines Arztes quietschen selten. Eigentlich kann ich liegen bleiben.«

Galgenhumor beweisen die Angehörigen von Peter L., deren Anzeige den 3. Platz machte: »Erst viel Humor, dann viel Tumor.«

Weitere prämierte Texte: »Die Bahncard war doch gerade erst gekauft. Simone M. Gute Reise!« und: »Hans-Peter E. Dein Dackel ging voraus – jetzt trittst du in seine Fußstapfen.« Und: »Werner B. Du hast den Ausspruch ›Hals- und Beinbruch‹ viel zu ernst genommen.« Sind solche Anzeigen pietätlos? Immer mehr Angehörige sind der Überzeugung, dass ihre verstorbenen Liebsten keinen langweiligen Text gewollt hätten. Allerdings stellt sich die Frage, ob die Dahingeschiedenen das genauso gesehen hätten, wehren können sie sich ja nicht mehr.

ÜBUNG:

Haben Sie sich schon Gedanken über Ihre Bestattung gemacht?
Wollen Sie eingeäschert oder beerdigt werden?
Wie soll ihr Sarg bzw. ihre Urne aussehen? Bunt, eine besondere Form? Vielleicht als Diamant gepresst?
Was soll in Ihrer Todesanzeige stehen?
Wie stellen Sie sich Ihre Begräbnisfeier vor?
Soll Musik erklingen, sollen Texte gelesen werden, wer soll reden?
Darf auch gelacht werden? Wie und worüber?

IN SÜSSER RUH'

»Unter jedem Grabstein
liegt eine Weltgeschichte.«
Heinrich Heine

Das deutsche Friedhofsgesetz setzt der Lustigkeit von Grabinschriften enge Grenzen. Das war schon einmal anders. In Bayern
(und in Österreich) tauchten Ende des 19. Jahrhunderts Mar-
terltafeln auf. Ihre Funktion ist bis heute nicht eindeutig geklärt.
Die einen sagen, sie seien zum Gedenken an die Toten und zur
Mahnung der Lebenden an den Stellen aufgestellt, wo ein Todesfall geschah. Die anderen meinen, es handle sich um Scherze. Wie
auch immer, einige der Tafeln lassen sich im Museumsfriedhof in
Kramsach bestaunen. So zieren diese Tafeln Sprüche wie:
    »Hier liegt in süßer Ruh, erdrückt von einer Kuh. Franz Xaver
Maier. Daraus sieht man, wie kurios man sterben kann.«
    Auf einer anderen Tafel findet sich der Satz: »Hier liegt begra-
ben die ehrsame Rothburg Rindl, gestorben ist sie im siebzehnten
Jahr, just als sie zu brauchen war.«
    Hier wird der Tod nicht verschwiegen, sondern er kommt mit
Hilfe der Tafeln sozusagen in aller Munde. Für die Verstorbenen

nicht unbedingt sehr ehrenvoll. Doch die humorvollen Reime waren Hingucker, sollten an den Verunglückten erinnern und die Lebenden mahnen, aufzupassen.

In Österreich sind die Regeln für Friedhöfe liberaler als in Deutschland. Im 19. Jahrhundert ließ der Schriftsteller und Satiriker Karl Julius Weber schon zu Lebzeiten die Inschrift seines Grabsteines festlegen: »Hier liegen meine Gebeine, ich wünscht, es wären deine.«

Natürlich finden sich auch heute humorvolle Grabinschriften, sogar in Deutschland. Auf dem Matthäus Friedhof in Berlin-Schöneberg kann man lesen:

»Finis porci, farciminis initium!«
»Das Ende des Schweins ist der Anfang der Wurst.«
GRABINSCHRIFT, MATTHÄUS-FRIEDHOF BERLIN

Der Verstorbene beweist einen weisen Humor, drückt aber auch Protest aus. Als Homosexueller wurde er als »schwule Sau« verspottet, er antwortete darauf mit diesem Grabspruch und weihte seine Grabanlage mit einer feuchtfröhlichen Party ein. Die Friedhofsbehörde hatte nichts dagegen einzuwenden. Genauso wenig wie gegen den Wunsch einer Verstorbenen, einen mittlerweile blühenden Apfelbaum auf ihrem Grab zu pflanzen und ein Kartoffelbeet für harte Zeiten anzulegen. Ein paar Gräber weiter lässt sich auf einem steinernen Kreuz lesen: »Freude ist Pflicht.« Wahrscheinlich ein ironischer Seitenhieb auf das preußische Dekret: »Pflicht ist Freude.« Wer es krass haben will: Aus dem grünen Efeu ragt eine weiße Autofelge mit der Inschrift: »Er ließ keine Kurve aus.« Das ist allerdings ein Demo-Grab der Steinmetzinnung. Wer möchte, kann sich dies oder ein Ähnliches anfertigen lassen. Humor ist, wie wir ja erfahren haben, immer der Humor des anderen. Man muss so etwas nicht mögen, aber humorvolle oder sogar zynische Grabinschriften eröffnen die Möglichkeit eines »Memento mori«, des Gedenkens der eigenen Sterblichkeit. Damit erzeugen sie einerseits Distanz, andererseits aber auch bei manchen Betrachtern ein Lachen und vielleicht eine größere Bereitschaft, sich mit der eigenen Endlichkeit zu beschäftigen. Und man erinnert sich an die Toten, wie sie gelebt haben.

ÜBUNG:

Wo wollen Sie bestattet werden? Friedhof, Friedwald, Meer?
Auf welchem Friedhof?
Wie stellen Sie sich Ihr Grab vor? Könnte es etwas Humorvolles haben?
Wollen Sie einen Grabstein oder etwas anderes?
Was könnte darauf stehen?
Wie soll das Grab gestaltet sein, was angepflanzt?

TANZ MIT MIR

»Die verborgene Quelle des Humors
ist nicht Freude, sondern Kummer.«
Mark Twain

Um belastende Gefühle besser zu bewältigen, suchen Hinterbliebene den Kontakt zum Verstorbenen. Die allermeisten Trauernden durchlaufen solch eine von Verena Kast beschriebenen Phase des Wieder-Holens, in der die Verstorbenen in der Phantasie wieder lebendig werden. Vor allem, sich mit ihnen zu unterhalten, hilft, Kraft zu schöpfen. Für den Trauerforscher George Bonanno ist das ein natürlicher Weg, zu trauern. Pathologisch wird es dann, wenn man vereinsamt und den Kontakt zu den Lebenden auch nach längerer Trauerphase unterbindet.

In Mexiko ist die freudvolle Begegnung mit den Ahnen zu einem alljährlichen Ritual geworden. Friedhöfe gleichen einem Volksfest, Hunderte farbenfroh gekleideter Menschen versammeln sich, essen und trinken zwischen und auf den Gräbern, schwatzen und lachen. Sie feiern den »Dia de los muertos«, den Tag der Toten. Dieser ist einer der wichtigsten mexikanischen Feiertage, entstanden aus einer Mischung aus aztekischen und christlichen Glaubensvorstellungen.

Um derlei zu erleben, muss man nicht nach Mexiko reisen. Als ich in Berlin am ersten November das mexikanische Fest der Toten besuche, werde ich schon am Eingang von lachenden Skeletten empfangen, verkleidete Untote mit Totenschädel und schwarzem Kostüm, auf das Knochen gemalt sind. Das Fest wird in einer Berliner Markthalle gefeiert, also mitten unter den Lebenden. Es ist proppenvoll, es riecht nach Kerzenwachs und Weihrauch. Der Altar für die Toten, der ofrenda, ist prächtig geschmückt, Blumen als Zeichen der Erde, dutzende Kerzen, die das Feuer repräsentieren, Weihrauch als Symbol von Wasser und Wind. Daneben ein Pappkarton, der aussieht wie ein Kindersarg und aus dem ein kleiner Totenkopf grinst. Aber man hat auch ganz alltägliche Sachen hingestellt, die den Verstorbenen schmecken: Pudding mit Soße, Wein, Obst, Nüsse, Kuchen, Schokolade, Zigaretten, Tequila. Daneben dutzende Fotos von Verstorbenen, alte und junge Menschen, manche Bilder verblichen. Kinder mit andächtigen Gesichtern entzünden Teelichter. Auf Tischen finde ich »Pan Demo«, Totenbrot, kaufe einen grinsenden Totenkopf aus Schokolade und beiße hinein. Schmeckt süß, der erste Tod, den ich esse. Eine Band mit Totenmasken spielt auf, Gitarren, Geigen und Trompeten, die Menge tanzt, eine morbide, zugleich euphorische Stimmung. Ein lachendes Skelett mit Sombrero auf dem Schädel greift nach mir, wirbelt mich herum, geht zum nächsten, ein Totentanz. Ich bin erschöpft, lasse mich auf einen Stuhl sinken, trinke Bier. Eine Tote setzt sich zu mir, dominiert von einem riesenhaften weißen Hut mit Vogelfedern, einer Stola, einem bezaubernden Hochzeitskleid und schwarzen, mit Knochen bemalten Handschuhen, das Gesicht bestimmt von zwei schwarzen Augenhöhlen und einem riesigen Gebiss. Sie erhebt ihr Becks, ich stoße an – mit dem Tod. Und kann nur noch eines: Laut loslachen. So absurd, komisch, traurig, lustig, beängstigend, gleichzeitig erlösend ist für mich das Ganze.

Die Wurzeln dieses Festes liegen im altmexikanischen Glauben. Die Azteken interpretierten den Tod nicht als Ende, sondern als Anfang eines neuen Lebens. Sie waren davon überzeugt, dass der Mensch erst beim Sterben erwache. Die eigentliche Realität sei nicht die Welt der Lebenden, sondern das Totenreich, in dem die Seelen weilen. Spanische Missionare versuchten, dieses Fest abzuschaffen und legten die Feiern mit den christlichen Feiertagen Allerseelen und Allerheiligen zusammen. So vermischten sich mexikanischer und christlicher Glaube. Der Tod wird auch liebevoll »pelona«, der Kahlköpfige genannt. Es ist ein spielerischer Umgang mit dem Tod. Der Totenschädel soll keine Furcht einflößen, sondern ein Zeichen für die freudvolle Wiedergeburt in der Welt der Toten sein.

Auch in der westlichen Kultur finden sich Darstellungen von Skeletten, so bei Dürer und Holbein. Doch sie sollen dem Betrachter Angst einflößen und dafür sorgen, dass er seine Sünden bereut.

Bedeutet das nun, dass die Mexikaner sich weniger vor dem Tod fürchten, dass der Tod ins Leben integriert ist? Nachdem ich mich etwas erholt habe, schaffe ich es, mit einer Organisatorin zu sprechen. Auch sie trägt ein weißes Skelett am Körper, nimmt aber netterweise die Totenkopfmaske ab, erklärt mir, dass sie nicht wirklich daran glaube, dass die Verstorbenen zurückkehren. »Aber mir hilft das Fest, mich an meinen verstorbenen Vater zu erinnern, mit ihm in Kontakt zu bleiben und das eben mit Musik, Tanzen und Lachen.« Sie stellt sich vor, dass er sie heute besucht und sie ihm etwas schenken kann. Das hilft, die Traurigkeit zu besänftigen. Und man wird an seine eigene Sterblichkeit erinnert. Das Fest bringt die Menschen zusammen und ist deshalb so tröstend. Man erfährt, dass man nicht allein ist, dass andere auch trauern. Für die meisten Mexikaner sind Leben und Tod eng miteinander verbunden und stellen keine Gegensätze dar. Der Tod als vertrauter und natürlicher Bestandteil des mexikanischen Alltags. Dies kann zwei unterschiedliche Wirkungen haben, so höre ich. Den einen hilft es, das Leben wertzuschätzen und mehr im Heute als im Morgen zu leben. Für andere Mexikaner ist Sterben nicht nur etwas Natürliches, sondern sogar Wünschenswertes. Man liebt es, gefährlich zu leben. Wettrennen auf den Straßen, Bandenkriege, blutige Auseinandersetzungen, eine hohe Mordrate gehören für sie zum mexikanischen way of life. Die Toten gehen den Lebenden ja nur ein bisschen voraus. Niemand weiß, welcher Tag sein letzter ist und wann wir selbst auf einem verblassten Foto den Altar zieren.

8. ENDLICH ENDE

FREU' MICH DES LEBENS!

»Die Fortschritte der Medizin sind ungeheuer.
Man ist sich seines Todes nicht mehr sicher.«
Hermann Kesten

Nachdem wir nun in verschiedenen Phasen der Sterbe- und Trauerbegleitung die Wirkung und den Einsatz von Lachen, Humor und Freude betrachtet haben, soll es in diesem letzten Kapitel darum gehen, wie der Gedanke der eigenen Endlichkeit uns auf humorvolle Art unterstützen kann. Wenn ich nach getanem Dienst aus dem Hospiz komme, überwältigen mich manchmal unterschiedlichste Gefühle. Gelegentlich empfinde ich Trauer über das, was ich erlebt habe. Bewohner, mit denen ich gerade noch geweint oder gelacht hatte, sind gestorben. Schmerzen sind nicht zu lindern. Ein junge Mutter, die ihre kleinen Kinder zurücklässt. Trauer und Angst, dass ich vielleicht selber schmerzvoll sterben muss. Manchmal jedoch empfinde ich eine tiefe Freude, als wäre die Welt plötzlich eine völlig andere und ich fühle, wie sich ein mildes Lächeln auf meinem Gesicht abzeichnet. Manchmal könnte ich sogar laut loslachen – vor Freude. Wie kann das sein?

Die Begegnung mit dem Sterben schenkt mir ein intensives Gefühl der Dankbarkeit; dafür, dass mir (noch) so vieles erspart blieb und ich (noch) so viele Möglichkeiten habe. Ich nehme Fähigkeiten bewusst wahr, die mir zuvor nicht bewusst waren: Ich kann das Hospiz auf eigenen Beinen betreten und verlassen, habe keine oder wenig Schmerzen, kann sprechen, den Duft der Linden riechen, ein Eis schmecken, Musik hören, die Häuser der Stadt sehen. Und dafür muss ich nichts leisten, es ist mir einfach gegeben. Ich kann einen Kaffee trinken, kochen, beim Italiener was essen, mit Freunden ins Kino gehen, ich teile mein Leben mit Menschen, die ihr Leben auch (noch) mit mir teilen können. Wenn das kein Grund zu Jubel, Freude und Lachen ist, was dann? Menschen am Lebensende schenken mir dieses Bewusstsein und wenn ich an meinem Lebensende bin, so darf ich dies auch verschenken. Einfach so. Denn morgen kann dies alles schon ganz anders sein. Was heißt morgen? Im nächsten Moment. Die eigene Sterblichkeit macht Angst und der Tod führt zu Freude.

ÜBUNG:

Können Sie spüren, dass Sie nichts spüren?
Wenn Sie gerade schmerzfrei sind, versuchen Sie diese Schmerzfreiheit zu erspüren. Nehmen Sie sich einen Moment Zeit, setzen oder legen Sie sich bequem hin.
Wie fühlt es sich an, keinen Schmerz zu haben? Wo fühlt es sich an? Erforschen Sie Ihren Körper. Wo haben Sie keinen Schmerz?
Vielleicht können Sie sich an Momente des Schmerzes erinnern.

Wie war das z.B., Kopfschmerzen zu haben, im Nacken, in der Stirn?
Oder die Schmerzen in der Schulter? War das brennend, stechend, dumpf, klopfend, ziehend?
Und dann kehren Sie zu dem wunderbaren Gefühl der Schmerzfreiheit zurück und freuen sich über dieses Geschenk!

Die Betrachtung der Endlichkeit unterstützt uns, den Wert des Lebens neu zu begreifen. Die Vergegenwärtigung des Todes kann Trost und Zuversicht geben – und hilft, das Leben mehr wertzuschätzen. Im Hospiz liegt am Eingang ein Erinnerungsbuch aus. Hier schreiben die Angehörigen einen letzten Gruß für ihre Verstorbenen hinein. Darunter findet sich folgender Satz:

»Die Lebenden schließen den Toten die Augen.
Die Toten öffnen den Lebenden die Augen.«

Durch die Vergegenwärtigung von Sterben und Tod kann das Leben mit anderen Augen gesehen werden. Das Wissen darum, dass wir endlich sind, ist ein kraftvoller Helfer, den Wert des Lebens zu erfassen, denn wenn die Zeit knapp ist, dann verlieren Ausflüchte ihre Kraft. Der Blick richtet sich nach innen und lässt mich erkennen:

• Meine Lebensspanne ist knapp bemessen. Das schenkt mir die Möglichkeit, mich auf das Wesentliche zu konzentrieren. Doch was ist das Wesentliche? Was ist mir wirklich wichtig im Leben? Welchem Menschen fühle ich mich nahe? Welche Dinge benötige ich überhaupt? Welcher Glaube, welches Wissen entspricht mir? Von wem und was könnte ich mich trennen? Was ist es wert, zu erreichen?

- Möchte ich angesichts meiner Endlichkeit eine schnelle und rücksichtslose Lustbefriedigung? Oder frage ich mich: Was will ich anderen Menschen hinterlassen? Wem möchte ich etwas Gutes tun und ihn unterstützen? Mit wem möchte ich mich versöhnen? Ist es mir wichtig, jetzt und in den letzten Stunden meines Lebens mit mir und anderen im Reinen zu sein?

- Ich bin und ich muss nicht. Denn es ist mir schon so viel geschenkt: An Menschen, Talenten, an Gesundheit, an Dingen. Brauche ich mehr?

- »Carpe diem«. Für viele bedeutet dies: »Nutze den Tag«, doch die eigentliche Übersetzung lautet: »Pflücke den Tag«, freue dich über den Tag wie über eine reife Frucht, die dir geschenkt ist und köstlich schmeckt.

- Ich kann die Welt humorvoller und gelassener betrachten. Ich brauche nichts mehr zu erreichen und fühle mich erlöst von dem Drang nach mehr. Das »Ich muss« kommt zur Ruhe.

ÜBUNG:

Wenn Sie sich das nächste Mal in einer Situation unwohl fühlen, z.B. weil Sie sich über jemanden so richtig geärgert haben, stellen Sie sich kurz die Frage:
»Wie würde ich mich fühlen, wenn ich diese Situation im Angesicht meines nahen Todes betrachten würde?«

Bei meiner Ausbildung zum Sterbebegleiter erlebte ich eine Übung, die mich nachhaltig beeindruckt hat. Auf dem Teppichboden des Seminarraums wurden zwei Bereiche gekennzeichnet: Die Welt der Toten auf der einen Seite, die Welt der Lebenden auf der anderen. Dazwischen wurde der Fluss Styx, der Fluss des Grauens, angedeutet, der, wie in der griechischen Mythologie beschrieben, die beiden Welten trennt. Die etwa zwanzig Teilnehmer teilten sich in zwei Gruppen. Der eine Teil begab sich in das Totenreich, der andere in das Reich des Lebens. Jeder hatte die Aufgabe, genau wahrzunehmen, welche Gefühle auftraten. Dann tauschten die Gruppen die Seiten. Das Ergebnis war verblüffend. Zunächst hatte ich Angst, mich in die Unterwelt, in das Reich der Toten zu begeben. Doch als ich dort so auf der Erde lag, also »tot« war, fühlte ich eine unglaubliche Erleichterung. Der ganze Stress des Lebens fiel plötzlich von mir ab, ich musste nichts mehr schaffen, nichts mehr erledigen. Ich war einfach nur da und ein seltsames Wohlgefühl stieg in mir auf, die Freude, einfach zu sein. Nachdem ich zu der Seite der Lebenden wechselte, war das Leben wieder da, aber auch der Anspruch, etwas zu erreichen, jemand zu sein, Glück und Erfolg zu haben, eine Anspannung, die sich unendlich anstrengend anfühlte. Interessanterweise berichteten die meisten Teilnehmer von ähnlichen Erfahrungen. Im Reich des Todes fühlten sie sich leicht und erlöst, im Leben herausgefordert und angespannt.

Diese Übung unserer Ausbilderin Lisa Freund zeigte mir, dass der Gedanke an meine Endlichkeit nicht nur furchteinflößend ist, sondern auch etwas Beruhigendes hat.[26] Darin drückt sich keine Todessehnsucht und keine Abwertung des Lebens aus, sondern es entfaltet sich eine ureigene Freude am Sein. Die Erfahrung der Endlichkeit befreit von der Bürde grenzenloser Freiheit. Der Gedanke an die Endlichkeit birgt eine heilende und inspirierende Wirkung für das Leben. Er beruhigt, das »Rest in peace« wird erfahrbar. Und das bringt etwas in Fluss. Hier ergibt sich eine schöne Parallele zum Humor, der ja auch zum Fließen bringt, wo etwas gestaut und blockiert ist.

ÜBUNG:

Stellen Sie sich zunächst vor:
1. Ich bin unsterblich und werde ewig leben. Was löst diese Vorstellung in Ihnen aus? Welche Gedanken und Gefühle entstehen? Freude? Angst? Hoffnung?

Als Nächstes stellen Sie sich vor:
2. In neun Monaten werde ich sterben und tot sein. Was löst diese Vorstellung in Ihnen aus? Welche Gedanken und Gefühle entstehen? Freude? Angst? Hoffnung?

Vielleicht erleben Sie die Übung so: Zunächst führt das Gefühl von Unsterblichkeit zu Freude, man kann noch so viel erreichen, all das, was man sich vorgenommen hat. Doch dann stellt sich die Frage: Womit soll ich anfangen? Was macht mir Spaß? Es gibt so viele Möglichkeiten. Und es treten Unruhe, Angespanntheit oder auch Depression und Ernüchterung ein. Bei der zweiten Frage läuft es womöglich genau umgekehrt, zunächst entstehen Angst und Schrecken, denn es wird klar: Es bleibt nur noch wenig Zeit, um Dinge zu erledigen. Man muss sich auf das Wesentliche konzentrieren. Diese Begrenzung hat etwas ungemein Befreiendes. Es muss nicht mehr alles geschafft und erledigt werden. Das geht einfach nicht mehr. Der Blick richtet sich auf das, was schon alles getan ist, aber so oft übersehen wird.

Woody Allen drückt es ähnlich in einem Witz aus:

> Zwei ältere Damen bestellen Kaffee und Kuchen.
> Die eine sagt: »Der ist ja total trocken und hart.«
> Darauf die zweite: »Stimmt und die Stücke sind auch noch
> viel zu klein.«

Dahinter verbirgt sich die Tragik und Komik des Lebens, das immer wieder trocken und hart ist. Warum sollte der Kuchen also größer, das Leben länger sein? Weil uns das Leben immer wieder süß versprochen wird und natürlich auch immer wieder seine süßen Seiten hat. Und weil wir unbeirrt darauf hoffen, dass in der Zukunft das Leben süßer sein wird. Wer sein Leben ganz auf die Zukunft ausrichtet, für den müssen Vergänglichkeit und Tod Feinde sein. Die Chancen, unzufrieden zu werden, stehen damit ziemlich gut. Wer aber das Glück in dem sucht, was schon zur Verfügung steht, im gegenwärtigen Moment, der fühlt sich befreit.

MEMENTO MORI – LUSTIG?

»Der Tod ist wohl die
beste Erfindung des Lebens!«
Steve Jobs

Für viele Menschen bleibt der Blick auf die eigene Endlichkeit verschwendete Zeit. Warum soll man sich mit der Sterblichkeit auseinandersetzen, insbesondere, wenn man jung und nicht vom Tod bedroht ist? Man kann sich doch, wenn es denn soweit ist, irgendwann mit diesem unangenehmen Thema beschäftigen. Die Erfahrung zeigt, dass eine Begegnung mit der eigenen Endlichkeit für das Leben heilsam und bereichernd ist. Die Konfrontation mit der eigenen Sterblichkeit kann eine förderliche Krise auslösen, die

motiviert, nach innen zu schauen. Ähnlich wie bei einer homöo-
pathischen Behandlung wird uns mit Gedanken an den Tod das
Gift des Todes in kleiner, heilsamer Dosierung zugeführt. Dadurch
kann die Krankheit der Panik vor dem Sterben und die Blindheit
für das Schöne des Moments gemildert werden. Doch ein Automatismus ist dies leider nicht. Man kann sich wunderbar von der
eigenen Sterblichkeit ablenken, indem man sich hingebungsvoll
mit dem Sterben beschäftigt. Dann badet man vielleicht in einem
wohligen Gefühl, Kontrolle über das Leben zu haben und zu verstehen, wie Sterben funktioniert. Doch dies ist ein Trugschluss.
Sterben ist anders. Umgekehrt können Menschen, denen das
Thema »wurscht« ist, entspannt und lebenssatt sterben. Trotzdem
zeigt die Erfahrung: sich mit der Sterblichkeit auseinanderzusetzen, kann einen immensen Gewinn für das Leben bedeuten. Ob
es beim Sterben hilft, wissen wir nicht… Wie wollen wir also die
Zeit noch nutzen?

»Jüngst fragte mich ein befreundeter Herr, was ich täte,
wenn ich übermorgen stürbe, und die Sache war einfach.
Ich würde alle, die ich liebe, anrufen, mit ihnen auf einen
Berg in ein gut geheiztes Zelt gehen. Es gäbe Milchkaffee
und Zigaretten satt, und meine Freunde müssten Geschichten erzählen und mir den Bauch streicheln bis zum Ende.«
SIBYLLE BERG, SCHRIFTSTELLERIN

Gleich am Eingang der Marienkirche am Berliner Alexanderplatz lässt sich ein prächtiges Wandfresko aus dem 14. Jahrhundert bewundern: Der Totentanz. Es sind Bilder eines Reigens.
Menschen jeden Standes und Alters tanzen mit den Toten, die als
Skelette dargestellt sind. Der Volksglauben sagt, dass die Verstorbenen um Mitternacht aus ihren Gräbern kommen und mit den

Lebenden tanzen. Die Toten rufen dabei: »Was ihr seid, das waren wir. Was wir sind, das werdet ihr sein.« Die Toten mahnen die Lebenden, ihre Sterblichkeit nicht zu verdrängen. Das Leben im Mittelalter ist hart, von ungerechten Herrschern, Krankheit und Entbehrungen bestimmt. Der Tod kann den Menschen in jedem Moment zum Tanz auffordern und der Mensch vermag diesen Tanz nicht abzulehnen. Dieser Reigen hat etwas Spielerisches, wobei die Konsequenz klar ist: Der Tod macht vor niemandem halt, nicht vor Geld, nicht vor Bildung oder Stand. Im Christentum entwickelte sich daraus der Gedanke des »memento mori«, abgeleitet aus Psalm 90: »Bedenke, dass du sterben musst.« Der Vers ist eine Mahnung. Da nur eine begrenzte Lebensspanne zu Verfügung steht, fokussiert er den Blick auf den Moment. Dem Leben lässt sich nur bedingt mehr Zeit geben, aber der Zeit mehr Leben. Wer sich seiner Endlichkeit bewusst wird, kann daraus Profit ziehen und sich über das freuen, was vorhanden ist.

Etwa zwei Kilometer vom Alexanderplatz entfernt, findet sich das tibetisch-buddhistische Zentrum Rigpa. Auch hier wird an die Sterblichkeit alles Seins erinnert. Buddha empfiehlt Mönchen und Nonnen die Verbrennung von Leichen zu beobachten. Auch nach buddhistischer Sicht wird ein erfülltes Leben dann möglich, wenn die Vergänglichkeit darin integriert wird. Für den Buddhisten schärft dies den Blick nach innen und öffnet den Geist für Räume jenseits der materiellen Welt. Deshalb lautet eine buddhistische Einsicht:

1. Der Tod ist absolut sicher.
2. Das Eintreten des Todes ist völlig unsicher.
3. Zum Zeitpunkt des Todes bleibt nur, wie wir uns im Leben entwickelt haben.

Darin steckt kein Pessimismus, ganz im Gegenteil, denn um als Mensch sterben zu können, muss man erst als solcher geboren werden. Dies ist Bürde und Geschenk zugleich. Nach buddhistischem Glauben gibt es neben der Welt des Menschen noch fünf andere Bereiche, in die man inkarniert werden kann, z.B. in so unangenehme wie in den Kosmos der Hungergeister, die so bedürftig sind, dass sie nie satt werden. Welche Besonderheit es ist, als Mensch geboren zu werden, versucht Buddha in einem Gleichnis zu veranschaulichen: Als Mensch geboren zu werden ist so wahrscheinlich, wie es wahrscheinlich ist, dass eine Wasserschildkröte aus den Tiefen des Meeres auftaucht und mit ihrem Kopf durch ein hölzernes Joch stößt, das gerade in diesem Moment an dieser Stelle auf der Meeresoberfläche treibt. Da dies also extrem unwahrscheinlich sei, sei es weise, die eigene Existenz als Mensch zu würdigen, zu nutzen und achtsam damit umzugehen. Denn nur der Mensch vermag die Beschaffenheit der Welt zu erkennen, in der alle Phänomene zusammengesetzt und somit vergänglich sind.

Doch man muss nicht religiös sein, um die Endlichkeit der eigenen Existenz zu erkennen und die Übung des »memento mori« in das Leben zu integrieren. Man braucht nur daran zu denken, dass rein biologisch und chemisch neues Leben nur möglich ist, weil altes Leben stirbt. Wenn man bedenkt, wie komplex Leben ist, dann muss man darüber staunen, dass auf der Erde menschliches Leben überhaupt entstehen konnte. Was vor Milliarden Jahren mit einer Zelle begann, ist die Quelle unerschöpflicher Vielfalt. Alles, was existiert, findet sich nur ein einziges Mal. Kein Lebewesen, keine Pflanze, kein Stein hat ein identisches Pendant. Es klingt wie eine Binsenweisheit: »Ohne den Tod gibt es kein Leben.« Und obwohl das so naheliegend erscheint und obwohl wir inzwischen wissen, dass jeden Tag fünfzig Milliarden Zellen sterben und neu entstehen, bleibt das menschliche Denken auf Dauerhaftigkeit fixiert. Körper und Geist sind nicht beständig, sondern unablässig in Bewegung. Alles, was entsteht, vergeht eines Tages. Wir sterben, weil – wir leben, die Geburt ist ein Todesurteil. Doch wie in Religionen bleiben auch bei naturwissenschaftlichen Betrachtungen viele Fragen offen. Wie sich Leben organisiert, verschließt sich der menschlichen Erkenntnis. Man kann versuchen, die Tatsache der eigenen Endlichkeit aus der Weltsicht auszublenden, bis sie einen eines Tages einholen wird, oder man kann versuchen, die eigene Endlichkeit wahrzunehmen, zu integrieren, um ein erfüllteres Leben zu führen. »Memento mori« ist so auch die Grundlage für die Kunst des erfüllten Lebens, einer »ars vivendi«.

ÜBUNG:

Eine der wirkungsvollsten Übungen, die ich kenne, ist das Üben der Dankbarkeit. Lassen Sie vor dem Einschlafen noch einmal Ihren Tag Revue passieren. Wofür können Sie dankbar sein? Achten Sie nicht nur auf die großen Ereignisse, sondern auch auf die einfachen Dinge, für die Sie dankbar sein dürfen: Ein Lächeln im Supermarkt. Die Wärme der Sonnenstrahlen. Ein gutes Essen. Ein nährendes Gespräch. Diese Übung führt zu einer heiteren, inneren Freude und hat nebenbei den Effekt, dass Sie ruhig und sanft einschlafen.

Was haben die Aufforderung »memonto mori« und der »Sinn für Humor« also gemeinsam? Beides sind Geisteshaltungen, die sich trainieren lassen und es ermöglichen, die Welt aus einer besonderen Perspektive zu betrachten – und zu genießen. Was uns blockiert, ist der übersteigerte Drang zum Perfektionismus. Dies erkannte auch Steve Jobs, der in seiner berühmten memento-mori Rede vor Studenten der Stanford University sagte: »Der Tod ist wohl die beste Erfindung des Lebens!« Ein Jahr vor dieser Rede wurde bei ihm eine unheilbare Form des Bauchspeicheldrüsenkrebses diagnostiziert. Man gab ihm noch drei bis sechs Monate Zeit. Doch er ließ sich operieren, lebte sieben Jahre weiter, den Tod vor Augen, bevor er im Oktober 2011 starb. Für ihn als Apple-Begründer war Perfektionismus ein hohes Gut. Doch auch er musste erkennen, dass selbst ein iphone, das heute perfekt scheint, morgen veraltet ist. Das Ultimative, so könnte man sagen, ist der »iDeath«.

PREIS WÜRDIG?

»Wirf mir mal das große Messer da rüber!«
Letzte Worte des Kochs

Sich die eigene Endlichkeit vor Augen zu führen, kann auch auf drastische Weise geschehen: Der 43-jährige Gary Allen wartet allein im Appartement seines Kumpels, als er ein Salsa-Glas findet, in dem eine seltsame Flüssigkeit schwimmt. Vielleicht was

Hochprozentiges? Gary gönnt sich einen Schluck, muss jedoch feststellen, dass es nach Benzin schmeckt. Umgehend spuckt er das Zeug aus – auch auf seine Klamotten. Was für ein Schreck. Glücklicherweise ist nichts passiert. Um sich von dem Schock erst mal zu erholen, zündet sich Gary eine Zigarette an – und geht in Flammen auf.

Für diese Art zu sterben, gewinnt Gary den Darwin-Preis 2012.[27] Leider posthum. Hinter dieser »Auszeichnung« steht die Idee, dass ein lebensuntüchtiges Individuum seiner Spezies einen Gefallen erweist, wenn es die Verbreitung des eigenen Erbgutes verhindert. Ein besonderes Beispiel für schwarzen Humor, ein sarkastischer Negativpreis, der an Menschen verliehen wird, die sich versehentlich selbst getötet und dabei ein besonderes Maß an Ungeschicktheit oder Dummheit an den Tag gelegt haben.

Gewinner 2011 war ein deutsch-türkisches Ehepaar, das seine Ferienwohnung mit einer Selbstschussanlage gesichert hatte, dann aber vergaß, diese auszuschalten. 2010 gewann ein Rollstuhlfahrer aus Südkorea, der sich dermaßen über einen kaputten Aufzug ärgerte, dass er vor Wut dreimal die Aufzugtür rammte. Beim dritten Crash öffnete sich diese und der Mann stürzte in den Aufzugsschacht und in den Tod.

Per Internet lässt sich abstimmen, wobei der Preisträger bzw. das Ereignis den folgenden Regeln entsprechen muss: 1. Der Preisträger muss aus dem Genpool ausscheiden, also sterben oder unfruchtbar werden. 2. Es muss eine außergewöhnlich dumme Fehleinschätzung der Situation vorliegen. 3. Der Preisträger muss sein Ausscheiden selbst verschuldet haben. 4. Der Preisträger muss zurechnungsfähig sein. 5. Jugendliche unter 16 Jahren sind ausgeschlossen. 6. Das Ereignis muss nachweislich stattgefunden haben.

Umstritten ist, ob der Darwin Award an Menschen verliehen werden soll, die lebende Kinder haben – denn deren »Idiotie-Gene« wurden ja bereits weitergegeben. Aber es wurde eine ältere Dame ausgezeichnet, die ihren einzigen Sohn tötete. Legendär ist der Bungee Jumper, der von einer Brücke hüpft. Das Seil ist 52 m lang, die Schlucht 43 m tief. Die Gewinner 2009 waren zwei Einbrecher, die einen Geldautomaten aufsprengen wollten, dabei aber so viel Sprengstoff nahmen, dass das komplette Gebäude über ihnen einstürzte.

Über den Darwin-Award scheiden sich die Geister. Für viele ist es einfach nur makaber und geschmacklos, das Leid eines Menschen derart zu benutzen. Man sieht sich selbst in einer derart schrecklichen Situation und möchte mitfühlend beweint werden und nicht ausgelacht. Für andere ist die Idee erfrischend, die absurdesten Todesarten auszuzeichnen, denn hier muss keine falsche Anteilnahme geheuchelt werden. Die Menschen sind zwar gestorben, haben sich aber auch ziemlich bescheuert angestellt. Dies ist eine Verweigerung gegenüber einer gesellschaftlichen Konvention und dem Automatismus, Mitgefühl zeigen zu müssen. Hier darf man sich, wissenschaftlich begründet, lustig machen, über Menschen, die ins Gras beißen.

Und es ist noch etwas anderes: Der Darwin Award kann als moderne Form des »memento mori« dienen. Wer sich nicht davon abschrecken lässt, kann erkennen, dass so ein Sterben auch ihm passieren kann und irgendwann mit Sicherheit geschieht; vielleicht nicht ganz so preiswürdig, aber mit der gleichen Wirkung – Exitus. Doch jetzt, in diesem Moment existieren wir – und das ist ein Grund zur Freude. Ja, der Tod kann Freude bereiten, insbesondere der Tod der anderen.

DAS VIERTBESTE

*»In den meisten Fällen ist die
Todesursache eines Menschen sein Leben.«*
Voltaire

Wie man mit Äpfeln noch umgehen kann, demonstriert der Schweizer Humor-Konzept-Künstler René Schweizer. Seit er durch zahlreiche Arztbesuche wegen einer möglichen Herzerkrankung hautnah mit seiner eigenen Vergänglichkeit konfrontiert ist, fällt ihm auf, dass er und jeder immer das Beste wolle. Überall Werbung für das Größte, Schnellste, Schönste, Billigste. Alle wollen immer das Beste oder der oder die Beste sein. Das findet er nun langweilig und hat ein neues Konzept entwickelt: Das Konzept des Viertbesten. Auf dem Markt fragt er beispielsweise am Obst- und Gemüsestand nach der viertbesten Apfelsorte. Dann wird er komisch angeschaut, denn die Kunden fragen natürlich nach der besten Sorte oder der preisgünstigsten. Kürzlich hatte er eine Herzoperation. Er bat die Schwester darum, ihm den Namen des viertbesten Arztes für diese Operation zu nennen. Sie schaute ihn bloß an und ging aus dem Zimmer. Wenig später kam sie in Begleitung der hausinternen Sozialarbeiterin zurück. Diese stellte sich als viertbeste Sozialarbeiterin des Krankenhauses vor. Das war doch schon etwas, dachte René Schweizer, und war damit auch ziemlich zufrieden. Bei der Operation hingegen musste er auf den viertbesten Chirurgen verzichten. Der hatte an diesem Tag frei. So übernahm den Auftrag der Beste, und der war auch nicht viel schlechter. René Schweizer hat daraus seine Lebensphilosophie entwickelt. Für ihn reicht das Viertbeste völlig aus, um zufrieden zu sein. Für ihn ist es weiser, der Viertbeste sein zu wollen. Seine Krankheit hat ihn verändert, vorbei die Zeiten, als er verbissen nach Erfolg suchte. Heute ist für ihn Gelassenheit, Heiterkeit und Freude wichtig. Die Konfrontation mit der eigenen Sterblichkeit führte bei ihm zu einem Umdenken, indem er sich auf die vielen kleinen Leistungen besann, die er tagtäglich zu Stande bringt.[28]

Der Gedanke der Endlichkeit hilft, das Hier und Jetzt als eine Quelle von unmittelbarer Lebensfreude und heiterer Gelassenheit zu erkennen. In der Psychologie wird dies Abwärtsvergleich genannt. Wenn wir uns bewusst machen können, welchem Unheil und welchem Unglück wir auch ausgesetzt sein könnten, dann entsteht daraus Dankbarkeit für den Moment. Der Blick auf die eigene Nicht-Existenz ist dabei ein besonderer Abwärtsvergleich und als Quelle von unmittelbarer Lebensfreude und Gelassenheit nutzbar. So wird der Blick auf das gelenkt, was ohne Aufwand erreichbar ist, auf das Naheliegende. Dadurch löst sich die beharrliche Fixierung auf hochgesteckte Ziele.

»Das Leben muss genauso sein, wie ich es mir vorstelle!« Kommt Ihnen dieser Wunsch bekannt vor? Vielleicht gelingt Ihr Leben im Moment so, wie Sie es sich vorstellen. Dann brauchen Sie nicht weiterlesen (außer, Sie haben eine leise Ahnung, das könnte sich ändern). Vielleicht haben Sie aber das Gefühl, gekränkt und unglücklich, vielleicht verbittert zu sein? In der Psychologie spricht man von Verbitterungsstörung, die entstehen kann, wenn sich Ideale und Ziele über einen zu langen Zeitraum nicht verwirklichen lassen. Auch hier schafft Abhilfe, wenn wir uns auf die vielen kleinen Leistungen besinnen, die wir täglich zustande bringen. Sie werden kaum beachtet, weil sie nebenher und ganz selbstverständlich gelingen. Erst, wenn wir nicht mehr dazu in der Lage sind, erkennen wir deren Wert.

Warum so lange warten? Wäre es nicht viel weiser, wenn Sie sich gleich jetzt fragen, was Sie heute schon alles geleistet haben?

- Heute früh habe ich mich im Spiegel erkannt und wusste, wem ich die Zähne putze! Vielleicht werden Sie sagen, was soll daran besonders sein, das kann doch jeder. Bei genauer Betrachtung werden Sie erkennen, dass dies beileibe nicht jeder kann. Allein die Zähne zu putzen, bedarf einiger motorischer und intellektueller Fähigkeiten. Und wer desorientiert ist, würde vieles dafür geben, sich selbst wiederzuerkennen.
- Ich habe es geschafft, mir das Unterhemd, T-Shirt oder Pullover anzuziehen ohne mir die Schulter zu verrenken. Gratulation!

- Heute habe ich es geschafft, Kaffee oder Tee zu trinken, ohne die Tasse fallen zu lassen.
- Heute habe ich es geschafft, die Treppen zu gehen ohne Knieschmerzen zu haben.
- Heute fiel mir doch wirklich wieder der Name meines Kollegen ein.
- Heute habe ich einen Witz verstanden und konnte darüber lachen.

Es ist äußerst beglückend, sich Gedanken über das scheinbar Selbstverständliche im Leben zu machen. Dadurch entsteht ein Bewusstsein, welche Ressourcen uns geschenkt sind, die für andere etwas ganz Besonderes sind. Ein Schlaganfall kann die beschriebenen einfachen Dinge plötzlich zu einer kaum zu bewältigenden Herausforderung werden lassen. Wem der Wechsel von der ›Habe ich nicht und kann ich nicht‹ zu der ›Was ich alles habe und kann‹ Seite gelingt, der wird eine der kraftvollsten Ressourcen für eine heiterere Lebenseinstellung finden: z.B. Dankbarkeit für eine gute Verdauung.

In einem Heilbad trinkt ein Mann morgens ausgiebig vom verdauungsanregenden Mineralwasser. Beim Spaziergang durch den Kurpark spürt er jählings die mächtige Wirkung des Heilwassers. Nur mit Mühe schafft er es zu einer öffentlichen Toilette.
Er versucht die erste Toilettentür zu öffnen: »Besetzt!«
Dann die zweite: »Besetzt!«
Und so geht es weiter, bis er vor der letzten Tür steht. Doch auch diese Tür ist verschlossen. Verzweifelt rüttelt er an dieser Tür und ruft: »Bitte machen Sie auf. Ich mache mir gleich in die Hose!«
Von innen kommt eine gepresste Stimme: »Sie wissen gar nicht, wie gut Sie es haben!«

ENDE

DANKE

Mein tief empfundener Dank gilt dem Ricam-Hospiz und seinen Mitarbeiterinnen und Mitarbeitern, die mich bei meiner Arbeit großherzig unterstützt haben. Den Bewohnern des Hospizes und deren Angehörigen möchte ich herzlich dafür danken, dass sie sich mir anvertraut, von ihrem Humor erzählt, mit mir gelacht und geweint haben. Mein Dank gilt Susanne Labitzke und Lisa Freund, die mir mit Rat und Tat zur Seite standen und wertvolle Anregungen und Inspirationen für dieses Buch schenkten. Bedanken möchte ich mich bei Michael Titze für seine Beratung zum Thema Humor und die Fachsimpeleien. Susanne Woerner gilt mein besonderer Dank für den kraft- und humorvollen Beistand bei der Pflege und Sterbebegleitung meiner Mutter. Karl-Horst Möhl, Heinz Hinse und Almut Rose danke ich dafür, dass die wunderbaren Zeichnungen in das Buch finden durften.

ANHANG LITERATUR

Sterben und Tod

Anwar, Petra; von Düffel, John: Geschichten vom Sterben, Piper 2013
Béliveau, Richard; Gingras, Denis: Der Tod, Das letzte Geheimnis des Lebens, Kösel 2012
Bonanno, George A.: Die andere Seite der Trauer, Edition Sirius 2012
Borasio, Gian Domenico: Über das Sterben, C.H. Beck 2012
Burgheim, Werner: Im Dialog mit Sterbenden, Forum 2005
Doehring, Anja; Renz, Ulrich: Was ich mir wünsche ist ein Clown: Klinikclowns auf der Kinderstation, Beltz 2003
Freund. Lisa: Das Unverwundbare, O.W. Barth 2011
Freund, Lisa: Geborgen im Grenzenlosen, O.W. Barth 2012
Jung, Susanne: Besser leben mit dem Tod, Klett-Cotta 2013
Hansing, Enno: Hier liegen meine Gebeine, ich wollt es wären deine, Peter Kurze 2008
Kabatt-Zinn, Jon: Gesund durch Meditation: Das grosse Buch der Selbstheilung mit MBSR, Knaur 2013
Kast, Verena: Trauern: Phasen und Chancen des psychischen Prozesses, Kreuz 2013
Kübler-Ross, Interviews mit Sterbenden, Kreuz 1969
Küpper-Popp, Karolin; Lamp, Ida: Rituale und Symbole in der Hospizarbeit, Gütersloher Verlagshaus 2010
Kuhn Shimu, Sandy Taikyu: Im Angesicht des Todes – und jetzt? Schirner 2012
Kulbe, Annette: Sterbebegleitung, Urban & Fischer 2008
Lakotta, Beate; Schels, Walter: Noch mal leben vor dem Tod, DVA 2004
Lommel, Pim van: Endloses Bewusstsein, Patmos 2009
Longaker, Christine: Dem Tod begegnen und Hoffnung finden, Piper 2001
Paessens-Deege, Alwine: Lasst uns end-lich leben, Santiago 2004
Paul, Chris: Wie kann ich meiner meiner Trauer leben? Gütersloher Verlagshaus 2012
Renz, Monika: Hinübergehen, Kreuz 2011
Ridder, Michael de: Wie wollen wir sterben? DVA 2011
Rinpoche, Sogyal: Das tibetische Buch vom Leben und vom Sterben, O.W. Barth 1996

Scheuermann, Ulrike: Wenn morgen mein letzter Tag wär, Knaur 2011
Schwikart, Georg: Jeder Tod hat sein Gelächter, Echter 2001
Smeding, E.W.Rm., Heitkönig-Wilp, M.: Trauer erschließen, der Hospiz Verlag 2011

Freude, Lachen und Humor

Baraz, James; Shoshana, Alexander: Freude, Nymphenburger 2010
Berger, Peter: Erlösendes Lachen, de Gruyter 1998
Bergson, Henri: Das Lachen, div.
Birkenbihl, Vera F.: Humor: An Ihrem Lachen soll man Sie erkennen, mvg 2011
Bischofberger, Iren (Hrsg): Das kann ja heiter werden, Humor und Lachen in der Pflege, Hans Huber 2002
Bloch, Peter: Der fröhliche Jesus, Quell 1999
Cousins, Norman: Der Arzt in uns selbst: Wie wir Selbstheilungskräfte aktivieren können, Schirner 2008
Falkenberg, McGhee, Wild: Humorfähigkeiten trainieren, Schattauer 2013
Frankl, Viktor: ... trotzdem ja zum Leben sagen, Kösel 1977
Freud, Sigmund: Der Witz und seine Beziehung zum Unbewussten, der Humor, Fischer 2004
Gilmore, David: Der Clown in uns, Kösel 2007
Holl, Adolf: Der lachende Christus, Paul Zsolnay 2005
Kataria, Madan: Lachen ohne Grund, Via Nova 2002
Korp, Harald-Alexander: Lachende Propheten: Witz und Humor in den Religionen, HCD-Verlag 2010
Korp, Harald-Alexander: Macht Lachen schön? 223 Fragen (und Antworten) rund um Humor, Witz und Lachen, HCD-Verlag 2014
Kuschel, Karl-Josef: Lachen – Gottes und der Menschen Kunst, Herder 1994
Metzner, Michael Stefan: Achtsamkeit und Humor, Schattauer 2013
Robinson, Vera M.: Praxishandbuch Therapeutischer Humor, Hans Huber 1991
Rösner, Monika, Hirsch, Rof D.: Humor trotz(t) Demenz, Kuratorium Deutsche Altershilfe 2007
Shah, Idries: die fabelhaften Heldentaten des weisen Narren Mulla Nasrudin, Herder 2001
Titze, Michael, Christof T. Eschenröder: Therapeutischer Humor, Fischer 2003
Titze, Michael; Patsch, Inge Patsch: Die Humorstrategie, Kösel 2008
Vandenhoeck & Ruprecht: Humor – heilsam oder zerstörend? Leidfaden 4/2013
Zimmer, Claudia M.: Lachen: 3 x täglich, Springer 2012

Humorvolle Texte zum (Vor)Lesen

Aldinger, Marco: Bewusstseinserheiterung, Verlag Marco Aldinger, Freiburg 1992
Aldinger, Marco: Ko(s)misches Bewusstsein, Verlag Marco Aldinger, Freiburg 1992
Becker, Jürgen: Religion ist, wenn man trotzdem stirbt, Kiepenheuer & Witsch, 2008
Bloch, Chajim: Jüdische Witze und Anekdoten, Melzer 2006
Erhardt, Heinz: Das große Heinz Erhardt Buch, Goldmann 2003
Evers, Horst: Mein Leben als Suchmaschine, Eichborn 2008
Fischer, Gotthilf: Wilhelm, bleib g'sund, Edition Tirol/Anina 2004
Gräfe, Ursula: Lebenslust mit Buddha, Insel Verlag 2010
Holtbernd, Thomas: Humorzitien, Aschendorff Verlag 2004
Jaxon-Bear, Eli; Lorenz Sabrina: Da lacht der Erleuchtete, Droemersche Verlagsanstalt 1991
Landmann, Salcia: Jüdische Witze, dtv 1963
Loriot: Das große Loriot Buch, Diogenes 2011
Müller, Julius: Man stirbt nur einmal, Seifert 2008
Rademacher, Anne: Oma war beim Optimisten. Kinder über Gold, Gott und Vitamine, Baumhaus 2006
Sprang, Christian; Nolke, Matthias: Aus die Maus, Ungewöhnliche Todesanzeigen, Kiepenheuer & Witsch 2009

Tod, der: Mein Leben als Tod: Death Comedy, Fischer 2014
Valentin, Karl: Das Beste von Karl Valentin, Piper 2001

Cartoons

Greser, Achim; Lenz, Heribert: Ich lach dich tot, Edition Tiamat 2006
Holtschulte, Michael: Tot aber lustig, Toonster 2005
Hospiz Akademie Bamberg: Sie hat mir der Himmel geschickt, Karikaturen zu Sterben, Tod und Trauer
Klamke, Bastian: Klamkes gepflegte Welt, Schlütersche 2002
Kleinert, Wolfgang: Fiese Bilder Band 1–4, Lappan 2009
Möhl, Karl-Horst; Hinse, Heinz: »Wer bis zuletzt lacht, lacht am besten!« www.werbiszuletztlacht.de
Ruthe, Ralph; Kuhn, Dominik: Scheissdregg bassiert halt, Carlsen 2011
Sauer, Joscha: Nichtlustig, Carlse 2011–2013
Stein, Uli: Du siehst heute schon viel besser aus, Lappan 2005
Wössner, Freimut: Ich pflege gern! Cartoons für Pflegende, Mabuse 2003

Filme zum Thema Sterben und Tod

Almodovar, Pedro: Sprich mit ihr
Amenábar, Alejandro: Das Meer in mir
Arcand, Denys: Die Invasion der Barbaren
Ashby, Hal: Harold and Maude
Baier, Jo: Das Ende ist mein Anfang
Benigni, Roberto: Das Leben ist schön
Coixet, Isabel: Mein Leben ohne mich
Dörrie, Doris: Kirschblüten
Dresen, Andreas: Halt auf freier Strecke
Fincher, David: Der seltsame Fall des Benjamin Button
Haupt, Stefan: Elisabeth Kübler-Ross – Dem Tod ins Gesicht sehen
Inarritu Alejandro Gonzales: 21 Gramm
Kaufmann, Rainer: Marias letzte Reise
Mills, Mike: Beginners
Moretti, Nanni: Das Zimmer meines Sohnes
Muccino, Gabriele: Sieben Leben
Oz, Frank: Sterben für Anfänger
Ozon, Francois: Die Zeit, die bleibt
Python, Monthy: Das Leben des Brian
Reiner, Rob: Das Beste kommt zum Schluss
Riedelsheimer, Thomas: Seelenvögel
Robbins, Tim: Dead Man Walking
Rosenmüller, Marcus H.: Wer früher stirbt, ist länger tot
Sant, Gus: Restless
Schnabel, Julian: Schmetterling und Taucherglocke
Schreier, Jake: Robot und Frank
Scorsese, Martin: Bringing out the dead
Steiner, Frederik: Und morgen Mittag bin ich tot
Takita, Yojiro: Nokan – Die Kunst des Ausklang
Wenders, Wim: Der Himmel über Berlin

Internet

www.humorcare.com (Verein für wissenschaftliche Anwendung des Humors)
www.michael-titze.de (Therapeutischer Humor)
www.lachclub.info (Infos über Lach-Yoga)
www.strassederbesten.de (Virtueller Friedhof)

ANMERKUNGEN

1. Möhl, Karl-Horst, Hinse, Heinz, Wer bis zuletzt lacht, lacht am besten!, www.werbis-zuletztlacht.de
2. Henri Bergson, Le rire
3. vgl. Waleed Anthony Salameh, Humor in der integrativen Kurzzeittherapie
4. Gehirn und Geist, Bitte recht fröhlich! 11/2008
5. Kurzzeitstudie Kaiserin Elisabeth Spital, Wien.
6. Vgl. Michael Miller, Direktor des Zentrums für Präventive Kardiologie an der Universität von Maryland.
7. http://kardiologie-gefaessmedizin.universimed.com/artikel/neue-studie-lachen-ist-gut-f%C3%BCr-die-blutgef%C3%A4%C3%9Fe
8. Dr. Gerald Hüther, Bedienungsanleitung für ein menschliches Gehirn
9. Bild der Wissenschaft, www.wissenschaft.de/home/-/journal_content/56/12054/1144404
10. www.spiegel.de/wissenschaft/mensch/kurioses-experiment-lachen-hebt-die-schmerzgrenze-a-786128.html
11. www.welt.de/wissenschaft/article876622/Warum-Lachen-gesund-und-gluecklich-macht.html
12. www.management-krankenhaus.de
13. http://www.michael-titze.de/content/de/print_medien/print_medien_155.html
14. www.jameda.de/gesundheit/psyche-nerven/lachen-gesundheit
15. Nietzsche, Friedrich, Also sprach Zarathustra, 1. Teil: Vom Lesen und Schreiben
16. Freud, Sigmund, Der Humor, 1927
17. Robinson, Vera M., Praxishandbuch Therapeutischer Humor, Verlag Hans Huber 1991, S. 61
18. Vgl Monika Renz, Hinübergehen, Kreuz 2011
19. Steffen Küssner, Der selbst gewählte Tod, Die Zeit 33/2012
20. Robinson, Vera M., Praxishandbuch Therapeutischer Humor, Verlag Hans Huber 1991, S. 80
21. Pensées IV, 277
22. Rinpoche, Sogyal, Das tibetische Buch vom Leben und vom Sterben, O.W. Barth Verlag 1996, S. 210
23. http://pastafari.eu/index.php?kategorie=1&sub=liebsten
24. vgl. Verena Kast, Phasen und Chancen des psychischen Prozesses, Kreuz 2013
25. Vgl. Bonanno, George A., Die andere Seite der Trauer, Edition Sirius 2012
26. Näheres zu der Übung: Freund, Lisa, Das Unverwundbare, O. W. Barth Verlag 2011, S. 58f
27. http://www.darwinawards.com/darwin/darwin2012-03.html
28. Vgl. http://www.g-st.ch/rene-schweizer/home.html

Sollte diese Publikation Links auf Webseiten Dritter enthalten,
so übernehmen wir für deren Inhalte keine Haftung, da wir uns diese
nicht zu eigen machen, sondern lediglich auf deren Stand zum Zeitpunkt
der Erstveröffentlichung verweisen.

Penguin Random House Verlagsgruppe FSC® N001967

4. Auflage, 2023
Copyright © 2014 Gütersloher Verlagshaus, Gütersloh,
in der Penguin Random House Verlagsgruppe GmbH,
Neumarkter Str. 28, 81673 München

Umschlagmotiv: © Georg Preissl – Fotolia.com
Druck und Bindung: GGP Media GmbH, Pößneck
Printed in Germany
ISBN 978-3-579-07034-6
www.gtvh.de